（2018年6月12日現在）

ASIAN SECURITY 2018-2019　Research Institute for Peace and Security

激変する朝鮮半島情勢
厳しさ増す米中競合

年報［アジアの安全保障2018-2019］
西原正 監修
平和・安全保障研究所 編

朝雲新聞社

PHOTO TOPICS

三菱重工業小牧南工場で初公開されたF-35A戦闘機の国内生産初号機(2017年6月5日)

〝敵に占拠された離島〟を奪回する訓練展示。上陸したＡＡＶ７の援護を受け、敵陣地に向けて一斉に射撃を行い前進する水陸機動団の隊員(2018年4月7日、相浦駐屯地)

安倍首相(手前中央)のエスコートで特別儀仗隊を巡閲するベトナムのフック首相(その右)
(2017年6月6日、東京・元赤坂の迎賓館)=官邸HPから

日米安全保障協議委員会の冒頭、握手を交わす(左から)小野寺防衛相、河野外相、ティラーソン米国務長官、マティス米国防長官(2017年8月17日、米ワシントンの国務省)=防衛省提供

政府専用機でインドに到着後、モディ首相（中央）のエスコートで民族舞踊による歓迎を受ける安倍首相（右）と昭恵夫人（2017年9月13日、グジャラート州アーメダバードで）＝官邸HPから

拡大ASEAN国防相会議で北朝鮮への圧力強化に向けて国際社会の結束を訴える小野寺防衛相（右下、スクリーンも）（2017年10月24日、フィリピンのクラーク経済特区）＝防衛省提供

コラム「Twitter vs.メディア 外交報道の『主流』はどちらか」 ………92

第3章　中　国 …………………………………………………93

　内政 ……………………………………………………… 94
　　習近平人脈で固められた党中央／習近平長期政権への環境整備／法に基づく統制の強化

　経済 ……………………………………………………… 96

　外交 ……………………………………………………… 99
　　米中関係／朝鮮半島問題／南シナ海問題／「一帯一路」／日中関係／中印関係

　軍事 ………………………………………………………107
　　中国人民解放軍に見る二つの方向性／人民解放軍の相対的な権威の低下／中国の軍備増強における二つの優先事項／世界一流の軍隊へ

　香港・マカオ ……………………………………………112

　台湾 ………………………………………………………114
　　没交渉を続ける中台関係／高まる中国の軍事的脅威／台湾の自主防衛努力／トランプ政権の対台湾関与強化

　コラム「中国のメディア統制の限界」………………………… 118

第4章　ロシア………………………………………………… 119

　内政 ………………………………………………………120
　　プーチン政権4期目が始動／「官制選挙」で圧勝／「2024年問題」の動揺／若者に閉塞感、社会不安も

　経済 ………………………………………………………124
　　国内の経済動向／対外経済関係／当面の見通し

　対外政策 …………………………………………………128
　　ロシアの孤立と被害者意識／反動的なアレクサンドル3世の賞賛−プーチン政策の先祖返り／異例の年次教書演説−米国を仮想敵国／北朝鮮の核・ミサイル問題に対する特異な見方／欧米諸国とロシアの外交官追放合戦

　アジア・極東政策 ………………………………………133
　　対中政策／対日政策／対北朝鮮政策

　軍事 ………………………………………………………137
　　人員充足／装備近代化／軍事支出／軍事活動

　コラム「ソ連流『プロパガンダ』と米国流『広報』の庶子」 ……… 144

第5章　朝鮮半島 …………………………………………… 145

　韓国（大韓民国） ……………………………………… 146

　内政 ……………………………………………………… 146

　外交 ……………………………………………………… 147

—6—

目　次

Photo Topics

第1部 展望と焦点

展望　　厳しさ増す米中対立（西原正）…………………………………10

焦点1　中東とアジアの密接な関係（江﨑智絵）………………………16

焦点2　中国の「一帯一路」構想とアフリカのインフラ整備―データから読み解く（落合雄彦）………………………24

焦点3　モンゴル国の安全保障：ロシア、中国の狭間から多国間協力に活路を見出す（湊邦生）………………………32

焦点4　AIと日本の安全保障（佐藤丙午）………………………………39

第2部 アジアの安全保障環境（2017年4月～2018年3月）

第1章　　日　本　…………………………………………………………48

北朝鮮非核化への対応　……………………………………………49
　北朝鮮の核ミサイル脅威への対応／北朝鮮の微笑外交と日本

外交関係　……………………………………………………………54
　インド太平洋戦略／米国第一主義と日米経済関係／経済外交の推進／ハイレベル交流を目指す日中関係／慰安婦問題に揺れる日韓関係／日露関係／中東情勢と日本

安全保障問題　………………………………………………………63
　憲法改正に向けた動きと国内政治／防衛体制の見直し／南スーダンPKO撤収と日報問題／テロ、サイバー攻撃

国際社会における取り組み　………………………………………68
　核軍縮・不拡散への取り組み／国際支援

コラム「国益と公益の狭間」　……………………………………70

第2章　　米　国　…………………………………………………………71

内政　…………………………………………………………………72
　ロシア疑惑と政権人事をめぐる混乱

外交・安全保障　……………………………………………………73
　国防費の増額／国家安全保障戦略（NSS）／国家防衛戦略（NDS）と核態勢見直し（NPR）／トランプ政権のアジア太平洋政策／北朝鮮の核・弾道ミサイル開発問題への対応／米中関係／日米関係／米韓関係／米豪関係／米比関係／米タイ関係／米シンガポール関係／米印関係／米越関係／米ミャンマー関係

—5—

米韓関係／中韓関係／日韓関係

軍事・安全保障 …………………………………………… 152
韓国軍／在韓米軍、米韓連合軍

北朝鮮（朝鮮民主主義人民共和国） ………………… 156
内政 ………………………………………………………… 156
経済と核の「並進路線」から「経済建設集中路線」へ／金正恩「補佐体制」を整備、前面に出る「ロイヤルファミリー」

外交 ………………………………………………………… 158
対米関係-行き詰まる瀬戸際政策、米朝対話の用意を表明／対中関係-金正恩朝鮮労働党委員長が中国を非公式訪問／対日関係-対話路線への転換で転機の兆しか

軍事・安全保障 …………………………………………… 163
大陸間弾道ミサイル（ICBM）完成を前に「核戦力完成」を宣言

南北朝鮮関係 ……………………………………………… 164
韓国新政権が北朝鮮に対話再開を呼び掛け／北朝鮮が平昌オリンピックに参加／第3回南北首脳会談を板門店で開催

コラム「南北首脳会談とメディア」 ………………… 171

第6章　東南アジア ……………………………………… 172
国内治安の脅威 …………………………………………… 173
テロリズムの動向／ミンダナオ、マラウィの戦闘／国境を超えるテロリズムと地域間協力／残存する国内武装組織とミャンマーのロヒンギャ問題／テロリズム以外の政治リスク

国際関係 …………………………………………………… 178
南シナ海問題／米国-フィリピン関係の改善／米国-ベトナムの防衛協力の歴史的な進展／米国-タイ防衛協力の正常化／中国から東南アジアへのインフラ支援の拡大／カンボジアの「米国離れ」

日本の対東南アジア安全保障協力 …………………… 186
ハイレベルでの安全保障対話／能力構築支援／日本から東南アジア諸国への装備品協力／合同演習、防衛交流など／経済協力およびインフラ支援

ASEAN関連の地域協力枠組みの課題 ………………… 190
ASEAN／ASEAN地域フォーラム（ARF）／東アジア首脳会議（EAS）／ASEANと対話国／アジア太平洋経済協力会議（APEC）、環太平洋パートナーシップ（TPP）協定、東アジア地域包括的経済連携（RCEP）

コラム「各国で強まる報道への圧力／東南アジア」 ………… 194

第7章　南アジア ………………………………………… 195
インド ……………………………………………………… 196
モディ政権、与党の好調は揺るがず／治安情勢／暗礁に乗り上げた

「近隣第一政策」／域外周辺地域との関係強化／軍事対峙に発展した中国との対立／米欧との緊密化／日印関係の進展／軍事情勢

パキスタン ……………………………………………………… 206

スキャンダルに揺れる政界／治安状況／悪化の一途をたどる対米関係／「中国-パキスタン経済回廊（CPEC）」にかけるパキスタン／その他の外交関係／軍事情勢

アフガニスタン ………………………………………………… 212

安定しない国内治安／タリバンにてこずる米軍／アフガニスタン人を警戒するトランプ政権／国家建設に失敗するアフガニスタン／なおある民間の平和構築の動き／中村哲医師にアフガニスタン政府から叙勲

コラム「インド外交とメディア」………………………………… 218

第8章　中央アジア……………………………………………… 219

テロ対策に力を入れ、拡大する上海協力機構（SCO）／キルギス大統領選挙と域内協力の発展／中央アジアをめぐって中国に対抗するインド／ニューヨーク・テロの容疑者はウズベキスタン出身／英米仏のシリア攻撃を批判するカザフスタン／中央アジアの安全保障に貢献する日本

コラム「もっぱら外国メディアに配慮する中央アジア諸国政府」 … 225

第9章　南西太平洋 ……………………………………………… 226

オーストラリア……………………………………………… 227

オーストラリアの軍事力、海外展開、軍事演習、防衛協力／テロ対策で東南アジア諸国との連携強化を目指す／14年ぶりの外交政策白書を発表／日米豪印4カ国戦略対話の行方／「複雑で困難な時期」に入った豪中関係／南太平洋地域への中国の存在に神経をとがらせるオーストラリア／日豪関係-ターンブル首相来日／マクロン仏大統領が訪豪／東ティモールとの間で領海境界線合意

ニュージーランド ………………………………………… 240

労働党政権が誕生／TPPからの離脱を回避／アーデーン首相、外交政策に関する初の基調演説／南太平洋諸国への援助強化

南太平洋 ……………………………………………………… 242

中国、バヌアツに軍事拠点構築の可能性／南太平洋への回帰を模索する英国／パプアニューギニアで総選挙実施／ニューカレドニアで独立を問う国民投票の実施が決定

コラム「太平洋諸島外交における多様なマスメディアの役割」…… 245

略語表 ……………………………………………………………… 248

年表（2017年4月〜2018年3月）………………………………… 252

執筆者一覧 ………………………………………………………… 262

あとがき …………………………………………………………… 263

第1部

展望と焦点

展望：
厳しさ増す米中対立

西原正

（一般財団法人　平和・安全保障研究所理事長）

急変した北東アジアの安全保障環境

　2017年4月頃以降およそ1年間のアジア太平洋地域の安全保障環境の動向を回顧して、最も重要な出来事は言うまでもなく、朝鮮半島をめぐる緊張緩和であった。2017年の北朝鮮による相次ぐ長距離弾道ミサイルの発射と核実験とともに、トランプ大統領と金正恩朝鮮労働党委員長との間でなされた、個人攻撃を含む激しい非難合戦は国際関係においても類を見ないものであった。米国による対北軍事攻撃の可能性も現実味をもって報じられた。2018年1月1日、金正恩氏は「新年の辞」で「昨年、国家核戦力の歴史的大業を完成した」、「核のボタンが私の机の上に置かれている」と述べ、米国を挑発する演説を行っていた。

　しかし、2月8日の平昌冬季オリンピックへの北朝鮮チームの参加が決まってからは、南北間の緊張は急速に緩和しだし、3月8日平壌を訪問した文寅在大統領の特使に対して、金正恩氏は非核化を表明した。その後に金正恩氏の電撃訪中、安倍首相の訪米、歴史的な南北首脳会談が続いた。そして6月初めまでに予定されている米朝首脳会談となる。ここで見えてきたのは、南北朝鮮の接近、中朝「同盟」関係の復活、対北融和および対中接近をする韓国と対北接近には慎重な日米の間の政治的立場の開きである。今後の北東アジアの力関係は大きく変わりそうである。

　こうした一連の首脳会談の動きのきっかけを作ったのは文寅在氏であるが、直接に緊張緩和を導きだしたのは、軍事力を誇示して対北攻撃の可能性を演出しながら、対北経済制裁を進めたトランプ氏とそれに耐えられなくなった（と考えられる）金正恩氏であったといえよう。

−10−

2018年4月21日、金正恩氏は核実験の中止と大陸間弾道ミサイル（ICBM）の試射を中止すると発表した。しかし非核化の道程は示されていない。4月27日の南北首脳会談でも金正恩氏は文寅在氏との「板門店宣言」で非核化を「目標」としただけで、今後北朝鮮の非核化はどのような過程を経るのか、実際に非核化は実現するのかなどは楽観視できる状況にない。

激化する米中競合

　朝鮮半島の非核化のプロセスに発言権を持つのは、米中である。トランプ氏は北朝鮮の完全非核化を要求するが、北朝鮮はそこをあいまいにしたまま国連や日米の制裁解除および経済援助を勝ち取ろうとする。そしてその背後で金正恩氏を支援するのが習近平国家主席である。中国は朝鮮半島への発言権を確保し、米軍の撤退を迫ろうとするであろう。

　2017年のアジア太平洋地域の国際関係はトランプ氏と習近平氏という、太平洋をはさむ2人の強力なリーダーのもとで新しい緊張を迎えることになった。トランプ氏は中国による軍事力増強、対米黒字貿易拡大、米国製知的財産権盗取、サイバー攻撃、対北制裁の不誠実などで中国に対する警戒心と不満をもっており、政権当初から中国を厳しい目で見ていた。

　トランプ氏は大統領就任前の2016年12月2日、台湾の蔡英文総統と電話会談をして、対台湾接近を匂わせ、北京を牽制した。トランプ氏は、国連安保理決議や国際条約に違反する国に対しては、米国は軍事制裁を加えるとの強いメッセージを中国や北朝鮮に送ることを意図したようだ。

　またトランプ氏は、現状の約270隻海軍を350隻海軍にし、空母を現在の10隻体制から12隻体制にするとし、「海軍の全艦隊を拡大する」と強調している。他方、中国は、2017年3月の全国人民代表大会（日本の国会に相当）で、前年実績比8.1%増の国防予算を採決した。また中国は、配備された空母「遼寧」以外に国産の空母数隻の建造計画を発表した。さらに2018年4月12日、海南島近くの南シナ海で習近平氏が、兵力1万人規模の海軍演習を閲兵し、「世界一の海軍を創る」と力説した。習近平氏は2017年11月9日のトランプ氏との共同記者会見では、

太平洋東西分割統治構想にも言及していた。

　こうした中国の姿勢に対して、トランプ氏は「強い米国」を唱え、増大する中国の軍事的脅威に対抗する姿勢をとった。同年12月に発表した「国家安全保障戦略（NSS）」報告書で強調した「力による平和」も、この線に沿ったものであった。トランプ政権は、中国とロシアを「現状変更国」とし、特に中国を「戦略的競争相手」とした。

　米中対立は安全保障分野だけではない。「米国第一主義」をとるトランプ氏は、3月28日、対中輸入の膨大な赤字（2017年で米国の全貿易赤字3,962億ドルの約半分）の解消を中国に強く迫り、鉄鋼やアルミニウム製品への30％関税を含む1,300品目への関税計画を発表した。米国は、上記の関税値上げ以外に、中国による外国系知的財産権の共有を強いる法規などを非難しており、「貿易戦争」の様相を帯び始めた。

習近平の権力集中と「一帯一路」構想

　習近平氏は、大規模な汚職追放キャンペーンによる政敵追放や報道統制によって、権力基盤の集中化を図った。過去5年間に汚職で追放された役人は25万4,000人と言われ、党幹部120人が失脚した。習近平氏は、2017年10月24日、第19回党大会の最終日に、自己の考えを「新時代の特色ある社会主義思想」（習思想）として党規約に盛り込んだ。また2018年3月11日、全国人民代表大会は国家主席の任期（2期10年）を撤廃することとした。これによって習近平氏は2023年の2期目の任期終了後は任期なしの独裁的支配に入ることになる。まさに「アジアの盟主」となる準備をしているかのようだ。

　習近平氏はまた、上記党大会での党規約の改正案に「一帯一路」構想を盛り込んだ。これによって、アジア南部、中東、ヨーロッパを結ぶ「シルクロード経済帯」とインド洋沿岸国を結ぶ「海上シルクロード」の一大経済圏構想を格上げした。しかし中国のインフラプロジェクトのいくつかは軍事目的に利用されつつある。中国はジブチに取得した広大な港を中国軍の補給基地にしており、またパキスタンのグワダルを中国の手で広大な物資積み替え港にしつつあるが、同時に軍港とし

ての機能を持たせると報じられている。これに対する周辺国の懸念も大きい。

東南アジア全体における中国の経済的影響力も「一帯一路」構想との関連で増大している。中国は、特に雲南地域（昆明）からラオス、カンボジア、タイ、ミャンマーなどを経て、バンコクからシンガポールに延びる高速道路や高速鉄道を建設中ないしは計画中である。貿易や投資の面でも中国と大陸東南アジアとの経済的結びつきが一層強くなり、それが政治関係の繋がりをも緊密にしそうである。

「一帯一路」構想が今後円滑に進むのかどうか、そしてそれが習近平氏の政治的将来にどんな影響を与えるのかについては注視する必要がある。

米中とのバランスに苦しむASEAN

南シナ海の、中国が自国領と主張する九段線は2016年7月の常設仲裁裁判所（PCA）の裁定で否定されたが、中国はそれを「紙屑」と呼んで無視し、九段線内の岩礁の人工島化と軍事拠点化を進めてきた。しかしこれを牽制するため、米国は海空軍による「航行の自由」作戦を展開した。米空母はダナン港にも入った。しかし中国は南シナ海の制海、制空権を確立しつつある。こうした国際裁判所の決定を無視した中国に対して、2018年4月末にシンガポールで開かれたASEAN首脳会議の議長声明は「複数の首脳が表明した懸念に留意する」とした。

ASEAN諸国は安全保障面では米国との連携を重視するが、貿易、投資などの面では中国への依存度を深めている。したがってASEAN諸国は中国の南シナ海における覇権的支配などへの批判をこれまで以上に控えることになりそうである。

安倍首相およびトランプ氏は、今後の外交戦略として「自由で開かれたインド太平洋戦略」を唱道しているが、インド洋と太平洋の接点に位置するASEAN諸国が米中に対してどんな外交姿勢をとるかはこれまで以上に重要になっている。その意味で、南シナ海をめぐる中国とASEANの関係はインド太平洋地域の安全保障環境に大きな影響を与える。

日米同盟と広がる連携国

　このように増大しつつある中国の脅威に対して、日米は共同で外交、安全保障の分野において対中バランスを有利に維持しようとしている。トランプ氏の「力による平和」の姿勢は、少なくともオバマ政権よりは米国の国力を効果的に発揮してきた。シリアにおけるアサド政権側のロシア製化学兵器の使用に対するトランプ氏の強い非難と限定的爆撃、中国に対する貿易赤字の強い是正要求と関税の引き上げ、北朝鮮の核・弾道ミサイルに対する強硬な経済制裁など、強い意思を示す外交となっている。

　安倍政権はトランプ氏の中国や北朝鮮に対する戦略を共有している。安倍氏は、トランプ氏の大統領就任前にいち早くニューヨークで会談をして、新政権との政策調整を行った。これによって培われた二人の親密な関係がその後の日米協力をきわめて緊密にしてきた。米国の識者の間では、「トランプ大統領の最も信頼できる相談相手はシンゾー・アベだ」と言われている。

　しかしトランプ政権は当初、日米同盟における日本側の防衛分担に不満であった。安倍政権は政府内の不祥事などで支持率は低下しているが、防衛費の漸増を図っている。防衛費は依然としてGDP（国内総生産）の1％以下であるが、大型護衛艦（軽空母）の建造、南西諸島の防衛強化、尖閣諸島防衛のための海上保安庁の航空要員の増強、および陸上自衛隊の水陸機動団（日本版海兵隊）創設、自衛隊のサイバー反撃力導入の検討などを進めている。

　日本側の不満は、トランプ政権が米国第一主義を唱えて環太平洋パートナーシップ（TPP）協定を脱退したことで、リベラルな国際秩序を維持拡大しようとする勢いを鈍らせたことである。しかし英国、韓国、タイ、コロンビアなどTPPへの加盟に関心を示す国が増えており、将来は米国も戻ってくるかもしれない。日米同盟を核とした連携国が増えることで、力による支配ではなく、法の支配を尊重する国際秩序が広がる兆候が見られる。

　日本はさらに中国の海洋覇権を牽制するため、シンガポール、インドネシア、ベトナムなどASEAN諸国との協力も進めている。インド洋に関しては、日米豪印が中国によるインド包囲作戦である「真珠の首飾り作戦」を牽制するため、同4

-14-

カ国海軍による合同演習などを通して連携を進めている。2017年11月のマニラ
での一連の地域会合の折、同4カ国の外務省局長級の会合も開かれた。

　トランプ氏も習近平氏も「強国」建設を目指し、両国は厳しい競合関係に入りそ
うだ。その競合関係は、軍事、外交、経済、科学技術などの広い分野で繰り広げ
られるであろう。現在は両国とも比較的良好な経済状況にあるが、期待通りに成
長しない場合、両国により自国本位のナショナリズムが台頭するかもしれない。
　今後アジア太平洋地域における日米対中国の対立は、朝鮮半島、尖閣諸島、台
湾海峡、南シナ海などをめぐって厳しくなりそうである。そしてこれらの紛争地点
は、いずれも米中間の力のバランスがどうなるかに左右されるであろう。

焦点：1

中東とアジアの密接な関係

江﨑智絵
（防衛大学准教授）

はじめに

　中東の混沌は、出口が見えない。米軍主導の空爆と、ロシアおよびイランが支援するシリアのアサド政権による軍事作戦は、イラクおよびシリアから両国を拠点としてきたテロ組織「イスラム国（IS）」を壊滅しようとしている。しかし、その脅威が弱まったことで、イスラエルとイランとの間に正面衝突の危険性が高まった。そのため、関係国の対応次第では、長らく燻っていた火種が勢いよく燃え盛る事態も想定される。

　後者に関し、国際社会としても懸念を深めてきたのは、2015年7月にイランと関係6カ国が締結した「包括的共同作業計画（JCPOA）」から米国のトランプ政権が撤退する可能性を示していたことである。イランへの制裁が再度科されれば、イラン産の石油輸出が困難となろう。市場に出回る原油の供給量が減少すれば、価格上昇は必至である。

　こうした事例からも明らかなように、中東は、国際社会の安全保障と密接に係る諸問題を抱えている。本稿は、こうした観点から、その一側面である中東とアジアの結び付きを事例に、中東情勢がアジアの安全保障に及ぼす影響について考察する。

緊密化する中東とアジア

　中東とアジアの関係は、近年ますます深まりをみせているように思われる。2017年以降に注目しても、以下のような動きがある。

　まず、2017年2月から3月にかけて、サウジアラビアのサルマン国王は、同国から石油を輸入しているマレーシア、インドネシア、日本および中国を訪問した。サ

ウジアラビアは、2016年4月、石油依存型経済から脱却し、投資収益に基づいて国家を運営するための経済改革計画「ビジョン2030」を発表した。サルマン氏の東南アジアおよび東アジア諸国歴訪は、その計画の一環であり、石油以外の製品を輸出するための市場の確保を重視したものであった[1]。

次に、2017年5月にイスラエルのネタニヤフ首相が、同7月にはパレスチナのアッバース大統領がそれぞれ訪中し、習近平国家主席と会談した。習近平氏は、中国が中東和平の進展に取り組む姿勢を両首脳に示した。また、同7月末、中国は、中東和平案を発表した。

中国は、2013年5月にもイスラエルおよびパレスチナに対する中東和平案を提示していた。同和平案は、「1967年ライン[2]」に沿って東エルサレムを首都とし、イスラエルに隣接するパレスチナ独立国家を樹立するという二国家構想に基づいている[3]。また、同12月に中国外交部は、米国、ロシア、国連およびEUが形成する中東和平に関する「4者協議」に中国も参加したいという意向を米政府へ伝えていた。

2017年の和平案は、2013年版の路線を踏襲しており、目新しさはない。ただし、この和平案は、初めて、中国が2013年9月に発表した「一帯一路」構想に基づいて打ち出されたと捉えられる[4]。同構想は、中東を重要なパートナーと位置付けている。中国は、2013年に米国を抜いて世界最大の原油輸入国になっており、エネルギー源の確保のために中東の安定化が必要不可欠であるためである。

さらに、2017年7月、インドのモディ首相がイスラエルを訪問し、「戦略的パートナーシップ」を締結した。インドの首相によるイスラエル訪問は、1992年に両国が正式な外交関係を樹立して以来のものであった。インドが従来パレスチナ寄りの対外方針を有していたことを踏まえると、イスラエルがモディ氏のこの訪問から得るものは、大きい。

イスラエルがインドとの関係を強化したのは、「周辺政策」に基づく動きである。この政策は、敵対関係にあるアラブ諸国がイスラエルを包囲するように位置することから、地理的にその外側に位置する国々との間に友好関係を構築するためのものである。トルコ、イラン（1979年まで）およびエチオピアに始まったその

—17—

対象国は、近年拡大しており、バルカン諸国やアフリカ諸国までをも含むようになっている。2018年1月には、ネタニヤフ氏が防衛産業をはじめとする企業関係者130名とともに訪印した。

これらの動きの背景には、イニシアチブをとる各国の独自の思惑が存在するものの、それに基づき構築される関係からは、当事国がすべて一定の恩恵を受ける可能性が高い。こうしたウィンウィンの関係が中東諸国とアジア諸国との結び付きを特徴付けるのであれば、一方の変動が他方にマイナスに影響する恐れも出てくると考えられる。

「イスラム国 (IS)」の衰退とその余波

その中で最も懸念されるのは、中東情勢がアジア諸国の不安定化や地域的な安全保障環境の悪化を招く誘因となることであろう。現在の中東情勢を踏まえると、そうした可能性のある要素としてまず指摘できるのは、イラクおよびシリアを拠点とするテロ組織「イスラム国 (IS)」の動向であろう。

ISは、2016年8月、イラクでの支配地を縮小させるとともに、2016年12月半ば、シリアのアサド政権にラッカを明け渡した。シリア北部に位置するラッカは、ISがイラクとシリアの国境を再編し、樹立を目指していた「カリフ制国家」の「首都」とされていた重要な拠点であった。こうして、2016年初頭と同年末を比較すると、ISは、支配地域の4分の1近くを失ったといわれている(5)。

これは、米軍主導の空爆と、ロシアおよびイランが支援するシリアのアサド政権による軍事作戦の成果である。2017年以降もそうした状況が続いた。シリアでは、ISがアサド政権と米軍が支援するトルコ人勢力に挟み撃ちされ、資金や戦闘員の補給路となっていたイラク国境からラッカへと続く領域を失った。

その間に論争になったのは、ISの首領バグダーディー氏の存否であった。2017年6月、ロシアは、5月末にラッカで実施した空爆で、バグダーディー氏を殺害した可能性に言及した。しかし、殺害を裏付ける証拠はなく、米国は、2017年夏にバグダーディー氏が特定の場所にいるとのインテリジェンスに基づき、度重なる空爆を行った。しかし、その後の数週間、米国はISの通信を傍受できず、バグダー

ディー氏の存否は不明のままである。

このようにISは、首領の存否までもが話題に上るようになり、組織的な存亡の淵に立たされている。ISは、組織としての影響力を維持すべく、国際的なジハード活動を活発化させてきた。こうした動きは、イラクおよびシリアから「カリフ制国家」の樹立を試みるとともに、世界各地にもそのための拠点を確保するというISの二重戦略に基づくものであった。ISは、世界各地のローカルな組織が自身への忠誠を誓うようになると、11カ国に34の「州（Wilayah、ウィラーヤ）」の発足を宣言した。

東南アジアを中心に浸透する「イスラム国（IS）」の影響

アジアにおけるISの拠点は、イスラム教徒が集住している東南アジアである。北東アジアには、中国以外に一定数のイスラム教徒を抱える国が存在しないからである。ISは、穏健で寛容であるとされる東南アジアのイスラム教徒に過激思想を浸透させるうえで、ローカルな組織と連携し、それらが有するネットワークを活用してきた。例えば、フィリピンのイスラム主義組織「アブ・サヤフ」は、フィリピン人のみならずマレーシア人が自国でテロを実施するための手解きを与えたとされている[6]。

一方、イラクおよびシリアを拠点とするISは、自らに対する掃討作戦で失った人員を補充するためにも5-6万人を戦闘員としてリクルートしてきた。そのうちの半数が外国人であり、ISには、東南アジア出身者からなる「コア（core）」が形成されてきた。インドネシアからは、2016年1月時点で408名がシリアに渡り、ISに参加するとともに、そのうち47名が帰国し、さらに70名がシリアを離れようとしていたとされている。こうした動きを背景に、インドネシアには、3種類のIS関連組織が存在する。ISに忠誠を誓うコア的組織、それらを支援する組織、および少なくともISに共鳴はしている組織である[7]。

2016年1月4日、インドネシアの首都ジャカルタで8名が亡くなるテロ事件が発生した。この事件は、東南アジアに混乱を広げるためのISの戦略の始まりに過ぎなかったといわれる。テロの波はその後も拡大し、例えばフィリピンでも、2017年4

月から5月にかけてシーア派の指導者などを標的とした複数のテロ事件が発生した。2018年5月にはインドネシアで、教会3カ所に対する自爆攻撃が発生した。犯行は6人家族（両親、18歳、16歳、12歳および9歳の子供）によるもので、事件に関する「イスラム国東アジア」名義の声明文も出回った。

ISの脅威は、東南アジアを中心としてアジアにも確実に浸透してきている。アジアに位置するISの支部がシリアやイラクを離れたIS戦闘員らに新たな拠点を提供し、テロ活動が活発化する可能性は否めない。すでにアフガニスタンの「ホラーサーン州」がそれらの戦闘員の避難先になっているといわれている[8]。「ホラーサーン州」は、2015年1月、パキスタン・タリバンの元司令官らがISに忠誠を誓い、誕生した。2017年10月には、ISもしくは「ホラーサーン州」による事件が度々発生していた。東南アジアにもこうした基盤が存在しているのである。

イスラエルとイランとの高まる緊張

次に、中東の変動がアジアに及ぼす影響として考えられるのは、中東情勢の悪化に伴う経済的な打撃である。例えば、石油価格の高騰である。現在、中東では、イスラエルとイランが直接衝突することへの懸念が高まっており、その行方が原油価格に影響する可能性は否めない。

イスラエルのネタニヤフ政権は、イランを最大の脅威と認識し、2010年夏には、軍に対し、核開発を進めていたイランへの軍事攻撃の準備を加速するよう指示していた。一方、イスラエルは、米国の仲介を得て2011年1月から3月まで、イランの同盟国であるシリアとの間で秘密交渉を行った。ネタニヤフ氏は、シリアがイランおよびその支援を得てレバノン南部を拠点とするヒズボラとの関係を破棄することなどを条件に、ゴラン高原から全面的に撤退する用意があることを明らかにしていた。しかし、秘密交渉は、シリアで反政府抗議活動が始まったことを受け中断された。

イスラエルは、シリア内戦に対し、不関与政策を講じてきた。ただし、イスラエルは、例外措置として、必要に応じてシリア人に人道支援を提供するとともに、ヒズボラをはじめとするテロ組織が高性能武器を入手することを断固阻止すべく、

焦点1　中東とアジアの密接な関係

そのシリア国内の武器庫などを空爆してきた。ヒズボラは、2012年5月までにイランとともにシリアのアサド政権を支援すべく、シリア内戦に関与するようになり、戦闘員を派遣していたのである。

　そうしたなかで、2018年2月、シリア国内の軍事基地を飛び立ったイラン製のドローンがイスラエル領空を侵犯し、イスラエル軍機に撃墜されるという事件が発生した。同時に、イスラエルを出発してシリアに向かった空軍機がシリアで撃墜されたのであった。イスラエルは、同4月にも繰り返しシリア国内の軍事基地への空爆を実施し、イラン人の死亡が確認された。イスラエルは、イランがシリアからイスラエルを攻撃してきた場合、報復するとの姿勢を表明している。

　その間の2018年3月、イスラエルは、2007年9月にシリア国内で北朝鮮の協力を得て建設されていた原子炉を空爆したことを認めた[9]。イスラエルは、自国の関与を認めてこなかったが、このタイミングで事件の内幕を明らかにしたイスラエルの姿勢には、イランへの警告があると考えられる。その証左ともいえる動きとして、同4月末、ネタニヤフ氏は、イランが自国の核開発について嘘をついており、JCPOAは、それらに基づいて締結されたと「証拠資料」とともに主張した。ネタニヤフ氏は、イランが核兵器の保有を目指し、核開発に取り組んできたことを改めて強調したのであった。

米国の包括的共同作業計画（JCPOA）脱退

　また、イスラエルのネタニヤフ首相は、JCPOAの締結を「歴史的な過ち」と述べ、米国に対してその破棄もしくは見直しを迫ってきた。さきに述べたように、米国は、JCPOAの見直し期限を迎える2018年5月、トランプ大統領がJCPOAから撤退する意向を表明した。米国がイランに対し、再度制裁を科せば、イランの石油輸出が制限され、油価の値上がりが引き起こされよう。イランのローハニ大統領は、JCPOAを維持し続けるよう外相に指示する一方、ウラン濃縮を再開する構えをみせている。イランは、2012年10月に米国による経済制裁の実施に反発し、ホルムズ海峡を封鎖して対抗する意思を表明していた。イランがそれを実行に移すことはなかったが、イランの手中には、そうした選択肢もある。

－21－

イランは、米国のトランプ政権がJCPOAから脱退する可能性に直面しても、同政権に対する明確な非難を控えてきた。それは、ローハニ氏がそうした行為によって自分の首が絞まることを理解しているからである[10]。米国との関係では、イランによる米国批判がJCPOAからの米国の脱退を後押しする格好の材料に使われかねないことが懸念されている。そうなれば、イラン国内の強硬派との関係で、JCPOAを締結したことを非難され、ローハニ氏の政治的な立場が弱くなってしまう。また、制裁を受けて悪化した経済を再建する必要もある。そのため、イランには、JCPOAを遵守する以外に選択肢はない。

一方、イランとしては合意に忠実に取り組む姿勢を示し続けることで、合意が破棄された場合に自らが被るべき代償を少なくすることができる。もし、米国がJCPOAを破棄したことで事態が悪化すれば、非難されるべきは、米国ということになる。

おわりに

2018年5月には、在イスラエル米国大使館がテルアビブからエルサレムに移転された。イスラエルと境界を接するガザ地区では、それに反発するパレスチナ人へのイスラエルの軍事攻撃により多数の死傷者が出ている。

中国は、先に述べたように、イスラエルとパレスチナとの仲介に積極的な姿勢を見せている。米国の焦点は、地域的な和平の構築に基づく「イラン包囲網」の形成にある。中国が中東和平の新提案を行うことは、それが米国の不利益にならない限り、トランプ政権からは歓迎されるであろう[11]。

中東の変動がアジアの安全保障に及ぼす影響は、現時点では、いくつかの側面に限られている。ただし、両地域は、今後も結び付きを深めることが予想される。そのため、域内情勢の変化が他の地域に及ぼす影響はますます大きくなると考えられる。

(1) Dominic Dudley, "The Middle East's Pivot to Asia," *MEED Business Review*, Vol. 2, No. 4, April 2017, p. 29.

焦点1　中東とアジアの密接な関係

(2) 1967年6月4日、イスラエルとアラブ諸国との間に戦争が勃発した。イスラエルは、この戦争により、東エルサレムを含むヨルダン川西岸地区、ガザ地区、ゴラン高原およびシナイ半島を占領した。1967年ラインとは、この1967年戦争が始まった際のイスラエルとアラブ側との境界線を意味する。そのため、イスラエルには、全占領地からの撤退が求められている。

(3) "News Analysis: During Abbas's Visit, China Proposes Peace through Development in Middle East," *Xinhuanet*, July 22, 2017.

(4) Yoram Evron, "China Has New Middle East Peace Plan," *The Diplomat*, August 14, 2017, https://thediplomat.com/2017/08/china-has-a-new-middle-east-peace-plan/（2018年5月8日閲覧）。

(5) The International Institute for Strategic Studies, *Armed Conflict Survey 2017*, London, Routledge, 2017, p. 92.

(6) Rohan Gunaratna, "The Islamic State's Eastward Expansion," *The Washington Quarterly*, Vol. 39, No. 1, Spring 2016, p. 52.

(7) "Indonesia," *Country Weekly Report of International Center for Political Violence and Terrorism Research*, December 27, 2015-January 3, 2016, http://www.rsis.edu.sg/wp-content/uploads/2014/08/Indonesia-Weekly-Report-28-03-January-2016.pdf（2018年5月17日閲覧）。

(8) Gilad Shiloach, "ISIS May Find Some Comfort in Afghanistan," *Jihad Scope*, November 2017, https://dayan.org/content/isis-may-find-some-comfort-afghanistan（2018年5月8日閲覧）。

(9) 例えば、以下の報道である。Amos Harel and Aluf Benn, "No Longer Secret: How Israel Destroyed Syria's Nuclear Reactor," *Haaretz*, March 21, 2018.

(10) Trita Parsi, "North Korea Has Shown to Play Nuclear Poker with Trump-Iran may Follow Suit," *Middle East Eye*, April 30, 2018, http://www.middleeasteye.net/columns/iran-fully-adhered-nuclear-deal-now-some-tehran-regret-it-2136382287?utm_source=Trita+Parsi+Email+List&utm_campaign=af8c281296-おerm=0_f8832a7e78-af8c281296-256491925（2018年5月8日閲覧）。

(11) 池田明史、「中国の中東政策：戦略的転換？―習近平政権の中東和平『新』提案を手掛かりとして」『中東協力センターニュース』2017年9月、5頁。

焦点：2

中国の「一帯一路」構想とアフリカのインフラ整備——データから読み解く

落合雄彦

（龍谷大学教授）

はじめに

　中国の「一帯一路」構想が近年、国際的な注目を集めている。「一帯一路」構想は、中国の習近平国家主席が提唱したとされる、同国を中核とする壮大な経済圏構想である。その起源は、習近平氏が2013年9月にカザフスタンの大学で行った演説の中でまず「シルクロード経済帯」（中国語：絲綢之路経済帯）の建設を、次いで同年10月にインドネシアの国会で行った演説の中で「21世紀海上シルクロード」（21世紀海上絲綢之路）の建設をそれぞれ唱えたことに求められるという。その後、中国から中央アジアやロシアを経由してヨーロッパに至る前者の「陸のシルクロード」（つまり「一帯」）と、中国から南シナ海、東南アジア、インド洋、アフリカを経由してやはりヨーロッパに至る後者の「海のシルクロード」（つまり「一路」）が結び合わされ、「一帯一路」（陸と海のシルクロード）という概念が形成された。

　2015年3月に発表された「シルクロード経済帯と21世紀海上シルクロードの共同建設推進のビジョンと行動」（以下「ビジョンと行動」）という中国政府の基本文書によれば、「一帯一路」構想の要諦は、中国の実質的なイニシアティブのもと、陸と海のシルクロード沿いにある「沿線国家」と呼ばれる対象国がインフラ開発を共同で推進したり、その相互連結性を高めたりすることで、貿易、投資、産業を振興し、それによって地域的な繁栄と発展をともに享受するところにある[1]。そして、2017年10月には、中国共産党第19回全国代表大会が開かれて、同構想の推進が党規約のなかに正式に盛り込まれた。特定の外交政策が中国共産党規約に明記されるのは異例のことであり、その意味でも、少なくとも今後しばらくの間は、中国がいわば「国是」として「一帯一路」構想を強力に推進していくであろうことは、ほぼ疑う余地が

ない。

そうした「一帯一路」構想の中で、アフリカの位置づけは当初、必ずしも高くなかった。例えば、前述の「ビジョンと行動」では、「アフリカ」という表現が6回出てくるが、その取扱いはいずれもが表面的なものでしかない。また、同文書では、構想実現のための協力メカニズムとして、アジア太平洋経済協力（APEC）会議や中国・アラブ諸国協力フォーラムなどが例示されているが、アフリカ連合（AU）や中国・アフリカ協力フォーラム（FOCAC）といったアフリカ関連の多国間枠組みへの言及は一切みられない。さらに、中国の政府系研究機関によれば、少なくとも当初は64カ国が「一帯一路」構想の対象国とされていたが[2]、そのなかには、エジプトを除けば、アフリカ諸国はまったく含まれていなかった[3]。

とはいえ、中国は「一帯一路」構想の発表以前からアフリカを重視し、特に対外援助の提供や建設工事の請負などを通じて同地域のインフラ整備に積極的に関与してきた。そうした意味では、しばしば"China in Africa"と英語で表現される、特に2000年代以降の目覚ましい、アフリカへの中国の進出やそこでの台頭は、中国主導のインフラ整備を謳う「一帯一路」構想ときわめて親和的な関係にあるといえる。そして事実、中国がアフリカ諸国で今日手掛けるインフラ整備事業の多くは、すでに「一帯一路」構想と積極的に結び付けられる形で推進されるようになっており、そうした傾向は今後一層強まることになろう。

本焦点では以下、中国の「一帯一路」構想とアフリカのインフラ整備に関わる三つのポイント――すなわち、①アフリカのインフラ整備における中国のプレゼンスの大きさ、②中国に対するアフリカの人々のポジティブなイメージ、そして、③インフラ整備の背後で近年急増するアフリカ諸国の対外債務――について、主に統計データを基に読み解きたい。

アフリカのインフラを建設する中国

デロイト社が毎年発行している『アフリカ建設傾向レポート』は、公共事業を含むアフリカの大規模建設事業の動向を把握する上で有用である。同レポートの最新版（2017年版）では、2017年6月1日までの1年間にアフリカで着工された、5,000

万米ドル以上の規模の建設プロジェクト303件が分析されている[4]。そのなかには、例えば不動産開発のような民間プロジェクトも含まれるが、多くは、道路、鉄道、港湾、橋梁、空港といった運輸部門のインフラや、発電所やダムのようなエネルギー・電力部門のインフラを整備するための公共事業である。

表1　アフリカの大規模建設事業（2016年6月2日-2017年6月1日の間の着工分）

準地域	件数(%)	契約額(%)	セクター別の割合〔件数ベース〕	資金提供者別の割合〔件数ベース〕	工事請負者別の割合〔件数ベース〕
東アフリカ	71(23.4)	326億米ドル(10.6)	運輸：52% エネルギー・電力：23% 不動産：14%	中国：25.4% 国際開発金融機関：19.7% アフリカ開発金融機関：16.9%	中国：53.5% 国内民間：11.3%
南部アフリカ	93(30.7)	897億米ドル(29.2)	不動産：29% エネルギー・電力：25% 運輸：23%	政府：32.3% 国内民間：25.8% 中国：8.6% 国際開発金融機関：8.6%	国内民間：30.1% 中国：18.3%
中部アフリカ	20(6.6)	98億米ドル(3.2)	運輸：30% エネルギー・電力：20% 不動産：15% 鉱業：15%	中国：35% 国際開発金融機関：20% 国内民間：10%	中国：50% 国内民間：15%
西アフリカ	79(26.1)	983億米ドル(32.0)	運輸：43% 不動産：19% エネルギー・電力：13%	政府：32.9% 中国：16.5% アフリカ開発金融機関：12.7%	中国：22.8% 国内民間：21.5%
北アフリカ	40(13.2)	771億米ドル(25.1)	不動産：33% 運輸：28% エネルギー・電力：12% 石油・天然ガス：12%	政府：35% 国内民間：20% 国際開発金融機関：17.5%	国内民間：27.5% 仏、伊、米：各10% 中国：5%
アフリカ全体	303(100)	3,075億米ドル(100)	運輸：36% 不動産：22.4% エネルギー・電力：19.1%	政府：27.1% 中国：15.5% 国内民間：14.5% 国際開発金融機関：13.2%	中国：28.1% 国内民間：22.1%

出所：Deloitte, *A Shift to More but Less: Africa Construction Trends Report 2017*をもとに筆者作成。

焦点2　中国の「一帯一路」構想とアフリカのインフラ整備——データから読み解く

　表1は、同社の2017年版レポートの概要をまとめたものである。同表が示すとおり、件数ベースでみてみると、303件の大規模建設事業のうち93件（全体の30.7%）が南アフリカを中心とする南部アフリカ諸国で実施されていた。これに対して、それを契約額ベースでみてみると、準地域の中では、ナイジェリアを中心とする西アフリカの規模が983億米ドルと最も多く、全体の32%を占めていた。

　しかし、表1の中で私たちが何よりも注目すべきは、資金提供者と工事請負者に関するデータであろう。前述のとおり、アフリカにおける大規模建設プロジェクトの多くはインフラ整備を主な目的とする公共事業であるため、その最大の資金提供者は政府であり、303件のうち82件（27.1%）がアフリカの政府によって主に開発資金を提供されていた。これに対して、政府に次ぐ2番目の資金提供者となっていたのが中国であり、同国は47件（15.5%）のプロジェクトの主要資金を提供していた。その割合は、世界銀行のような国際開発金融機関（13.2%）よりも高かった。なかでも中部アフリカと東アフリカでは、中国が最大の資金提供者となっており、それぞれ35%と25.4%の大規模建設事業が同国からの資金提供、特に中国輸出入銀行（中国輸銀）や国家開発銀行（中国開銀）といった中国の政策性銀行からの融資を受けていた。

　他方、建設工事請負に目を転じると、中国の存在感は一層大きくなる。中国系企業は、中国政府（国務院）が直接所管する「中央企業」と呼ばれる大型国有企業やその系列企業を中心にして、アフリカ全体の大規模建設事業303件のうち85件（28.1%）を受注、施工していた。中国は今日、アフリカの大規模建設事業におけるトップビルダーなのである。とはいえ、中国系企業の工事請負状況には、かなりの地域差がある。具体的には、東アフリカと中部アフリカでは、中国系企業が大規模建設工事の約半分を請け負っていたのに対して、その割合は、西アフリカでは22.8%、南部アフリカでは18.3%となり、北アフリカに至っては5%ほどでしかない。

中国の貢献を好感するアフリカ

　やや古くなるが、中国に対するアフリカの人々の印象を理解する上では、2016年に発表されたアフロバロメーターの『アフリカで増大する中国のプレゼンスは総じて人々のポジティブな評価を獲得している』と題された資料が参考になる[5]。

—27—

この資料は、2014年から2015年にかけてアフリカ36カ国の約5万4,000人を対象に実施された大規模な社会調査のデータを分析したものである。

図1　中国の影響はポジティブか、ネガティブか？（調査時期：2014/15年）

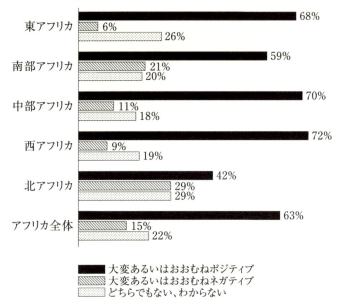

出所：Lekorwe et al., *China's Growing Presence in Africa Wins Largely Positive Popular Reviews*, p.16をもとに筆者作成。

　図1は、同資料のうち、「あなたは、中国の経済的および政治的な影響をポジティブなものと思いますか、ネガティブなものと思いますか？」という質問への回答結果を図示したものである。同図にあるとおり、アフリカ全体では63％の人々が中国の影響を「大変あるいはおおむねポジティブ」と回答している。なかでも、その割合が高かったのは西アフリカ（72％）、中部アフリカ（70％）、東アフリカ（68％）であり、逆にアフリカ平均よりも低かったのは南部アフリカ（59％）と北アフリカ（42％）であった。そして、中国の影響をポジティブとみる理由を尋ねてみたところ、最も多かった回答が「中国によるインフラやその他の開発への投資」であり、そう回答した人の割合は32％であった。アフリカには中国との間で政

治および安全保障上の懸案がほとんどないこともあって、同地域の人々は、インフラ整備で目に見える貢献をしてくれる中国に対して総じてポジティブなイメージを抱いているといえよう。

近年増加するアフリカの対外債務

　アフリカのインフラ整備が中国の資金と技術を用いて進められる一方、近年しだいに懸念され始めているのが債務問題である。

　アフリカのインフラ整備のための中国政府による資金協力といえば、かつては無償や無利子借款が中心であった。しかし今日では、中国輸銀の元建ての優遇借款やドル建ての優遇バイヤーズクレジットに代表されるような有利子融資の割合が高くなっている[6]。そして近年、鉄道建設といった大規模インフラ整備事業のために中国から多額の借入をしているのが、東アフリカのケニアとエチオピアである。

表2　ケニアとエチオピアの対外債務関連経済指標（2008年と2016年の比較）

	2008年	2016年
サハラ以南アフリカ（高所得国を除く）		
対外債務残高	2,275億1,920万米ドル	4,539億5,020万米ドル
海外直接投資（FDI）	315億6,510万米ドル	271億7,110万米ドル
国民総所得（GNI）	9,642億4,460万米ドル	1兆4,225億380万米ドル
債務輸出比率	56.0%	137.1%
債務返済比率（DSR）	4.6%	11.6%
ケニア		
対外債務残高	76億5,940万米ドル	223億2,500万米ドル
海外直接投資（FDI）	2,280万米ドル	3億9,400万米ドル
国民総所得（GNI）	358億6,350万米ドル	698億4,510万米ドル
債務輸出比率	90.5%	212.2%
債務返済比率（DSR）	4.9%	10.6%
エチオピア		
対外債務残高	29億430万米ドル	230億6,300万米ドル
海外直接投資（FDI）	1億850万米ドル	31億9,640万米ドル
国民総所得（GNI）	270億8,690万米ドル	721億2,080万米ドル
債務輸出比率	82.2%	389.6%
債務返済比率（DSR）	3.1%	21%

出所：World Bank Group, *International Debt Statistics 2018*をもとに筆者作成。

表2は、世界銀行の『国際債務統計』のデータを基にケニアとエチオピアの債務関連経済指標の変化をまとめたものである[7]。同表が示すとおり、2016年の対外債務残高は、2008年と比べて、ケニアの場合には2.9倍、エチオピアに至っては7.9倍に膨れ上がっている。そうした債務状況を、対外債務残高を年間輸出額で割った債務輸出比率でみてみると、2016年にはサハラ以南アフリカが137.1%であるのに対して、ケニアは212.2%、エチオピアは389.6%であった。一般に、輸出産業で対外債務をどれだけ賄えるのかを示す指標である債務輸出比率が250%を上回ると債務返済が困難になるといわれており、ケニアはその水準に近づきつつあり、エチオピアはすでにそれを超えてしまっている。さらに、対外債務の返済額を輸出額で割った債務返済比率（DSR）をみると、エチオピアは21%と高い。これは、エチオピアが年間輸出総額の約5分の1を債務返済に回さなければならない状況にあることを意味する。

　とはいえ、ケニアやエチオピアですぐに債務問題が顕在化するとか、両国はすでに債務危機に陥っているとかというわけではない。というのも、例えば2008年と2016年の他の経済指標を比較すればわかるとおり、ケニアとエチオピアに対する海外直接投資（FDI）は8年間で実に17.3倍と29.5倍にそれぞれ激増し、国民総所得（GNI）も1.9倍と2.7倍にそれぞれ増大しているからである。特にエチオピアの近年の経済成長は目覚ましく、2015年にはケニアを抜いて東アフリカ最大の地域経済大国になった。しかし、ケニアやエチオピアを含む一部のアフリカ諸国は、そうした経済成長に必要なインフラ整備の財源を確保するために、これまで中国から多額の借入をしてきただけではなく、独自に外貨建ての国債発行をしてきており、その対外債務リスクの増大が懸念され始めている。

むすびに

　2018年4月、中国政府は、対外援助政策を統括する国家国際発展協力署という新たな省庁を設置した。これまで中国の対外援助政策は、商務部対外援助司が中心となり、外交部などの関連省庁と連携しつつ策定されていたが、中国政府は、そうした複数省庁の対外援助関連部署を統合する形で同署を設置すること

焦点2　中国の「一帯一路」構想とアフリカのインフラ整備——データから読み解く

によって、援助政策立案の一元管理と効率化を目指しているものと思われる。そして、この国家国際発展協力署という新しい組織の眼前にある喫緊の課題といえるのが、「一帯一路」構想の推進にほかならない。

　他方、中国の対外援助の約半分はアフリカ向けと考えられている[8]。したがって今後は、党レベルはともかくも、少なくとも国務院レベルでは、従来の商務部などではなく国家国際発展協力署という新たな援助政策立案機関によって、アフリカのインフラ整備への支援が「一帯一路」構想と一層密接に関連づけられながら展開されていくことになろう。そうしたアフリカのインフラ整備への中国のコミットメントの動向を、それが孕み持つ債務増加リスクとともに、今後とも注視していく必要がある。

(1) 国家発展改革委員会・外交部・商務部が共同で発表した「ビジョンと行動」の日本語訳については、中華人民共和国駐日本国大使館ホームページ（http://www.china-embassy.or.jp/）を参照されたい。

(2) 金堅敏、「深堀りと広がりを見せた中国の『一帯一路』構想」、富士通総研『ニューズレター』、2018年（http://www.fujitsu.com/）。

(3) 大西康雄、「『一帯一路』構想の現状と課題」、アジア経済研究所・上海社会科学院共編『「一帯一路」構想とその中国経済への影響評価』研究会報告書、アジア経済研究所、2017年、pp.3-4（http://www.ide.go.jp/）。

(4) Deloitte, *A Shift to More but Less: Africa Construction Trends Report 2017*, 2017 (https://www2.deloitte.com/).

(5) Lekorwe, Mogpodi, "Anyway Chingwete, Mina Okuru, and Romaric Samson, China's Growing Presence in Africa Wins Largely Positive Popular Reviews," Afrobarometer Dispatch No.122, 2016 (http://afrobarometer.org/).

(6) 植村哲士・板谷美帆・益田勝也・章亜莉・何徳白樹、「インフラ輸出における日中の競合と補完」、『知的資産創造』25(11)、2017年、p.46（https://www.nri.com/）。

(7) World Bank Group, *International Debt Statistics 2018*, 2018 (http://databank.worldbank.org/).

(8) 大野泉、「中国の対外援助と国際援助社会—伝統的ドナーとアフリカの視点から」、日本国際問題研究所編『中国の対外援助』、日本国際問題研究所、2012年、p.3（http://www2.jiia.or.jp/）。

焦点：3

モンゴル国の安全保障：ロシア、中国の狭間から多国間協力に活路を見出す

湊邦生

（高知大学准教授）

はじめに

　アジア北方に位置するモンゴル国（以下「モンゴル」）は、中国とロシアという二つの大国に完全に挟まれた内陸国である。2016年時点で人口は300万人程度、名目GDPは112億ドルに留まり、両隣国との国力の差は歴然としている。これは軍事面でも同様であり、2016年の軍事支出ひとつを見ても、モンゴルでは1億193万ドルと、ロシア（692億4,531万ドル）、中国（2兆151億7,593万ドル）の足元にも及ばない[1]。

　Mashbat（2012）が論ずる通り、モンゴルのこのような地理的条件は、安全保障上正負両面を有する。ロシアも中国も、モンゴルにとって他国からの脅威に対する緩衝地帯となりえるが、圧倒的な影響力を持つ存在でもある。また、両国以外と国境を接していないことで、モンゴルは世界からの注目を得られずに孤立し、ロシア、中国への依存が強まるリスクも抱えている。モンゴルが両国による影響を軽減させ、自らの自主性を確保するためには、両国に対するバランスの維持に加えて、他の国々との関係強化による外交関係の多角化が必須である[2]。

　この条件下で、モンゴルは20世紀前半に独立を確保してから現在に至るまで、自国の存立を守り続けてきた。とりわけ、1990年代からのモンゴルは多面的外交の展開、軍事面での国際協力、国際貢献に取り組むことで、平和・中立志向国家としての自国のアピールと地位保全に努めている。

　本稿ではこのようなモンゴルの安全保障政策や取り組みが主題となる。まず、モンゴル再独立以来の安全保障政策の変化について概観し、次いで現在の2000年代からの安全保障上の取り組みである、国連や他国との防衛面での協力

—32—

や交流を紹介する。続いて、2010年に承認された現在のモンゴルの安全保障構想とその特徴を検討した上で、最後に今後の展望について述べる。

20世紀モンゴルの安全保障政策：ソ連の傘を外れて中立路線へ[3]

　17世紀以来、清朝支配下にあったモンゴルは、1911年の辛亥革命に乗じて再独立を宣言、曲折を経て1921年の人民革命で事実上の独立を確保すると、1924年にはモンゴル人民共和国を成立させた。ただ、独立を支持、支援したのはソ連だけであり、モンゴルは社会主義国家としてソ連への傾斜を強めていった。モンゴルは1936年にソ連との相互援助議定書を締結、1939年のハルハ河会戦（いわゆる「ノモンハン事件」）、1945年の対日参戦でソ連と共闘し、勝利を収めた。モンゴルは中ソ対立でもソ連を全面的に支持する一方、経済や安全保障等、広範な分野でソ連の支援を得た。特に1970‐80年代、モンゴルには最大10万人以上のソ連軍が駐留していたとされる。

　しかし1980年代後半から、モンゴルは外部環境の激変に直面する。ペレストロイカと中ソ対立の終結を受け、ソ連軍はモンゴルから徐々に撤退、1992年には最後の部隊がモンゴルを去った。またソ連・東側ブロックの崩壊に加え、モンゴル自身の社会主義体制放棄と民主化によって、モンゴルは新たな安全保障政策の構築を迫られることとなった。

　この局面で、モンゴルは中立政策を基本に据えた安全保障政策を選択した。1992年に制定されたモンゴル国憲法では、第4条第3項で外国軍隊の領土内駐留、通過を禁止したのに続き、1994年には国会が「モンゴル国の国家安全保障構想」という決議を採択した。決議ではモンゴルの安全保障が自国の存立から社会、政治、経済、人権、環境等により構成されるとした上で、自国の存立を保障するための手段として、外交と軍事力を主要な柱として位置づけた。このうち、外交面では国際法の普遍的原理の遵守と国連、国際機関への協力、北東アジア地域の戦略的安定と平和の維持、非核地位の確立、民間外交の促進等が具体的方策として定められた。軍事面では、自国独力での防衛力強化とともに、他国、国際機関の軍事部門との協力、地域安全保障のための国際的活動、国際

－33－

協力への積極的参加という方策が示された[4]。

　これらのうち、非核地位の確立はいち早く進んだ。1992年にオチルバト大統領（当時）が国連総会でモンゴルの非核地帯化を宣言すると、隣国かつ核保有国たるロシア、中国を含む各国の賛同を得た。その結果、1998年には国連総会決議53/77 (D)によって、モンゴルの国際安全保障および一国非核地位が承認された。2000年には国家大会議（モンゴルの一院制国会）が「非核化に関する法律」を可決、非核地位に関する国内の法制度が整った[5]。2015年には「モンゴル国の非核地位を新たな水準に引き上げることに関する国会決議」が採択され、この中で非核地位の強化を目指した地域の安定・安全保障に関する対話イニシアチブの推進や、ロシア、中国、カザフスタンの核エネルギー部門との協力が定められた。

　これと並行して、米国、日本、韓国、ヨーロッパ諸国等、モンゴルが「第3の隣国」と位置づける主要国、近隣諸国との関係強化も進んだ[6]。対米関係を見ると、1990年にはベーカー国務長官が要人として初めてモンゴルを訪問、翌1991年に平和部隊の派遣と国際開発庁（USAID）の援助が始まった。1996年には両国間の軍事協力・交流協定が締結され、安全保障面での協力の道が拓かれた。このほか、民間団体を中心にモンゴルの民主化支援も行われている。

　特に対日関係は急速に拡大した。日本は1990年に世界銀行と共同でモンゴル支援国会議の議長に就任、ソ連に代わる最大の支援国となり、市場経済化開始後の混乱に見舞われたモンゴル経済を支えた。これにモンゴル出身の相撲力士の活躍も加わり、かつての敵国であった日本への国民感情は大幅に改善した。モンゴルは阪神・淡路大震災、東日本大震災の発生に際しては救援物資や救助チームを派遣したほか、国連安保理改革で日本と協調するとともに、日本の常任理事国入りを支持している。

国際協力、国際交流の展開

　2000年代に入ると、モンゴルは国連平和維持活動（PKO）、多国籍軍への兵力派遣、国際軍事演習の実施をはじめとする防衛面での国際協力を展開していく。

焦点3　モンゴル国の安全保障：ロシア、中国の狭間から多国間協力に活路を見出す

　このうち前者について見ると、モンゴルは2002年にコンゴ民主共和国でのPKO部隊に将校を派遣したのを皮切りに、アフガニスタン、イラク、チャド、シエラレオネ、南スーダンといった国々での平和維持、支援活動に要員を派遣している。2015年モンゴル防衛省の発表によれば、2005年からの10年間で、モンゴル国軍は11カ所でのPKOに約6,700人の人員を、イラク、コソボ、アフガニスタンでの多国籍軍の活動に対して4,500人の人員をそれぞれ派遣した。また、モンゴルではPKOに関する短期訓練を年1-4回実施しており、国内から400人が参加している。

　また後者の例としては、多国間軍事演習「ハーン・クエスト（Khaan Quest）」がまず挙げられる。モンゴルと米国が2003年に開始したこの演習は、後に他国からの参加を受け入れ、多国間平和維持活動演習として規模を拡大していった。現在は年1回夏季にウランバートル近郊の演習場で実施しており、2017年には26カ国から約900人が参加して行われた。特に2015年からの中国の参加により、北朝鮮を除く北東アジア諸国が一同に会する軍事演習となったことは特筆される。

　また、ロシアとの間では二国間の合同軍事演習が毎年実施されている。これは2008年に「ダルハン」（モンゴル語で「鍛冶」の意味、モンゴル北方の地方都市名）という名称の実弾軍事演習として始まったが、2011年には「セレンゲ」（ダルハン周辺の県名）と改称、渡河や上陸訓練等を含むものになった。2016年の訓練はロシア、シベリアのブリヤート共和国内で実施され、双方で約1,000人の人員と約200機の自動車ないし航空機が投入された。特にロシア側からは戦車部隊、歩兵部隊、砲兵部隊に加え、防空・偵察機や大量破壊兵器（NBC兵器）保護ユニット等が動員された。

　また、日本との間で2014年から2016年にかけて実施された合同実習「ザム」（モンゴル語で「道」）も注目される。これは防衛省が2014年度から2016年度にかけて、モンゴル軍のPKOおよび災害対応能力向上を目的に実施した「モンゴルに対する能力構築支援事業」の一環である。実習では日本から派遣された自衛官がモンゴルの工兵部隊に道路構築技術を指導、モンゴル側は実地訓練によって道路の測量から舗装までの能力を習得した。

　このほか、2017年末時点でモンゴルは32カ国との間で防衛協力に関する協定

−35−

を結んでおり、16カ国との間で協力活動が進行中であるほか、これらの協定のもとで5カ国から防衛技術および兵器の提供を受けることが可能とされる。また、ロシア、中国、米国、韓国、トルコ、日本から駐在武官ないし防衛駐在官を受け入れている一方、ロシア、中国、米国、ドイツ、フランス、トルコ、インド、韓国に対し、学生、将校を留学生として派遣している[7]。

現在のモンゴルの安全保障構想

　2010年には国会決議「モンゴル国の国家安全保障構想」が16年ぶりに改定された。この構想では1994年版と同様、安全保障を幅広い領域に及ぶものとしている。それらの一つとして自国の存立が盛り込まれ、その自国の存立の基盤として独立と主権の維持が掲げられている。そのための方策として、決議ではロシア、中国との友好関係と広範囲な協力を謳う一方で、先進民主主義諸国との友好と協力も目指すとしている。同様に、安全保障、防衛部門でもロシア、中国に加えて米国、NATO加盟国、EU、アジア・太平洋諸国を協力相手として示している。また、国際社会による平和と安全保障実現のための活動や、北東アジアの戦略的安定および安全保障協力メカニズムの構築に対して、モンゴルが積極的に関与することが示されている。

　本構想は1990年代以来のモンゴルの外交路線を基本的に踏襲したものと理解される。ただし、ロシア、中国とは相容れないNATOの名前をあえて出した点、また逆にロシア、中国が加盟する上海協力機構（SCO）が含まれていない点に、両国に対する牽制の狙いが伺える。同時に、NATO自体ではなく、加盟国との協力という表現をとったことで、両国の警戒感を抑えようとする意図も見える。

　このほか、軍事力に関する内容が消え、外交上の取り組みが前面に押し出された点も、2010年版構想の大きな特徴である。とりわけ、北東アジアの安定・安全保障協力メカニズムの構築に触れた部分は、朝鮮半島情勢が急展開を見せる現在こそ注目に値する。モンゴルは北東アジアのいずれの国とも友好関係を持つことを武器に、地域安全保障のための対話イニシアチブを推進してきた。米朝首脳会談の開催地としてウランバートルが浮上したのも、この取り組みの成果のひ

とつと捉えられる。結果として開催は実現しなかったものの、モンゴルがこの問題の仲裁者としてアピールできた点は評価できる。ロシア、中国の狭間に置かれたモンゴルは、持ち得る外交、軍事資源を最大限に活用し、平和維持活動や国際安全保障の確保に協力し、自国の存在感を高めることで、自主性と独立の維持に努めている。

今後の課題と展望

　短期、中期的には、モンゴルが国内外の軍事的脅威にさらされる可能性はきわめて低い。現在モンゴルとロシア、中国との間には領土係争はなく、モンゴルは両国と戦略的パートナーシップを構築し、良好な関係を維持している。また、国内でも民族や宗教上の目立った対立や、それらに起因する武力衝突やテロ事件は報告されていない。

　懸念要素があるとすれば、2017年に新たに就任したバトトルガ大統領の外交に対する消極的とも見える姿勢である。バトトルガ氏は就任直後を除けば外遊に出ておらず、エルベグドルジ前大統領が毎年出席していた国連総会と世界経済フォーラムも欠席した。外国元首との会談もほとんどなく、対外アピールという点で目立った成果は見られない。

　とはいえ、モンゴルの置かれた外部条件に根本的な変化がない限り、モンゴルが安全保障政策の基本方針を変更するとは考えられない。モンゴルは今後も両隣国との良好な関係と中立志向政策を基礎に、北東アジア地域をはじめとする地域安全保障や平和維持活動に対し、外交、軍事両面の資源を用いて関与を続けるであろう。そのような関与は、同じ北東アジアに位置する日本の安全保障にとって、決して無縁でも無益でもない。

(1) 人口・経済規模はThe World Bank (n.d.), *World Development Indicator.* http://data.worldbank. org/data-catalog/world-development-indicators、軍事支出はSIPRI (n.d.), *SIPRI Military Expenditure Database.* https://www.sipri.org/databases/milex（双方とも2018年4月29日閲覧、中国の軍事支出はSIPRI推定値）参照。

(2) Mashbat, O. S. (2012) "Mongolia's Immediate Security Challenges: Implication to Defense

Sector and The Regional Cooperation," In the National Institute for Defense Studies. *Security Outlook of the Asia Pacific Countries and Its Implications for the Defense Sector (NIDS Joint Research Series No.7)*, 103-116.

(3) 20世紀モンゴルの歴史はSanders, A, *Historical Dictionary of Mongolia (3rd ed.)*. Lanham, MD: The Scarecrow Press、Batbayar, Ts. (1998) "Open Mongolia and Mongol-Russian Relations," *The Mongolian Journal of International Affairs*, 5:38-46、Ts.バトバヤル著、芦村京・田中克彦訳 (2002)『モンゴル現代史』明石書店を参照。

(4) 以下、モンゴルの法規の条文はすべて『法規情報統一システム』ウェブサイト、http://www.legalinfo. mn/ (モンゴル語、日本語訳筆者、2018年5月2日閲覧) による。

(5) モンゴルの非核地位はNuclear Threat Initiative (2017). *Nuclear-Weapon-Free Status of Mongolia*. http://www.nti.org/learn/treaties-and-regimes/nuclear-weapon-free-status-mongolia/ (2018年4月30日閲覧) を参照。

(6) 「第3の隣国」との関係は前述のSanders (2010)とバトバヤル(2002)に加え、Addleton, J. S. (2012) 『アメリカ・モンゴル外交関係1987-2012』 (モンゴル語、ウランバートル) を参照。

(7) モンゴルの国連・多国籍軍平和維持活動への参加はモンゴル国防衛省(2015)「モンゴル国は平和維持主要国の1つである」http://www.mod.gov.mn/index.php?com=news&id=696 (モンゴル語) 、ハーン・クエストは公式Facebookページ(https://www.facebook.com/khaanquest/)、Defense Visual Information Distribution Serviceの特設ページ(https://www.dvidshub.net/feature/ KhaanQuest)、モ・露合同軍事演習はGady, S.-F. (2016) "Russia, Mongolia Hold Joint Military Exercise," The Diplomat. https://thediplomat.com/2016/09/russia-mongolia-hold-joint-military-exercise/、TASS (2016) "Mongolia troops hold first joint drill at Selenga 2016 exercise," http://tass.com/defense/896736、対モンゴル能力構築支援事業は防衛省ウェブサイト同事業ページのモンゴルの項(http://www.mod.go.jp/j/approach/exchange/cap_build/mongolia/index.html)、その他の防衛協力はTurmunkh, B. (2017) "Growth of Mongolia's Defense Cooperation," *UB Post*. http://theubpost.mn/2017/12/20/growth-of-mongolias-defense-cooperation/ (いずれも2018年5月2日閲覧) を参照。

焦点：4

AIと日本の安全保障

佐藤丙午

（拓殖大学教授）

日本の安全保障政策における人工知能（AI）の活用

　人工知能（AI）が社会を変革するとの期待が、過去数年間の間に急速に高まっている。その期待は、日常生活の場から軍事などの場まで拡がっている。今日、人工知能の研究が一般社会で注目されるのには複数の要因があり、ビッグデータへのアクセス、利用や機械学習の進化、顔認証技術にみられるように、ハードウェアとの連動性の向上などが指摘される。つまり、高速計算処理能力を利用したデータ解析が可能になり、それと同時に複雑なアルゴリズムを設定しても、容認可能な時間内で結論を得ることが可能になったということを意味している。

　2017年の世界経済フォーラム（ダボス会議）でも、AIが「第四次産業革命」を担うものとして議題で取り上げられ、2018年にはさらに進んでAIが生み出す社会的リスクを「デジタル専制」として紹介した。米国もすでに2015年には国防総省が「第三のオフセット（相殺）戦略」として知られる、国防改革イニシアチブのもとでAIの技術的可能性を指摘しており、2016年夏の国防科学審議会（DSB）のサマースタディでは、AIが戦略関係を一変させる可能性があると指摘し、この分野への投資の拡大を提言している[1]。国際的にも、ドローンや自動兵器システムへのAIの活用が進み、すでに韓国やロシア、イスラエルはAIに支援された兵器システムを運用している。

　日本においても、AIの兵器への活用は検討されている。2016年8月に公表された『防衛技術戦略』では、「4.4将来装備に向けた研究開発の実施」の具体的諸施策の③で、「加速する科学技術イノベーションの進展への対応」に触れ、著しい進展を見せる分野の一つとしてAIを例示し、それらを活用した技術開発に

おいて旧来の手法が不適当になるとの認識を示している。

　技術戦略と同時に公表された『中長期技術見積もり』の中で、AIが直接言及された箇所は「サイバー攻撃対処」と「UGS（無人地上センサ）技術分野」の二つであるが、実際にはその他の技術分野においても間接的に言及されている。中長期技術見積もりでは、①無人化、②スマート化、ネットワーク化、③高出力エネルギー技術への取組、④現有装備の機能、性能向上への取組を重点分野と指定している。その上で、自律化や異種機体間の通信や制御技術、さらには自律走行に関わる情報処理能力など、AIとは明記されていないものの、当該技術の活用が想定されている技術分野が存在する。AIと認知工学の成果の組み合わせにより、戦術的無人航空機システム（UAS）やUGSの活動領域は想像以上に拡大することが予想され、防衛省や自衛隊においても、研究は続けられている[2]。

　その中で、やはり2016年8月に公表された「将来無人装備に関する研究開発ビジョン：航空無人機を中心に」（以下、ビジョン）でも、AIの活用が明記されている。ビジョンでは、無人システムが防衛と民生の両分野で活動範囲が拡大するとし、その理由を、人間の生理的限界に依存しない機能持続性、運用者の低リスク性、ダウンサイジングの容易さ、相対的に低い開発、運用コストといった特性によるとしている。その上で、陸海空の無人システムに共通の要素技術と固有の技術を列挙して必要な技術開発の方向を提示している。そして、防衛省としては、五つに分類した無人航空システムについて、遠距離見通し外運用型（第3分類）と戦闘型（第4分類）の技術開発を重視する方針を示している[3]。

　ビジョンでは、防衛省や民間がそれぞれ取り組むべき技術課題をあげ、双方の技術開発を期待している。防衛省が取り組むべき課題としては、自律化・知能化技術のうち、自己制御技術（飛行経路の自動再生成等）、群制御技術（フォーメーション、衝突回避、空中給油等）、群協調・知能化任務支援技術（クラウドシューティング等）をあげている。同時に、指揮統制・情報通信技術として、ミッションプランニング支援技術をあげている。ミッションプランニングは、いわゆる戦闘支援システムの一つであり、直接的な戦闘の統制以外に、戦略などを包括的に指揮統制するシステムのことを指す。つまり、このビジョンのもとで、個別の

兵器に対するAIの活用と、戦争自体をAIで管理する技術的可能性を模索する方針を示したことになる。

　防衛省、自衛隊の2017年は、以上の戦略のもとで技術開発を進めたのである。

AIと安全保障：世界の動向

　日本の技術戦略やビジョンの策定は、各国の人工知能と安全保障に関する戦略の策定に比べて遅いとは言えない。ただし、イスラエルや韓国などは、2017年時点で高度に自動化された兵器システムを実戦配備しており、米国が2003年のイラク戦争後に開発して2005年に配備したロケット砲・曲射砲防御（C-RAM）システムは、配備された時点ですでに高度なセンサー類と高速計算処理能力に支えられた防空システムであった。C-RAMは攻撃の探知から迎撃のタイミングの判断まで自動化されており、落下物による付帯被害を最小限にするなどのプログラムが搭載され、最終的に迎撃するかどうかの判断のみ人間が実施することになっている。これら兵器システムがAI搭載兵器と規定できるかは不明だが、AIと安全保障の戦略の策定前に、現実的状況の要請のもとに、それに近いレベルの兵器システムは構築されていた。

　AI研究で世界をリードする意思を持つ中国は、2017年7月に「新一代人工智能発展計画（次世代AI発展計画）」を発表し、世界の「ハイエンド」なAI人材を集め、2020年までにAIの全体的な技術とその応用を世界先進水準に引き上げ、2025年までにAI基礎理論を進展させ、一部の技術と応用を世界トップ水準に向上し、2030年までにAI理論、技術、応用のすべてを世界最高水準に向上させ、中国を世界の主要な「AIイノベーションセンター」へと発展させる方針を発表した[4]。この計画は、中国における技術の軍民融合を前提とするため、民生部門での経済的機会の拡大と、技術の軍事転用は並行して進むことが見込まれる。

　ロシアでは、2017年の国際軍事技術フォーラム（Army-2017）において、カラシニコフ社がニューラルネットワークを利用した、「AI搭載自律型ロボットライフル」を公表している。この兵器は、画像情報の収集から標的を識別し、状況判断を行って発射まで行うことができるとされる。ロシアではAI搭載兵器に対する

−41−

関心が高いが、プーチン大統領は、AI搭載兵器の軍事的優位性が外交面での優越に至ることを踏まえ、その開発に成功した国は、（ロシアを含めて）その成果を国際社会に還元すべきと主張した。

　米国ではAIの軍事利用につき、2016年に国家科学技術審議会（NSTC）が、国家AI研究開発戦略計画を公表し、政府レベルでAIに関する諸活動の調整の方法を提案している。この戦略計画は、政府および政府資金で支援された政府外で実施される研究開発（主に学術界など）に共通の戦略を設定するもので、AIのマイナス面を抑え、社会に対するポジティブな貢献をもたらすことを目標とするものである。戦略計画は七つの戦略をあげており、AIの研究開発投資で米国が世界のAIのリーダーであり続ける、人間とAIの効果的な協働の在り方を開発する、そしてAIシステムの安全とセキュリティの確保などを内容とする[5]。

　AIの軍事利用の検討も、この戦略のもとに進められる。それまでも国防総省は、AI、ビッグデータ、深層学習（deep learning）などの可能性を検討してきたが、その検討に基づき、2017年4月に国防総省はAIと機械学習の作戦間での統合を目指す、「Algorithmic Warfare Cross-Functional Team（AWCFT）」（いわゆる「プロジェクト・メイブン[Project Maven]」）を立ち上げている。プロジェクト・メイブンは、国防総省が収集した膨大な情報（これがビッグデータになる）と機械学習を組み合わせることで、インテリジェンス活動の効率化や、特にそれに伴う映像識別能力の向上を目指すものである。

　プロジェクト・メイブンでは、優先課題としてUASと中高度の完全映像ビデオ（FMV）の処理・利用・頒布（FED）をあげている。FMVのデータ量が増加する傾向が加速しているが、それら膨大な画像や映像情報を人間が処理する上で、見落としや判断ミスなどが発生し、なおかつ時間もかかると指摘されていた。この問題に対応するために、国防総省はAIの活用を図ったのである。プロジェクト・メイブンでは、まずデータラベリングを実施し、特定の目的を達成するアルゴリズムの完成、必要な計算能力の特定と、それら機能を実施する機器の設置に向けた道筋の特定、そしてアルゴリズムを基本とした技術の統合を図るとしている。4月の公表後、国防総省は画像解析のパイロットプログラムを実施し、

2017年末までにシステムを本格稼働させるとしている[6]。

　トランプ政権の国家安全保障戦略は2017年12月に公表され、軍事戦略は2018年1月に公表された。前者では、AIは経済成長と安全保障にとって不可欠であると規定し、後者ではAI等が「将来の戦争において勝利することを確実にする」技術と指定している。しかし、AIの軍事活用はトランプ政権固有の政策ではなく、前述のようにオバマ政権のもとから継続していたものであった。AIの軍事活用の領域では、汎用技術の拡大、研究開発の国境を越えた拡大（それに伴う技術移転の拡大）などが見られ、軍事利用目的のAI利用は、どこかの国が独占できるものではなくなっている。このため、AIの使用というよりも、AIの情報処理に使用するデータの量と質をめぐる競争と、データラベリングとアルゴリズムをめぐる競争が、国際的に激化しており、このために必要な人材確保をめぐる競争も激しくなっている。

　このような国際トレンドの中で、各国ともに、政府、産業、アカデミアの三角関係を創造的に発展させることを重視している。しかし、日本学術会議の安全保障と学術に関する検討委員会は、2017年4月に「報告　軍事的安全保障研究について」を発表し、「軍事的な手段による国家の安全保障に関わる研究が、学問の自由および学術の健全な発展と緊張関係にあることをここに確認し」、1950年の「戦争を目的とする科学の研究は絶対にこれを行わない」旨の声明と、1967年の「軍事目的のための科学研究を行わない声明」の継承を表明した[7]。これに対し、日本の人工知能学会は、研究成果の将来の利用状況を考慮し、2017年2月に倫理指針を公表している。その第9条では、「（人工知能への倫理遵守の要請）人工知能が社会の構成員またはそれに準じるものとなるためには、上に定めた人工知能学会員と同等に倫理指針を遵守できなければならない」とし、現実的な対応を行っている[8]。

自律型致死性無人兵器システム（LAWS）におけるAIとその規制

　もっとも、AIの軍事利用に対して批判があるのは事実である。プロジェクト・メイブンは「アルゴリズム戦争」と批判され、プロジェクトを担当したグーグルで

は、その社員からグーグルが軍事開発に関与することに反対する署名運動など
が起こっている。

　AI研究者からの批判としては、2015年と2017年にニューサウスウェールズ
大学のトビー・ウォルシュ教授らが主導し、ホーキンズ博士やイーロン・マスク
氏らの賛同を得て、「殺人ロボット」の開発を禁止することを求めた公開書簡を
公表し、AI研究者とロボット研究者の署名を集めた。さらに2018年4月には、
ウォルシュ教授ら各国のAIやロボット工学の研究者が、韓国の韓国科学技術院
（KAIST）の人工知能を活用した兵器研究に抗議し、協力を拒否する公開書簡
を送っている。

　AI搭載兵器の危険性については、国連の特定通常兵器使用禁止制限条約
（CCW）のもとで2014年以降議論が進んでいる。CCWでの議論は、AIなどを
利用した自律型致死性無人兵器システム（LAWS）の国際人道法を順守した運
用が担保されるために必要な措置が検討されている。LAWSをめぐるCCW会
合では、2017年11月に第1回政府専門家会議（GGE）が開催されている（2018
年4月に第2回GGEが開催）。会議では、LAWSが国際人道法を順守するべきこ
とについて締約国のほぼ全体の同意が得られており、2018年以降、順守を担保
する際に重要と見なされている「人間による有意義な制御（meaningful human
control）」の内容をめぐって議論の深化が図られている。

　ただし、CCWにおけるLAWSの議論でも説明されてきたが、AIは攻撃システ
ムの一部に組み込まれる形で活用される。このため、AIによる情報処理や分析、
さらにはその結果の活用を可能とする、軍事的なハードウェアの存在無しには、
兵器システムとしての有効性は発揮されない。また、AIによるデータ解析やそこ
で使用されるアルゴリズムの信頼性は、エラーの検証と修正を継続的に行うこと
で改善され、より洗練度の高いものに発展していく。したがって、各国は、AIは
軍の作戦運用の効率化もしくは支援、そしてそれら諸活動を支えるインテリジェ
ンスの高度化に貢献するものだと評価するが、実際の作戦運用にどれだけ貢献
するかについて評価を客観的に行うことは困難な状況にある。

　つまり、自動運転がイラクの物資輸送部隊や民間軍事会社の犠牲を軽減す

—44—

焦点4　AIと日本の安全保障

る必要から技術開発が進み、国防高等研究計画局（DARPA）が重視していた
ヒューマノイド型のロボット開発が、福島原発事故の教訓から生まれたことを考
えると、AIの開発の方向性には、一定の社会的および軍事的な必要性が事前に
存在することが前提であることがわかる。

　したがって、2018年以降のAIの開発を展望する際、防衛省、自衛隊が何を求
めるのかを明確にすることが、技術発展の基盤となるのである。

(1) Defense Science Board, *Summer Study on Autonomy*, June 2016.

(2) 防衛省、『防衛技術戦略〜技術的優越の確保と優れた防衛装備品の創製を目指して〜』（平成28年8月）および、防衛装備庁『平成28年度　中長期技術見積り』（平成28年8月）。

(3) 防衛省、「将来無人装備に関する研究開発ビジョン〜航空無人機を中心に〜」（平成28年8月1日）。

(4) 国務院关于印发、新一代人工智能发展规划的通知、国发〔2017〕35号。2018年4月には、中国教育省が「高等学校人工智能创新行动计划」を発表し、若い世代のAI教育を活性化する方針を出している。この教育を通じ、年間数百人のAI技術者の育成が可能になると見込まれる。

(5) National Science and Technology Council, Networking and Information Technology Research and Development Subcommittee, *The National Artificial Intelligence Research and Development Strategic Plan*, October 2016.　戦略計画は、7つの戦略に加え、2つの政策提言を行っている。それらは、AIの研究開発の実施枠組みの開発と、国内のAIの研究開発の職業・職場に関する標準的イメージを作る、というものである。

(6) https://www.govexec.com/media/gbc/docs/pdfs_edit/establishment_of_the_awcft_project_maven.pdf

(7) 一連の議論の経緯は、http://www.scj.go.jp/ja/member/iinkai/anzenhosyo/anzenhosyo.htmlに掲載してある。

(8) 倫理指針の第7条では、「人工知能学会会員は、研究開発を行った人工知能がもたらす結果について検証し、潜在的な危険性については社会に対して警鐘を鳴らさなければならない」ともしており、研究者の社会的責任について学術会議より踏み込んだ対応を行っている。http://ai-elsi.org/wp-content/uploads/2017/02/人工知能学会倫理指針.pdf

Graduate School of International Politics, Economics and Communication

青山学院大学　大学院
国際政治経済学研究科

国際政治学専攻　国際経済学専攻　国際コミュニケーション専攻

常に国際社会の最前線を見据えた、実践的なプログラムを展開する3つの専攻。

アカデミック・リターン入試

20年以上の実務経験をもつ方を対象とする、筆記試験の一切無い入試です。

Point.1　4コース制の導入
「安全保障コース」「グローバルガバナンスコース」「国際経済コース」「国際コミュニケーション
コース」の4コースを設けています。

Point.2　キャンパスは青山・表参道
青山キャンパスは霞が関や大手町などから近く、都心にありながら緑豊かなキャンパスです。

Point.3　世界トップクラスの教授陣
本研究科では世界の第一線で活躍する研究者と、官公庁など現場の最前線にいる実務経験者が
担当します。

TEL **03-3409-9523**
HP www.aoyama.ac.jp/faculty/graduate_sipec/

〒150-8366　東京都渋谷区渋谷4-4-25
青山学院大学　学務部教務課
国際政治経済学研究科担当

第2部

アジアの安全保障環境

（2017年4月～2018年3月）

第1章　日　本

概　観

　2017年度の日本は、北朝鮮の核ミサイルの脅威への対応に追われ、米国や国際社会と協力して北朝鮮への圧力の強化を図る一方、ミサイル防衛体制の強化や敵基地反撃能力の保有についての議論が行われた。一方、2018年に入ってから北朝鮮が微笑外交に舵を切り、南北、米朝、中朝の間に関係改善の兆しが見える中、拉致問題を抱える日本が取り残されるのではないかとの不安が広がった。北朝鮮問題に有効に対処するためには、日韓協力が不可欠であるが、韓国の新政権が2015年の慰安婦合意の交渉過程に問題があるという立場を取り、日本政府に新たな措置を求めたため、難しい関係が続いた。

　中国が「一帯一路」構想のもとでユーラシア地域での影響力を拡大する中、日本政府は一方では同構想のもとでの日中民間セクター同士の協力を模索しつつも、「自由で開かれたインド太平洋戦略」に基づき、質の高いインフラの輸出と海洋安全保障を重視し、同戦略に賛同する米国、オーストラリア、インドや英国、フランスなどとの安全保障協力を強化した。他方、日中間ではハイレベル交流が続き、首脳外交を活発にすることで、長らく冷え込んでいた両国関係を安定させる動きが見られたが、東シナ海での中国の現状変更行動は続き、中国海軍の潜水艦も初めて尖閣諸島の周辺で確認された。

　トランプ大統領が「米国第一主義」を掲げ、環太平洋パートナーシップ（TPP）協定から離脱するとともに、日本に対しても貿易赤字の解消のため二国間の枠組みを求める中、日本は自らが主導する形で米国抜きのTPP11協定（環太平洋パートナーシップに関する包括的及び先進的な協定）を成立させ、また長年の懸案であったEUとの経済連携協定も妥結し、自由貿易を促進した。トランプ政権に対しては、二国間の経済協議で自由貿易協定に関する圧力をかわしつつ、TPPへの復帰を促した。

　安倍首相は、2020年に憲法を改正し、9条に関しては自衛隊が合憲であることを示す意向を示した。これを受けて自民党は憲法9条2項を維持した上で、自衛隊に関する新たな条項を付け加える案を固めた。一方、森友学園や加計学園の問題で、野党の追及を受け、内閣の支持率が下がった。10月の解散総選挙では、野党の足並みの乱れから大勝したものの、2018年に入って財務省の決裁文書の改ざんなどを受けて、再び求心力が低下し、9月の自民党総裁選挙での3選に暗雲が立ちこめた。

北朝鮮非核化への対応

2017年4月から11月の間に、北朝鮮は13回の弾道ミサイル発射実験を行い、9月には6度目となる核実験を行った。13回のミサイル実験のうち、4回は新型弾道ミサイルを高い角度で発射し、通常の軌道に比べて高高度まで打ち上げる一方で、短い距離を飛翔させる、いわゆる「ロフテッド軌道」と考えられる発射形態が確認された。一般論として、ロフテッド軌道で発射された場合、迎撃がより困難になると考えられる。また、4回は日本の排他的経済水域（EEZ）内に落下し、2回は日本の上空を通過して太平洋に落下した。

このような中、従来の北朝鮮政策を見直し、北朝鮮に対して最大限の圧力をかける方針を打ち出したトランプ政権とともに、日本政府は北朝鮮に対する経済、外交、軍事面での圧力を強化するために主導力を発揮した。2018年に入って、北朝鮮が対話路線に舵を切ったが、日本政府は北朝鮮が非核化に向けた具体的な措置を取るまで圧力をかけ続ける必要性を米韓など国際社会に訴え続けた。しかし、南北で融和ムードが高まり、米朝の首脳会談に向けた動きが本格化する中、圧力一辺倒の日本が孤立するのではないかという懸念も高まった。

北朝鮮の核ミサイル脅威への対応

4月に、北朝鮮は3回ミサイルの発射実験を行い、いずれも失敗とみられたが、安倍首相は米国のトランプ大統領と2回電話で会談し、北朝鮮のミサイル発射は「危険な挑発行為であり、安全保障上の重大な脅威だ」との認識を共有し、北朝鮮の挑発阻止で連携することを確認した。岸田外相（当時）もティラーソン米国務長官とイタリアで会談し、北朝鮮の核・ミサイル開発阻止に向け影響力をもつ中国への働き掛けを強める方針で一致した。

安倍氏は、参議院外交防衛委員会で、北朝鮮が化学兵器をミサイルの弾頭に付けて着弾させる能力を「すでに保有している可能性がある」と発言し、訪日した米国のペンス副大統領とも日米の連携を確認した。ペンス副大統領は、北朝鮮への対処に関し「平和は力によってもたらされる」と述べ、強硬姿勢を鮮明に

した。北朝鮮への軍事的圧力を強めるため、米原子力空母「カール・ビンソン」を中心とする第1空母打撃群と海上自衛隊が沖縄近海で共同訓練を行い、同打撃群が長崎県沖の対馬海峡から日本海に入ると、再び海上自衛隊や韓国海軍と共同訓練を実施した。日本政府は米国、韓国と北朝鮮核問題をめぐる6者協議の首席代表会合を東京で開催し、北朝鮮への圧力を最大化し抑止力を強めることで一致した。

　5月にも、北朝鮮は新型とみられる弾頭ミサイル実験を3回行ったが、いずれも成功した。14日に発射された新型弾道ミサイルは、通常より高く打ち上げるロフテッド軌道で発射され、2,000キロメートルを超える高度に達し、約800キロメートル飛翔した。北朝鮮はこれを新型の中距離弾道ミサイル「火星12」と発表した。21日には潜水艦発射型のミサイルを地上発射型に改良した新型中距離弾道ミサイルとみられる飛翔体が発射され、北朝鮮はこれを「北極星2」と発表した。29日には、スカッド短距離弾道ミサイルを改良した新型ミサイルが発射され、日本のEEZ内に着水した。

　6月には、北朝鮮が東部元山付近から北東方向の日本海に向けて巡航ミサイルとみられる飛翔体を発射し、北朝鮮の朝鮮中央通信が新型地対艦巡航ミサイルの初の発射実験を成功したと報道した。

　7月には、北朝鮮が大陸間弾道ミサイル（ICBM）の発射実験を2回行った。4日に発射された弾道ミサイルは2,500キロメートルを超える高度に達し、約40分間、約900キロメートル飛翔、男鹿半島から約300kmの日本海上の日本のEEZ内に落下した。防衛省は、飛翔高度と距離を考慮し、射程が少なくとも5,500キロメートルを超えるICBM級の弾道ミサイルと分析した。北朝鮮もこれを新開発した大陸間弾道ミサイル「火星14」の試射と発表し、米国政府もこれを ICBMと断定した。これを受けて安倍氏がトランプ氏および韓国の文在寅大統領とドイツで首脳会談を行い、北朝鮮の核・ミサイル開発阻止へ圧力を強化する方針で一致した。

　28日にも、同型の弾道ミサイルが発射され、3,500キロメートルを超える高度に達し、約45分間、約1,000キロメートル飛翔、北海道積丹半島から約200キロメートルの日本海上の日本のEEZ内に落下した。通常軌道なら射程は米国本土に届

第1章　日　本

く1万キロメートルに及ぶ可能性が指摘された。これを受けて、日米韓3カ国は経済制裁の拡大など、北朝鮮に対する圧力を強化する方針を確認した。

　8月に入ると、北朝鮮が4発の中距離弾道ミサイル「火星12」を米領グアム沖の海上に撃ち込む発射計画案を検討していると表明した。これを受けて、小野寺防衛相が衆議院安全保障委員会で、北朝鮮がミサイルを発射した場合に平和安全法制に基づく存立危機事態と認定して集団的自衛権を行使し海上自衛隊のイージス艦が迎撃することは可能だとの認識を示した。

　また、北朝鮮がグアム包囲射撃計画で島根・広島・高知の上空通過を予告したことを受けて、防衛省はこれら4県の陸上自衛隊の駐屯地に航空自衛隊の地対空誘導弾パトリオット（PAC-3）を展開した。安倍氏はトランプ氏とも電話会談し、日米や日米韓で緊密に連携し発射を強行させないことが最も重要だとの認識で一致した。日米両政府は、外務・防衛担当閣僚による日米安全保障協議委員会（2プラス2）をワシントンで開催し、北朝鮮の非核化と弾道ミサイル開発阻止に向け圧力を強めることと、自衛隊の役割を拡大し防衛能力を強化することで合意した。

　29日には、北朝鮮が「火星12」を北東方向に発射し、北海道襟裳岬上空を通過して約2,700キロメートルを飛行、襟裳岬の東約1,180キロメートルの太平洋上に落下した。北朝鮮ミサイルの日本上空通過は　これで5回目であった。これを受けて、国連安全保障理事会が緊急会合を開き、ミサイル発射を非難するため、従来の報道声明よりも強い議長声明が日米主導で採択された。

　しかし、北朝鮮の金正恩氏は太平洋に向けた弾道ミサイル発射を今後も続ける方針を表明したため、安倍氏は2日連続でトランプ氏と電話会談し、日本列島越えの弾道ミサイルを発射した北朝鮮への圧力を強化し政策を変えさせなければならないとの方針を確認した。安倍氏はまた、訪日中の英国のメイ英首相とも、朝鮮半島の非核化と安保理制裁決議の厳格な履行に向けた連携を強化することで一致した。

　9月に入ると、北朝鮮が通算6回目となる核実験を強行し、北朝鮮国営メディアは大陸間弾道ミサイル搭載用の水爆実験に「完全に成功」したと発表した。防衛省は爆発規模の推定を約160キロトン（TNT　火薬換算）と発表し、「広島に

－51－

落とされた原爆の10倍となる」と分析した。これを受けて安倍氏がトランプ氏との電話会談を計2回実施して北朝鮮に対する圧力路線を再確認し、ロシアのプーチン大統領および韓国の文在寅氏とも電話会談し、国際社会が最大限の圧力をかける必要があるとの認識で一致した。国連安保理の緊急会合でも、日米は強力な制裁措置が必要と主張した。

　その後、北朝鮮が発射した弾道ミサイルが北海道上空を通過し、襟裳岬の東約2,200キロメートルの太平洋上に落下した。飛行距離は約3,700キロメートルに達しグアムに届く射程を実証した。直後の国連総会では、トランプ氏が自国や同盟国を守るよう迫られれば北朝鮮を「完全に破壊」するしか選択肢がなくなると警告するとともに、日本人の拉致問題についても言及した。安倍氏も国連総会で演説し、核実験と日本列島越えの弾道ミサイル発射に関して「脅威はかつてなく重大で眼前に差し迫ったものだ」と強調し、対話ではなく圧力の必要性を訴えた。

　11月には、トランプ氏がアジア歴訪の一環で初来日し、安倍氏と核・ミサイル開発を強行する北朝鮮に政策を変えさせるため、あらゆる手段を通じて圧力を最大限に高める方針を再確認した。日本政府は、北朝鮮への独自制裁強化のため35の団体や個人を新たに資産凍結の対象に追加する措置を取った。また、トランプ氏は、北朝鮮による拉致被害者の家族ら17人とも面会した。さらに、米原子力空母3隻が参加する異例の米韓合同演習が日本海で行われ、自衛隊もこれに参加することによって、日米韓による軍事的圧力の強化が行われた。

　しかし北朝鮮は、日本海に向けて再び弾道ミサイルを発射し、同ミサイルは約1,000キロメートル飛行して、青森県西方約250キロメートルの日本のEEZに落下した。北朝鮮は米本土全域を攻撃できる新型の大陸間弾道ミサイル「火星15」の発射実験に成功し、「核武力の完成」を宣言した。

　12月に、日本政府は北朝鮮への独自制裁を強化するため、北朝鮮の19の団体を新たに資産凍結の対象に追加した。

北朝鮮の微笑外交と日本

　2018年に入ると、金正恩朝鮮労働党委員長が「新年の辞」の中で、「核のボタ

第1章　日　本

ンが私の事務室の机上に常に置かれている」と主張し核弾頭と弾道ミサイルを
量産し実戦配備に拍車を掛けるよう指示する一方、平昌冬季オリンピックに代表
団を派遣する用意があるとも述べ、南北関係改善に意欲を示した。これを受け
て、南北では直通電話回線を再開するなど、関係改善に向けた動きが始まった。

　一方、カナダのバンクーバーで北朝鮮の核問題を協議する外相級会合が開か
れ、河野外相は会合冒頭の演説で、南北対話の実現を評価する一方、北朝鮮は
核・ミサイル計画継続の時間稼ぎを意図していると指摘し、「今は圧力を緩和す
る時でも、北朝鮮に報いる時でもない」と「微笑外交」に目を奪われてはならな
いと呼び掛けた。

　北朝鮮が海上で外国船舶から自国の船に石油精製品を移し替えて密輸してい
ることが判明したため、海上自衛隊は初めて、北朝鮮の国連制裁逃れの阻止の
ため、朝鮮半島西側の黄海などの公海上で警戒監視を始めた。

　また、米国が主導する「大量破壊兵器拡散防止構想（PSI）」に参加する17カ
国が、北朝鮮の密輸防止に向けて安保理制裁決議に基づき海上での検査強化
を盛り込んだ共同声明を発表し、日米韓のほか英国、フランス、ドイツなどが共
同声明に署名した。

　安倍氏は2月の平昌冬季オリンピックの開会式に出席する前に、ペンス副大統
領と東京で会談し、北朝鮮の核・ミサイル開発放棄に向け圧力を最大限まで高
める方針を確認した。また、トランプ氏とも電話会談し、北朝鮮側から完全かつ
検証可能な非核化を前提に対話を求めてくるまで日米が連携して最大限の圧力
をかけ続けることで一致した。ペンス氏は、北朝鮮の金与正労働党第1副部長ら
と韓国で会談することに合意していたものの、北朝鮮側が直前に中止を申し入
れ実現しなかったと発表した。

　3月に入り、金正恩氏が韓国特使団と平壌で会談し、文在寅氏と金正恩氏が4
月末に会談することで南北が合意した。北朝鮮は韓国に対し、非核化問題と米
朝関係正常化のため米国と対話する用意があること、そして対話が続いている
間は核・ミサイル実験凍結の意思があることを表明し、金正恩氏は米韓が4月か
ら合同軍事演習を例年と同規模で行うことにも「理解する」と発言した。

　これを受けて、トランプ氏が金正恩氏と会談する意向を示した。安倍氏はトラ

-53-

ンプ氏と電話会談し、4月に訪米して日米首脳会談を行うことを決めた。金正恩氏はその後北京を電撃訪問し、「段階的な非核化」を求める考えを示した。金正恩氏はまた、バッハ国際オリンピック委員会（IOC）委員長と平壌で会談し、2020年の東京オリンピックや2022年の北京冬季オリンピックに「必ず参加する」と表明した。

　このように朝鮮半島で融和ムードが高まる中、日本だけが取り残されるのではないかとの懸念が広まった。4月の日米首脳会談で、安倍氏はトランプ氏と北朝鮮の核・弾道ミサイルの完全、検証可能かつ不可逆的な廃棄を目指し、最大限の圧力を維持していくことを確認した。また、トランプ氏は日本人拉致問題についても金正恩氏との会談で取り上げることを約束した。

外交関係

　安倍政権は「自由で開かれたインド太平洋戦略」を積極的に推進し、米国、オーストラリア、インドに加えてASEAN諸国や欧州諸国とも、インド太平洋地域におけるインフラ整備の促進と連結性の強化を通じた経済圏の拡大と、各種共同訓練・演習や能力構築支援を通じて海洋安全保障や法の支配の強化を目指した。米国との二国間関係では、「米国第一主義」を掲げるトランプ政権から貿易赤字削減への圧力が強まったが、包括的な日米経済対話の枠組みでその圧力を何とかかわした。しかし、トランプ政権が鉄鋼に25％、アルミに10％の関税をかける輸入制限を発動した際、同盟国である日本は対象の適用外とはならなかった。

　一方、トランプ政権がTPPから離脱したことを受けて、安倍政権は米国を除くTPP参加11カ国による新協定（TPP11）の成立に主導力を発揮し、またEUとの経済連携協定（EPA）についても交渉を妥結し、自由貿易を促進する姿勢を鮮明にした。

　隣国との関係では、中国とはハイレベル交流を通じた関係の改善を図ったが、慰安婦合意に否定的な文在寅新政権の誕生を受けて、韓国とは難しい関係が続いた。ロシアとは、北方領土での共同経済活動実現へ向けた取り組みが始まった。中東では、安倍政権はトランプ政権の中東政策を真っ正面から批判すること

なく、バランス外交に徹した。

インド太平洋戦略

　日本政府は「自由で開かれたインド太平洋戦略」に基づき、米国やその他の国家と海洋安全保障に関する取り組みを強化した。4月に、改定日米物品役務相互提供協定（ACSA）が参院本会議で可決、承認され、平和安全法制に基づいて、弾薬の提供や緊急発進準備中の戦闘機への給油など、自衛隊による米軍の後方支援を拡大することが可能となった。同時に、オーストラリアとの改定ACSAと英国とのACSAの新規締結も承認された。

　また、フランスの海軍士官候補生の訓練部隊（ジャンヌダルク）が長崎県の海上自衛隊佐世保基地に寄港した。同部隊は強襲揚陸艦「ミストラル」とフリゲート艦「クールベ」の2隻からなり、仏海軍の士官候補生ら約140人、英海軍のヘリ2機と海兵約60人の分遣隊が同乗しており、5月にグアム周辺で日米英仏が初めて、上陸訓練を含む4カ国共同訓練を行った。

　また、5月から3カ月間、海上自衛隊は保有する最大のヘリ搭載護衛艦「いずも」を、南シナ海とインド洋に派遣し、シンガポール、インドネシア、フィリピン、スリランカを訪問した後、6月にインド洋で行われた米印海軍との「マラバール合同海軍演習」に参加した。「いずも」は出港直後に、3日間にわたって日本近海で護衛艦「さざなみ」とともに、米補給艦の護衛任務を行い、平和安全法制に基づく初の米艦艇防護を実施した。

　6月には、核拡散防止条約（NPT）未加盟のインドへの原子力発電所輸出を可能にする日印原子力協定が国会で可決、承認された。また、9月に、安倍氏が訪印してインドのモディ首相と会談し、「アクトイースト」と「自由で開かれたインド太平洋戦略」を一層連携させることで合意するとともに、中国の海洋進出を念頭に米国を交えた安全保障協力を強化する方針を確認した。

　11月に、安倍氏は初来日したトランプ氏と、「自由で開かれたインド太平洋戦略」の実現に向けて日米両国が協力を強化することで一致した。また、日本、米国、オーストラリア、インドの外交当局者がマニラに集まり、インド太平洋地域における法の支配に基づく自由で開かれた国際秩序の確保に向けた取組について

-55-

議論を行った。

マニラで開かれた東アジアサミットでは、安倍氏が「自由で開かれたインド太平洋戦略」のもと、インド太平洋の法の支配に基づく自由で開かれた海洋秩序を維持、強化していく旨を述べ、航行の自由や法の支配などの基本的価値の定着を図り、「質の高いインフラ」の整備などにより連結性を強化するとともに、海上法執行能力の構築支援や人道支援・災害救援などの平和と安定のための協力を進めていく考えを表明した。

12月には、日英両政府が外務・防衛閣僚協議（2プラス2）をロンドンで開催し、「自由で開かれたインド太平洋地域の維持」のため、共同訓練、防衛装備品・技術協力、途上国の能力構築支援、テロ対策、サイバー等の分野での具体的協力を引き続き推進することを確認した。2018年1月には、安倍氏が訪日したオーストラリアのターンブル首相と会談し、インド太平洋地域の平和と安定に直接的に貢献するため、日豪両国の共同訓練を質、量ともに強化していくことで合意し、日豪間で交渉中の部隊の相互訪問を円滑にする協定の早期の交渉妥結を目指すことでも一致した。

米国第一主義と日米経済関係

4月に、トヨタ自動車が米南部のケンタッキー工場に13億3,000万ドル（約1,500億円）を投じ生産設備を刷新すると発表、同社は発表資料にトランプ氏の歓迎コメントを掲載した。米商務省が発表した2月の貿易統計（通関ベース）では、日本との貿易赤字が46.7億ドル（約5,100億円）で、赤字額は1月（54.7億ドル）より約15％減った。

日米両政府は、麻生副首相とペンス副大統領をトップとする初の日米経済対話を東京で実施し、貿易および投資のルールや課題に関する共通戦略、経済および構造政策分野での協力、分野別協力という三つの柱で同対話を進めていくことが確認され、「近いうちに具体的な成果をもたらす」ことが合意された。

5月に米商務省が発表した 3月の貿易収支によると日本に対する赤字が前月比55.0％増の72億4,000万ドル（約8,200億円）、赤字額は2008年4月以来約9年ぶりの高水準となった。米国際貿易委員会が日本や韓国など8の国や地域で生産さ

−56−

れた鉄鋼製品が不当に安い価格で米国に輸入され、国内の産業に被害が出ていると認定し、反ダンピング（不当廉売）関税を課すとした商務省の3月の決定が確定したため、トランプ政権発足後初めて日本製品への制裁関税が課された。

　日本政府は、米国産などの冷凍牛肉を対象に8月から緊急輸入制限（セーフガード）を発動した。4月から6月の冷凍牛肉の輸入量が発動基準を上回ったため、関税を38.5%から50%に引き上げた。輸入牛肉へのセーフガード発動は14年ぶり4回目で、適用期間は2018年3月末までとされた。米国のライトハイザー通商代表はセーフガード発動に懸念を表明した。

　10月に、日米両政府は経済対話の第2回会合をワシントンで開催した。米側が日本との自由貿易協定（FTA）に強い関心を示し、交渉入りを事実上要求したが、合意文書には盛り込まれず、代わりに日本が米国製を含む輸入車の審査手続きを緩和すると明記された。11月には、ロス米商務長官が、「自動車は米国の貿易赤字の重要な部分を占める」と述べ、日本の自動車メーカーに対し、日本やメキシコからの対米輸出を減らすよう要求した。

　2018年2月に、トランプ氏が初の大統領経済報告を議会に提出し、「米国は日本の自動車市場が全体として閉鎖的であることに強い懸念を表明してきた」と批判するとともに、米国からの輸出を妨げる相手国の貿易障壁を取り除く決意を改めて示した。

　3月には、トランプ政権が安全保障を理由に、鉄鋼に25%、アルミに10%の関税をかける輸入制限を発動し、日本も対象としたが交渉次第で適用外とする余地を残した。これを受けて、世耕経済産業相がライトハイザー氏とブリュッセルで会談し、米国に対して遺憾の意を伝え、日本の適用除外を強く求めた。トランプ氏はツイッターで日本との間の巨額の貿易赤字に不満を表明し、安倍首相と日本の市場開放について議論したことを明らかにした。

　4月の日米首脳会談で、安倍氏はトランプ氏に鉄鋼とアルミの輸入制限からの除外とTPPへの復帰を促したが、トランプ氏は日本との二国間協定を強く求め、日米経済対話の一環として貿易協議を設置することで合意した。

経済外交の推進

5月に、TPPの発効に関して、米国を除く11カ国の首席交渉官会合がカナダのトロントで行われたが、各国の思惑の温度差が表面化した。次いで参加11カ国は、ハノイで閣僚会合を開き、早期発効を目指す方針を明記した共同声明を採択した。

7月に、11カ国の首席交渉官会合が神奈川県で開かれ、米国の離脱に伴う協定の修正を最小限に抑えるための指針を作成し、早期発効に向けて11月の合意を目指すことで一致した。

8月には、シドニーで首席交渉官会合を開き、米離脱を受けた協定見直しで医薬品データを8年間保護する項目の凍結が固まった。

11月、TPP参加11カ国の発効協議で、日本とベトナムが閣僚間の大筋合意を発表し、著作権保護期間など協定の20項目を凍結し、農産物のセーフガードなどは発効後に見直し可能とした。自国産コンテンツの優遇政策を容認するよう求めるカナダの要求や、ベトナムが労働法制を整備するのにどの程度の猶予期間を認めるかなど、4項目は継続協議となった。

2018年3月、TPP参加11カ国が米国抜きのTPP11協定にチリのサンチャゴで署名した。日本は、最後まで署名に慎重であったカナダを説得し、米国の離脱から1年余りで最終合意に導いた。

2017年7月に、安倍氏とトゥスクEU大統領がブリュッセルで定期首脳協議を行い、EPA交渉の大枠で合意した。日本はチーズや豚肉など農畜産物市場の一部を開放し、EUは日本車の関税を撤廃する。日本政府はEUとのEPAに関する国内対策の基本方針を決定し、17年秋をめどに農林水産業の支援を柱とした総合的なEPA対策をまとめることを明記した。

12月にEPA交渉が妥結した。EUはまた、11年の東京電力福島第1原子力発電所事故後に課された日本食品の安全性に関する輸入規制対象から、福島県産米を含む10県の農水産物の一部または全部を除外する規則を改正した。政府は、TPP11や日EUEPAが発効すると、GDPが合わせて年約13兆円増えるとの試算を発表した。

ハイレベル交流を目指す日中関係

　5月に、中国が推進する巨大経済圏構想について「一帯一路」サミットが北京で開かれ、二階自民党幹事長が出席した。二階氏は中国の習近平国家主席と会談し、習近平氏が「両国が歩み寄って関係を正しい方向に発展させたい」と日中関係改善に意欲を表明した。

　6月には、安倍氏が都内で「一帯一路」構想には潜在的な可能性があると評価し、条件付きで協力すると表明した。

　9月には、中国共産党序列4位の兪正声人民政治協商会議主席が、日中国交正常化45周年の記念式典に出席する日本の友好団体の関係者や経済界の代表者らと会談し、両国関係の改善に期待感を表明した。中国側は最高指導部メンバーが会談に応じることで対日関係の安定に前向きな姿勢を示した。

　11月に、安倍氏が李克強首相とマニラで会談し、日本が議長国を務める日中韓首脳会談の早期実現に向けて調整することで一致した。また、2018年が日中平和友好条約締結40周年に当たることを踏まえ、関係改善を進める方針も確認した。安倍氏はベトナムで習近平氏とも会談し、両国の関係改善に向け、首脳間の相互訪問を提案した。習近平氏は「ハイレベルの往来を重視する」と前向きな考えを示した。両首脳はまた、防衛当局間の「海空連絡メカニズム」の早期運用開始と、「一帯一路」構想を念頭に第三国で日中が協力してビジネスを展開していくことでも認識を共有した。

　12月には、自民党の二階氏、公明党の井上氏の両幹事長が北京で習近平氏と会談し、2018年の日中平和友好条約締結40周年に向け、首脳間交流を実現したいとして 同年の日本訪問を要請したが、習主席は具体的な返答を回避した。

　2018年1月、河野外相が北京で王毅外相と会談し、安倍氏と習近平氏の相互往来を着実に推進する重要性で一致した。

　このように、日中が両国関係を改善する努力を続ける中で、2018年1月に防衛省が尖閣諸島の大正島周辺の領海外側にある日本の接続水域で、潜航した状態の外国の潜水艦1隻と中国海軍のフリゲート艦1隻が航行するのを確認し、その後潜水艦が中国海軍のものであると判明した。尖閣諸島周辺の接続水域に中国海軍の潜水艦が入ったのは初めてで、日本政府は事態を一方的にエスカレー

トさせることに抗議した。

　また、尖閣諸島周辺では、中国国家海警局の政府公船による領海侵入が月に3回程度行われ、5月には領海に侵入した政府公船からドローンが飛ばされ、航空自衛隊がスクランブル発進した。また、2018年3月に、国家海警局が中央軍事委員会の指揮下にある武警に移管された。また、日中間で境界画定の進んでいない東シナ海の中間線付近で、新たに3カ所で中国によるガス田開発の動きが確認された。

慰安婦問題に揺れる日韓関係

　4月に、岸田外相（当時）は、韓国大統領選後に発足する新政権との関係構築を優先し、韓国の釜山の慰安婦少女像設置への対抗措置として一時帰国させていた長嶺駐韓大使と森本釜山総領事を3カ月ぶりに帰任させた。

　5月には、長嶺氏が韓国の尹炳世外相と会談し、釜山の日本総領事館前の少女像の撤去を求める日本政府の立場を改めて伝達した。安倍氏は、5月の韓国大統領選挙で当選した革新系の文在寅氏と電話会談し、慰安婦問題に関する日韓合意の着実な履行を求めたが、文在寅氏は「国民の大多数が情緒的に受け入れられないのが現実だ」と述べた。

　また、国連の人権条約に基づく拷問禁止委員会は、韓国に対する審査報告書を発表し、従軍慰安婦問題をめぐる2015年の日韓合意について、「被害者への補償や名誉回復、再発防止策が十分とは言えない」と指摘し、両国政府に合意見直しを勧告した。

　6月に、安倍氏の特使として二階氏が韓国を訪問して文在寅氏と会談し、北朝鮮問題で連携を求める首相の親書を手交した。文在寅氏が外相に指名した康京和前国連事務総長特別顧問が韓国国会で従軍慰安婦問題をめぐる日韓合意について「（日韓の）両外相が口頭で発表したもので法的拘束力はない」との見解を示した。

　7月には、韓国政府が2018年に慰安婦被害の記念日を制定し、2019年に研究所を設置、2020年には「歴史館を建設する」ことを表明した。また、2015年末の日韓合意に基づき韓国政府が設置した「和解・癒やし財団」の金兌玄理事長が辞任し、韓国外務省が日韓合意の成立経緯を検証する作業部会を発足させた。

第1章　日　本

　8月に、安倍氏は文在寅氏と電話会談し、日本の植民地支配下での徴用工問題に関し抑制的対応を求めるとともに「日韓の懸案を適切に管理することが重要だ」と述べた。韓国の民主労働組合総連盟（民主労総）など2団体を中心とする市民グループが、ソウル市中心部に近い竜山駅前の国有地に日本の植民地支配下で徴用された朝鮮人労働者を象徴する像を設置した。文在寅氏は、日本の植民地支配からの解放72年を記念する「光復節」の記念式典で演説し、日本との歴史問題として従軍慰安婦に加えて徴用工を挙げ、解決に向けて「日本の指導者の勇気ある姿勢」を求めた。

　9月に、ソウルの日本大使館前に設置された少女像をソウル市鍾路区が「公共造形物」に指定したため、撤去や移転の際には同区の委員会の審議が必要となり、日本が求めている撤去は困難となった。

　12月に、2015年末の日韓合意を検証した作業部会が報告書を発表し、対日交渉は朴槿恵前大統領周辺が主導し、核心部分は一貫して秘密裏に進められ「被害者の意見を十分に集約しなかった」と指摘した。文在寅氏は、交渉に「手続き的にも内容的にも重大な欠陥があることが確認された。この合意では慰安婦問題が解決できないことを改めて明確にする」と表明した。また、「和解・癒やし財団」の理事8人のうち、民間の5人全員が辞表を提出した。これに対し、河野外相は「合意に至る過程に問題があったとは考えられない」とする談話を発表した。

　2018年1月に、韓国政府は2015年12月の日韓合意に関する韓国政府の新方針を発表し、合意に基づき日本政府が拠出した10億円を凍結し、同額を韓国政府が拠出すると表明した。文在寅氏は年頭の記者会見で、「日本が心から謝罪するなどして被害者たちが許すことができた時が本当の解決だと考えている」と述べた。これに対して、安倍氏は「合意は国と国との約束、まったく受け入れられない」と述べ、日本に謝罪を求める文在寅氏の新方針を拒否する考えを示した。

　3月に、文在寅氏は日本の植民地統治下に起きた「3・1独立運動」を記念する政府式典において演説し、従軍慰安婦問題に関して日韓合意によって問題は解決済みとする日本を批判する一方、「日本に特別な対応を要求はしない」とも述べた。

—61—

日露関係

4月に、安倍氏がプーチン氏とモスクワで会談し、北方領土での共同経済活動実現へ向けた事業案に優先順位をつけるため、専門家らによる官民調査団を北方四島へ5月中に派遣することで合意した。調査団の派遣は、ロシア側との調整が難航し約1カ月ずれ込んだが、70人規模の調査団が漁業や養殖、医療など実施可能な事業の絞り込みに向けて関連施設や候補地を視察した。

9月の日露首脳会談で早期に取り組むプロジェクトとして観光ツアーや海産物の養殖など5項目が合意されたことを受けて、10月に再度官民合同の調査団が派遣された。

2018年1月、ラブロフ外相は、日本が導入を決めた米国製の地上配備型迎撃システム「イージス・アショア」に関して、運用に米国は関与しないとの日本側の説明にもかかわらず、「深刻な疑念」を表明した。

3月に、河野外相がラブロフ外相と東京で会談し、両国による北方領土での共同経済活動に関して、具体化への作業を集中的に進めていくことで一致した。

中東情勢と日本

4月に、化学兵器を使用したシリアのアサド政権に対して米国が空爆を行ったことに関して、日本政府は「米政府の決意を支持」しつつ、国際法上の根拠がはっきりしない攻撃そのものへの評価は「理解」に留めた。

6月に入り、カタールがサウジアラビアなどと断交状態に陥ったため、安倍氏はカタールのタミム首長およびサウジアラビアのムハンマド皇太子と電話で協議し、対話による問題解決を促すとともに、クウェートによる仲介を支持する考えを伝えた。

12月に、トランプ政権がエルサレムをイスラエルの首都と認定したことを受けて、河野外相がネタニヤフ首相とエルサレムで会談し、エルサレムの地位は「当事者間の交渉で解決すべきだ」との日本政府の立場を伝達した。また、河野外相は東京での中東和平会議開催を提案した。

第1章　日　本

安全保障問題

　安倍氏が憲法改正に向けて、9条を維持した上で自衛隊の存在を明記する条項を追加することを提起したことを受けて、自民党では憲法改正に向けた議論が加速し、現在の9条はそのままに、新たに「9条の2」を創設する案が浮かんできた。

　一方、森友学園、加計学園問題は安倍氏の求心力を弱め、10月の解散総選挙では与党が勝ったものの、2018年9月の自民党総裁選での安倍総裁の3選に黄信号がともった。

　小池東京都知事を中心として結成された希望の党は、一時は政権を取る勢いを見せたが、代表の小池氏ら執行部の失言により、急激に失速した。

　一方、北朝鮮の核・ミサイルの脅威に対処するため、ミサイル防衛体制の強化に加えて、敵基地反撃能力の導入に関する検討が行われた。2018年末の防衛計画の大綱の見直しに向けて、長距離ミサイルや空母の保有などの検討も始まった。

憲法改正に向けた動きと国内政治

　5月に、安倍氏が日本国憲法施行70年を迎えた会合にビデオメッセージを寄せ、「2020年を新しい憲法が施行される年にしたい」と表明し、9条を維持したうえで自衛隊の存在を明記する文言を追加するよう提案した。直後に読売新聞社が行った全国世論調査では、自衛隊の根拠規定を追加する考えに「賛成」は53％で「反対」が35％、改正憲法の2020年施行を目指す方針については「賛成」47％、「反対」38％であった。12月に、自民党憲法改正推進本部は全体会合で、改憲4項目に関する「論点取りまとめ」を示し、自衛隊に関して憲法に明記することでまとまったが、戦力不保持を定めた9条2項について「維持」と「削除」の両案を併記し、結論を持ち越した。

　6月に、学校法人「加計学園」の獣医学部新設に関して、文部科学省は、内閣府が早期開設を「総理のご意向」と迫ったなどとされる「当初存在しない」としていた14件の内部文書を確認したとの再調査結果を公表した。しかし内閣府は

－63－

「総理のご意向」などと発言した職員はいなかったとする調査報告書を公表したため、国会で野党の追及が強まった。これを受けて、安倍内閣支持率は49％と前月の調査から12ポイント下落し、不支持率は28％から41％に上がった（読売新聞社）。安倍氏は、加計学園や森友学園をめぐる自らの国会答弁で、野党の追及に「強い口調で反応した私の姿勢が政策論争以外の話を盛り上げた、深く反省する」と謝罪した。

　このような中、小池氏が自民党に離党届を提出し、自身が率いる「都民ファーストの会」の総決起大会で代表に就任した。7月の東京都議会議員選挙では、自民党が過去最低であった38議席を大幅に下回る23議席の歴史的な惨敗を喫し、「都民ファーストの会」が49議席で第1党となり、公明党などを合わせた支持勢力を合わせて過半数を獲得した。なお、稲田防衛相（当時）が都議会議員選挙の自民党候補を応援する集会で演説した際、「防衛省、自衛隊、防衛相、自民党としてもお願いしたい」と訴え、自衛隊の政治利用を批判され、その後、発言を撤回した。

　7月には、小池氏の側近で無所属の若狭衆院議員が、次期衆院選を見据えた政治団体「日本ファーストの会」を設立した。8月に入り、安倍氏は3度目の内閣改造を行い、麻生副首相兼財務相と菅官房長官は留任、小野寺防衛相を再登板させるなど、閣僚経験者を多数起用した。首相と距離のある野田元郵政相も総務相に据え、自民党役員人事では、岸田外相兼防衛相が閣外に出て政調会長に就いた。読売新聞社が実施した緊急全国世論調査で、安倍改造内閣の支持率は42％と、7月調査の36％から6ポイント上昇した。不支持率は48％（前回52％）であった。安倍氏は内閣改造後の記者会見で、自身が掲げた改正憲法の 2020 年施行という目標や秋の臨時国会での自民党改憲案提示について、「スケジュールありきではない」と述べ、固執しない考えを示した。

　9月には、小池氏が国政新党「希望の党」を立ち上げて代表に就任し、「しがらみ政治からの脱却」や「寛容な改革保守政党を目指す」を柱とする綱領を発表した。28日に衆議院が解散されると、民進党が前原代表の提案した希望の党への合流を両院議員総会で決定し、事実上解党した。小池氏と前原氏の協議の結果、希望の党が民進党出身者の公認候補を絞り込むことになり、民進党議

—64—

第1章　日　本

員から反発を招いた。10月22日の衆院選を控え、枝野民進党代表代行が希望の党に参加しないリベラル系議員を中心とした新党「立憲民主党」の結成を表明した。

　衆院選では、自民党が281議席と大勝し、公明党と合わせて定数の3分の2となる310議席を確保し、立憲民主党が54議席で野党第1党に躍進した。「小池旋風」が急激に失速した希望の党は50議席に留まった。自民党が公約で掲げた憲法改正について、安倍氏は「与野党にかかわらず、幅広い合意形成の努力を重ねていかなければならない」と実現への意欲を表明した。安倍内閣の支持率は、52％と前月の41％から11ポイント上昇した。小池氏は希望の党代表を辞任し、後任には玉木共同代表が就いた。

　10月に、自民党が衆議院選の公約を発表し、憲法9条への自衛隊明記などを例示して、初の憲法改正を目指すと明記した。解散総選挙を経て、11月に特別国会が召集され、安倍氏は所信表明演説の中で、憲法改正の議論を前進させる意欲を強調した。

　2018年1月の年頭記者会見でも、安倍氏は憲法改正に関して「今年こそ憲法のあるべき姿を国民にしっかり提示し議論をいっそう深める」と発言した。2018年1月の通常国会で、安倍氏は施政方針演説を行い、憲法改正の早期実現に向けて具体案を国会に提示するよう各党に要請した。

　3月に、自民党憲法改正推進本部は、自衛隊の根拠規定を明記する改憲案の取りまとめを細田本部長に一任し、細田氏は9条を維持し、新設する「9条の2」で自衛隊保持を定める執行部案を党の有力案として説明した。石破元幹事長らは2項削除を唱え、議論続行を求めていたが、推進本部の執行部が強引に打ち切ったため、党内に不満が残った。

　学校法人「森友学園」との国有地取引をめぐる財務省の決裁文書改ざん問題が安倍政権を揺るがし、首相や夫人の昭恵氏の関与の有無が再び問われる中で自民党大会が開かれ、安倍氏は謝罪をしたものの、自衛隊の違憲論争に終止符を打つために憲法改正への決意を示した。しかし、首相の求心力には低下が見られ、秋の総裁選での3選も雲行きが怪しくなった。読売新聞社の世論調査では、安倍内閣の支持率は48％で、前月調査から6ポイント下落し、不支持は42％

-65-

（前月36％）であった。

防衛体制の見直し

　6月に、自民党の安全保障調査会が次期中期防衛力整備計画に向けた提言の中間報告を決定した。北朝鮮の核・弾道ミサイルの脅威が高まる中、「敵基地反撃能力」の保有や、ミサイル防衛態勢強化に向けた新装備導入の検討を政府に求めた。

　8月には、安倍氏が、北朝鮮のICBM発射など安全保障環境の変化を踏まえ、「あるべき防衛力の姿はいかなるものかといった観点から、不断の検討を行っていくことが必要だ」と述べ、2013年に閣議決定した「防衛計画の大綱」の見直しを小野寺防衛相に指示した。検討項目として、南西諸島防衛や弾道ミサイル防衛の強化、宇宙空間、サイバー空間防衛を挙げた。弾道ミサイルの発射拠点を攻撃する敵基地攻撃能力の保有に関しては、「国民の生命と財産を守るため何をすべきか、常に現実をしっかり踏まえながらさまざまな検討を行っていくべきだ」と将来的な検討に余地を残しつつも、「敵基地攻撃能力は日米の役割分担の中で米国に依存している。現時点において、具体的な検討を行う予定はない」と強調し、「専守防衛の考え方に変更はない」と述べた。

　12月には、日本政府が閣議で地上配備型の迎撃ミサイルシステム「イージス・アショア」を2基導入すると決定した。2018年1月、米軍が日米両国で共同開発した改良型迎撃ミサイル「SM3ブロック2A」を使った迎撃実験に失敗した。実験失敗は2回目で、日本は2021年度にこれを導入予定。2月に、「イージス・アショア」導入関連経費などを計上した2017年度補正予算が国会で可決、成立した。

　2018年3月に、自民党の安全保障調査会が防衛大綱と中期防衛力整備計画策定に向けた提言の骨子をまとめ、垂直離着陸できるステルス戦闘機F‐35Bの取得のほか、戦闘機などが離着陸できることを想定した「多用途防衛型空母」の導入を求めた。

　また、今後の防衛力のあり方として「多次元横断（クロスドメイン）防衛構想」を提唱し、サイバー、宇宙分野の重要性が増していることを踏まえ、陸海空など従来の領域にとらわれず自衛隊を統合的に運用する必要性を強調するとともに、

第1章　日　本

「中央、南西の統合運用機能の強化」を明記し、陸海空の自衛隊を統括する常設の司令部設置も求めた。「敵基地反撃能力」の保有の検討の必要性も明記し、射程が長い「長距離打撃力」の整備も盛り込み、地対地ミサイルなどの導入検討を求めた。

南スーダンPKO撤収と日報問題

　4月から、南スーダンの国連平和維持活動（PKO）に参加してきた陸上自衛隊部隊の第1陣約70人が撤収を開始し、5月末までに全部隊を引き揚げ、5年を超えた活動が終了した。これにより、日本政府が派遣しているPKO要員は、南スーダンの首都ジュバにいる4名の自衛官のみとなった。

　7月に、南スーダンPKO部隊の日報を廃棄したとしながら陸上自衛隊が保管していたことが発覚し、稲田防衛相（当時）が特別防衛監察結果を公表した。その中で、防衛省が日報のデータを組織的に隠蔽していたことなどが明らかになったものの、稲田氏が防衛省幹部らから陸自の日報に関する説明を受けたことは認定された一方で、日報を非公表としたことへの関与については、明確な事実認定には至らなかった。稲田氏は日報問題をめぐる混乱の監督責任をとって安倍氏に辞表を提出し、受理された。

　8月に、南スーダンPKOの日報隠蔽問題で国会が閉会中審議を開いた。データ非公表方針の了承の有無が焦点であったが、稲田氏は参考人招致されず、小野寺防衛相により再調査も拒否された。

テロ、サイバー攻撃

　5月に、日本を含む99の国や地域の病院や銀行、政府機関などで計7万5,000件に上る大規模なサイバー攻撃が確認された。攻撃には、データを暗号化して読めなくし、復旧のための金銭を要求する「ランサムウエア」というウイルスが使われた。被害は少なくとも 150カ国、20万件に上り、警察庁が国内で2件の被害を確認した。

　6月には、「ランサムウエア」を作成したとして、神奈川県警が不正指令電磁的記録作成などの疑いで大阪府高槻市の中学3年生男子を逮捕した。2017年に

—67—

は、仮想通貨を狙った不正アクセス事件の認知件数が149件に上り、被害額が約6億6,240万円相当であったことが警察庁の集計で判明した。

5月末には、アフガニスタンのカブール中心部で爆弾を積んだ車が大規模な爆発を起こし、90人が死亡、約400人が負傷した。日本大使館の職員と国際協力機構（JICA）関係者の日本人2人も軽いけがを負った。

国際社会における取り組み

北朝鮮の核の脅威に直面し、日本は拡大核抑止の維持の必要性を認識しつつも、唯一の被爆国として核軍縮・不拡散への現実的な取り組みを継続した。中東や東南アジアの人道問題に関しても、平和国家としての支援を行った。

核軍縮・不拡散への取り組み

5月に、2020年の核拡散防止条約（NPT）再検討会議の第1回準備委員会が開かれ、NPT体制や核軍縮の重要性を強調し、核兵器禁止条約への各国の賛否や北朝鮮の核開発に対する非難も盛り込んだ議長総括を発表した。岸田外相（当時）は演説で、北朝鮮の核・ミサイル開発は「国際社会に対する現実の脅威」と強調し、NPT体制の強化を訴えた。

7月、核兵器禁止条約がニューヨークで開かれた条約制定交渉会合で採択されたが、核保有国や米国の「核の傘」に頼る日本は参加せず、投票ではオランダだけが反対し、シンガポールが棄権した。

10月に、ノーベル賞委員会が核兵器禁止条約の制定に向けた「革新的な努力」を評価し、2017年の平和賞を国際NGO核兵器廃絶国際キャンペーン（ICAN）に授与すると発表した。ICANのフィン事務局長は2018年1月に来日し、日本に核兵器禁止条約への署名を求めたが、日本政府は「核廃絶の目標は共通だが、条約に日本が参加すれば、核保有国による核抑止力の正当性が失われ、国民の生命や財産を危険にさらす」と政府の立場を説明した。

2018年2月にトランプ政権が「核態勢の見直し（NPR）」を公表し、米国や同盟国が通常兵器など核兵器以外の手段による攻撃を受けた場合の報復にも核

使用を排除しない方針を表明し、核の先制不使用も否定した。日本政府はこれ
を米国による抑止力の実効性の確保とわが国を含む同盟国に対する拡大抑止
へのコミットメントを明確にしていると高く評価した。

国際支援

　4月、国連は内戦状態が続き人道危機が深刻化するイエメンに緊急支援を呼
び掛けるため、閣僚級の支援国会合をスイスのジュネーブで開催した。滝沢外
務政務官は、会合で日本政府が約6,200万ドル（約68億2,000万円）を無償提供
することを表明した。

　7月には、貧困と飢餓の撲滅を目指す「持続可能な開発目標（SDGs）」達成に
向けた国連の閣僚級会合で、岸田氏が2017、18年度で総額10億ドル（約1,100
億円）規模の支援を実施することを表明した。

　2018年1月には、河野外相がミャンマーの首都ネピドーでアウン・サン・スー・
チー国家顧問兼外相に会い、イスラム系少数民族ロヒンギャの難民問題に関し
て民族融和が重要との考えを伝え、難民の帰還を支援するため日本政府が新た
に総額2,300万ドル（約26億円）を拠出すると表明した。

　3月に、日本政府は中東、アフリカへの3支援事業に100万ドル（1億500万円）
の資金を拠出する文書を国際貿易センター（ITC）と取り交わし、対象はパレス
チナ自治区ガザ、シリア、スーダンとした。

　　　　　　　（小谷哲男／明海大学准教授、平和・安全保障研究所研究委員）

コラム 国益と公益の狭間

　かつて戦時下の日本で「大本営発表」は日本の連戦連勝を伝えたが、それを信じる者は少なかった。翻って、戦後は多くのメディアが権力と批判的に向き合おうとしてきた。政府もメディアを政策の広報や支持調達に活用しながら、機微な情報をできるだけ秘匿しようとしてきた。外交や安全保障に関わる国益と知る権利や報道の自由という公益の間には、常に緊張関係がある。

　例えば、1971年の西山事件は有名である。沖縄返還をめぐる日米両国政府の密約について、毎日新聞の西山太吉記者が外務省の女性職員から機密情報を入手し、野党の国会議員に漏洩した。だが、西山記者が女性職員と肉体関係を持っていたことから、二人は国家公務員法違反に問われ、倫理的にも厳しい批判を浴びたのである。最近でも、あるジャーナリストがイラクや南スーダンに派遣された自衛隊の日報の公開を求めたところ、防衛省は日報をすでに廃棄したとして応じなかったが、のちに日報の存在が確認され公表された。イラクについては「戦闘状態」といった記述があったと問題視された。これは公文書の管理や文民統制の問題であるとともに、海外での自衛隊の厳しい活動内容に対する理解不足の問題でもあろう。

　また、論争的な問題では、報道が世論の分裂を助長することもある。1992年に国連平和協力法（いわゆるPKO協力法）が成立し、自衛隊がカンボジアに派遣された際、野党は強く抵抗し、一部のメディアも厳しく批判した。しかしその後、日本のPKOが国際的に高く評価され、国内でも世論の理解が定着すると、野党もメディアもかつての反対や批判に口を閉ざすようになった。だが、2015年に集団的自衛権の限定的行使を認める安保法制が成立した折には、同様の批判が繰り返された。

　日本のメディアは首相官邸や外務省、防衛省などを担当する「番記者」を置いている。そこには、閉鎖的な人間関係が存在する。この関係がうまくいかないと、2001年のえひめ丸事故で森喜朗首相の危機管理が批判されたように、メディアによる過剰な批判が展開されることもある。他方で、政府も政府の立場に理解や支持を示すメディアを好意的に扱い、首相が単独会見に応じたり、情報を優先的に提供したりすることがある。国益や公益が私的な利害に還元される危険が、そこにはある。

村田晃嗣

（同志社大学教授）

第2章　米　国

概　観

　国内外から不安と懸念の視線が注がれる中、トランプ政権の1年目がスタートした。アジア太平洋諸国の主要な関心は、オバマ政権が開始したアジアへのリバランス政策（地域諸国との外交・経済・軍事協力の強化と米軍のプレゼンス増強）をトランプ政権も引き継ぐのか、それとも、「米国ばかり損をしている」というトランプ流の国際政治観に基づく外交政策が展開されることになるのかであった。結論から言うと、米国のアジア太平洋政策のうち経済面は大きく変化したが、安全保障面では前政権期の方針が基本的に踏襲されている。

　トランプ大統領は就任すると直ちに環太平洋パートナーシップ（TPP）協定から離脱する大統領令に署名し、「公正で互恵的」な貿易の実現に向けて各国との二国間協議を進める方針を示した。トランプ氏にとって、「公正で互恵的」な貿易の実現とは米国の貿易赤字削減を意味する。アジアには対米貿易黒字額の大きい国が多く、それらの国は米国からいかなる要求がなされるのかと身構えた。特に2018年に入ると、中国との間で関税等をめぐる対立が激化し、貿易戦争へのエスカレーションが懸念されるようになった。

　一方、同盟国とパートナー国との防衛協力強化や米軍のプレゼンス増強に関しては、前政権が設定した路線に沿った取組が行われている。また、同盟国防衛に対する米国のコミットメントも、繰り返し再確認されている。安全保障については事実上、リバランスが継続されていると見ることもできる。事実、トランプ政権はオバマ政権と同様に、アジア太平洋ではルールに基づく秩序の維持や航行・飛行の自由の擁護などを重視すると述べている。ただし、トランプ氏自らが体系的なアジア太平洋政策を提示したことはなく、また、大統領就任後も同盟の経済的負担に対する不満を口にしているため、同盟国の不安は完全には解消されていない。

　安全保障の領域で大きな動きがあったのは、北朝鮮問題であった。トランプ政権は、北朝鮮が核兵器を放棄するまで最大限の圧力をかけ続けると明言し、各国にも経済制裁を強化するよう働き掛けた。2018年に入ると北朝鮮は韓国および米国との対話を望むようになり、同年3月にはトランプ氏が米朝首脳会談に応じると決断した。ただし、北朝鮮に非核化の意思があるのか否かは不明であり、同年6月に行われる米朝首脳会談の結果を楽観することはできない。

−71−

内政

ロシア疑惑と政権人事をめぐる混乱

　トランプ政権を悩ませているスキャンダルの一つに、2016年の大統領選中にトランプ陣営がロシアと結託して反民主党活動を行っていたのではないかという、いわゆるロシア疑惑がある。政権発足からわずか3週間後の2017年2月13日には、政権発足前にロシアの駐米大使と対露制裁解除について協議したのではないかと疑われたフリン大統領補佐官（国家安全保障担当）が辞任に追い込まれた。

　トランプ政権も、ロシアがサイバー攻撃等を通じて米国の大統領選に干渉していたことは認めているが、ロシア疑惑については強く否定している。しかし、疑惑を捜査していた連邦捜査局（FBI）のコミー長官をトランプ氏が解任すると、疑惑は一気に政治問題化した。現在では、大統領がFBIに捜査を中止するよう圧力をかけたのではないかという司法妨害の疑いまで浮上している。就任前からトランプ氏はロシアとの関係改善を求めるような発言を行っていたが、この疑惑のため、ロシアとの接近には慎重にならざるを得なくなっている。

　政権高官の人事をめぐっても、混乱が生じている。トランプ氏の個性の強さに適応できない人物や、大統領から不興を買った人物が相次いで政権を離脱しているのである。2017年7月には、スパイサー大統領報道官やプリーバス大統領首席補佐官が辞任し、8月には、トランプ政権のキーパーソンと見られていたバノン首席戦略官兼大統領上級顧問も辞任した。

　さらに2017年秋には、外交政策の基本方針をめぐる対立が原因で大統領がティラーソン国務長官の更迭を検討していると報道された。また、フリン氏に代わり国家安全保障担当の大統領補佐官に就任したマクマスター氏と大統領の不仲説も、たびたび報じられた。当初、政権はこれらの報道を否定していたが、結局、2018年3月に大統領は両者の辞任を発表した。国務長官の後任にはポンペオCIA長官が、大統領補佐官の後任にはボルトン元国連大使が就任したが、両者はともに北朝鮮やイランに対する強硬姿勢で知られており、これらの人事は今後の外交政策に大きな影響を与える可能性がある。

第2章　米　国

　加えて、国務省と国防省の高官人事も停滞している。例えば、2018年5月初頭の時点で、六つある国務次官ポストのうち四つが空席で、東アジア・太平洋担当の国務次官補も代行のままである。また、上院がシュライバー元国務副次官補のアジア・太平洋担当国務次官補への就任を承認したのは2017年12月、ロッキード・マーチンのルード上級副社長の政策担当国防次官への就任を承認したのは2018年1月であった。

外交・安全保障

国防費の増額

　世界金融危機後の連邦財政悪化に対応するため、米国の国防費はオバマ政権期に大きく削減された。この結果、予算不足が原因で部隊の訓練や装備のメンテナンスが疎かとなり、軍の即応性が大きく低下した。2016年の大統領選でトランプ陣営はこうした状況を批判し、国防費の増額と戦力の増強を公約に掲げていた。

　2017年5月にトランプ政権が発表した2018会計年度の政府予算要求では、国防省基礎予算は前年度比528億ドル増の5,745億ドル、海外緊急作戦（OCO）経費は同4億ドル減の646億ドルとされた。しかし、議会共和党は増額が不十分と主張し、一層の増額を求めていた。2017年の予算審議も例年どおり難航したが、最終的に2018年2月8日に与野党が2018および2019会計年度予算の大枠に合意した。この結果、2018会計年度の国防省基礎予算は5,895億ドル、OCOは652億ドルとなった。また、この超党派合意に基づいてトランプ政権が2018年2月12日に発表した2019会計年度予算案は、国防省基礎予算が6,171億ドル、OCOが690億ドルとなった。

国家安全保障戦略（NSS）

　2017年12月18日、トランプ政権下で初となる国家安全保障戦略（NSS）が発表された。大統領による前文では、「米国を再び偉大にする」ことや、「米国市民の安全、利益、福利を第一とする」ことなど、トランプ政権のスローガンが再確認されている。本文の内容も、これまでの伝統的な米国の安全保障政策にトラン

−73−

プ色の強い政策（「不公正」な貿易の是正や移民規制等）をミックスしたものとなっている。

NSSは、米国に対する安全保障上の脅威として、中国、ロシア、北朝鮮、イラン、テロリストを列挙している。このリストはオバマ政権と同じであるが、中国とロシアに対する見方はかなり厳しい。また、過去の政権は挑戦者に対して楽観的に過ぎたとの認識も示されている。即ち、NSSは、これまで米国はライバルに関与し、彼らを国際制度とグローバルな通商に取り込むことで、ライバルを信頼に足るパートナーへと変えることができると考えていたが、多くのケースで、この想定は誤っていることが判明したと述べる。これは過去の関与政策の否定であり、この認識が中国、ロシアに対する評価の厳しさの根源となっている。

NSSの本文は、四つの柱によって構成されている。第1の柱は「米国民、国土、米国流の生活様式の保護」であり、米本土に対する大量破壊兵器（WMD）を用いた攻撃、サイバー攻撃、テロ攻撃からの防衛や、犯罪組織やテロリストの米国への浸透阻止などが目標に掲げられている。具体的措置は、北朝鮮とイランを想定した多層的なミサイル防衛（MD）システムの強化、国境や領域内におけるWMD関連物質の探知能力の強化、移民規制措置の実施（国境警備の強化や入国審査の強化等）である。

第2の柱は「米国の繁栄の促進」で、ここでは「経済安全保障は国家安全保障である」ことが確認されている。この認識のもと、米国経済の再活性化や公正な国際経済システム構築などのため、国内における規制緩和、税制改革、インフラ整備、公正で互恵的な二国間の貿易・投資協定の締結、既存の通商協定の改定、不公正な貿易慣行への対抗措置等を行うとされる。

第3の柱は「力による平和の維持」であり、米国に対する主要な脅威として「リビジョニストパワーである中国とロシア、ならず者国家であるイランと北朝鮮、超国家的脅威をもたらす組織、特にジハーディスト・テロリスト集団」を挙げている。特に中露に関して、両国は「米国の価値と利益に反する世界を形成することを望んでいる」と指摘し、すでに過去の話だと思われていた大国間の競争が復活したと明言している。また、NSSは、安価な精密兵器やサイバー攻撃手段の拡散により、中露以外の国や組織も米国の経済や軍事力に対して決定的な打撃を

—74—

与える「戦略攻撃」を行うことが可能になったと述べた上で、核攻撃の抑止だけでなく、非核戦略攻撃と大規模通常攻撃の抑止も米国の核戦力の役割として位置付けている。第3の柱に関して米国が取り組む措置としては、新技術の導入を含む軍近代化、兵力規模の増強、即応性の改善（訓練、兵站、メンテナンスの重視）、防衛産業基盤の強化、兵器輸出の促進などが列挙されているが、詳細な説明はない。

　最後の第4の柱は「米国の影響力の向上」であり、二国間・多国間外交や経済援助、市場経済の拡大などが論じられている。トランプ政権らしい記述は、開発援助でも米国の利益に貢献する国への支援を優先するとされていることや、米国が多国間組織で他国よりも大きな貢献を求められるのであれば、それに見合った影響力を当該組織の意思決定や行動において持つことを望むと述べていることなどであろう。

　NSSでは、地域ごとの戦略も示されている。インド太平洋地域における優先事項としては、航行の自由と領有権、海洋紛争の国際法に基づく平和的解決への関与の強化、北朝鮮の非核化に向けた同盟国とパートナー国との協力、公正かつ互恵的な二国間貿易協定の追求、米軍の前方展開態勢の維持、日韓とのMD協力、朝鮮半島の非核化を強制するためのオプションの改善、台湾関係法に基づく台湾へのコミットメント維持などが挙げられている。

国家防衛戦略（NDS）と核態勢見直し（NPR）

　これまで米国は四年に一度、四年ごとの国防見直し（QDR）報告書を公表していたが、これは公開文書であったため、内容が当たり障りのないものになりがちであった。そのため、議会は2017年国防権限法においてQDRを廃止し、代わりに非公開の国家防衛戦略（NDS）を国防長官が4年に一度作成すると定めた。一般に公開されるのは、NDSのサマリーのみである。

　上記の規定に基づく初の公開版NDSは、2018年1月19日に発表された。このNDSの特徴は、NSSで示された認識に基づき中露のような近代的軍事力を備えた大国との紛争への備えを優先するとしていること、AIや自律技術、ロボティクス、指向性エネルギー、ビッグデータ分析などの先端技術を重視していること、

戦力の質だけでなく量も重視するとしていることである。

　NDSにおいても、中露に対する厳しい評価が示されている。NDSは中国について、「短期的にはインド太平洋で覇権を確立し、将来的には米国に代わってグローバルな優越を達成するため、軍近代化計画を実行し続けるであろう」と述べている。ロシアについても、特に欧州と中東で自国に有利な安全保障、経済構造を実現しようとしていると指摘されている。NDSは北朝鮮、イラン、テロの脅威にも言及しているが、長期的にみてより深刻な脅威は中露との大国間競争だとしている。

　軍事能力強化における重点項目としては、核戦力、宇宙、サイバー空間、指揮・統制・通信・コンピューター・情報・監視・偵察（C4ISR）、MD、厳しい環境下での攻撃能力、前方への展開能力と態勢のレジリエンス、先進的自律システムやAIなどが列挙されている。また、NDSは同盟国とパートナー国の役割を肯定的に評価し、協力を拡大すると述べているが、同時に、同盟国とパートナー国に対して負担の分担も求める姿勢を示している。

　2018年2月2日には、核態勢見直し（NPR）報告書も公表された。NPRは、NSSと同様、非核戦略攻撃の抑止を米国の核戦力の役割に位置付けている。オバマ政権下では、核戦力の役割を核攻撃の抑止のみに限定することも検討されたが、この路線はトランプ政権下では完全に放棄された。また、米国の核戦力が戦略核に依存し過ぎており、ロシアや北朝鮮などの戦術核攻撃を抑止することが難しくなっているとの認識に基づき、米国の核オプションに柔軟性を持たせるため、短期的には一部の潜水艦発射弾道ミサイル（SLBM）の弾頭を低威力のものに置き換え、将来的には核弾頭搭載の海洋発射巡航ミサイル（SLCM）を開発するとされた。これらの戦力は、アジア太平洋に展開される可能性も大きい。

トランプ政権のアジア太平洋政策

　トランプ氏は就任前に、同盟国に米軍駐留に対する代価を支払うよう求め、見返りが十分でなければ米軍撤退も検討すると述べたり、不公正な貿易により米国との取引で巨額の黒字を出している国を容認せず、米国にとって不利なTPPにも加盟しないと述べたりしていた。そのため、地域諸国は、米国のアジア太平

−76−

洋政策がどのように変化するのか非常に不安視していた。

変化が顕著だったのは、経済政策である。トランプ氏は就任すると直ちにTPP協定から離脱する大統領令に署名し、「公正で互恵的」な貿易の実現に向けて各国との二国間協議を進める方針を示した。トランプ氏にとって、「公正で互恵的」な貿易の実現とは米国の貿易赤字削減を意味する。

アジアには、対米貿易黒字額の大きい国が集中している。2017年の統計によれば、最大の黒字国は中国で、その額は米国のモノの貿易赤字（通関ベース）7,962億ドルの約半分（3,752億ドル）に上る。日本の黒字は688億ドルで、第3位である。このもとには、ベトナム（第5位）、マレーシア（第8位）、インド（第9位）、韓国（第10位）、タイ（第11位）が続く。

トランプ政権は日中韓とそれぞれ正式な二国間協議を開始し、米韓間では2018年3月末にFTAの見直し交渉が大筋合意に至った。この合意で韓国は、韓国製ピックアップトラックに対する関税撤廃の先送りや、対米鉄鋼輸出の数量制限といった譲歩を余儀なくされた。米中間では、後述するように、関税などをめぐり激しい対立が発生している。

一方、安全保障に関しては、トランプ政権下でも、基本的にオバマ政権期の方針が維持されている。この点を明瞭にしているのが、来日したペンス副大統領が2017年4月19日に行った演説である。この演説で副大統領は、アジア太平洋における米軍のプレゼンスを強化し、2020年までに海軍の6割をアジア太平洋に配備すると表明した。また、米国がアジア太平洋地域における「ルールに基づいた秩序」や航行・飛行の自由、通商の自由を守ることも確認した。これらはすべて、オバマ政権が、アジアへのリバランス政策（地域諸国との外交・経済・軍事協力の強化と米軍のプレゼンス増強）で重視した施策や方針である。

オバマ政権色の強いリバランスという用語をトランプ政権が使用することはないと思われるが、安全保障については事実上、リバランスが継続されていると見ることも可能である。ただし、トランプ政権が意図的に前政権と同じ方針を採用しているのか、それとも、新たな戦略がないため惰性的に前例を踏襲しているだけなのかは定かではない。そもそも、一般的な原則を超えて、トランプ政権が独自のアジア太平洋戦略を示したことはない。

2017年11月にトランプ氏が日韓中越比5カ国を歴訪した際には、包括的なアジア太平洋戦略が発表されるのではないかとの観測もあった。しかし、トランプ氏がベトナムのダナンで11月10日に行った演説は、冒頭で短く「自由で開かれたインド太平洋」の構築を目指すと宣言した後は、ほぼ不公正な貿易への不満に終始した。アジア歴訪を振り返った11月15日の会見でも、大統領は、「ルールを破り、経済的侵略を行ってきたすべての国」に「公正で互恵的な貿易」を行うよう強く警告したことを歴訪の成果として強調した。また、同盟関係についても、日本は米国製兵器の購入を増やして米国人納税者の負担を緩和してくれており、韓国も防衛費の分担を拡大すると約束したと述べるなど、金銭的視点からの発言が目立った。

北朝鮮の核・弾道ミサイル開発問題への対応

　トランプ政権は、米国が直ちに対処しなければならない最大の脅威は北朝鮮だとの認識を繰り返し示している。2017年3月17日にティラーソン国務長官は、オバマ政権期の「戦略的忍耐政策は終わった」と述べ、すべてのオプションをテーブルに乗せ「外交、安全保障、経済上の新たな措置を検討」すると表明した。その後、北朝鮮政策の見直しが行われ、報道によれば北朝鮮の体制転換や首脳部の斬首作戦なども検討されたが、最終的に選択されたのは、北朝鮮に「最大限の圧力」を掛けるという政策であった。

　ティラーソン国務長官は5月4日の演説で新政策の説明を行い、まずは同盟国や中国と連携し、北朝鮮への圧力と制裁を強化すると表明した。その一方で、同長官は、米国は北朝鮮の体制の転換、体制の崩壊、半島統一の加速化を求めておらず、38度線を越えて北上するための口実を見つけようとしている訳でもないとも述べた。マティス国防長官も5月19日に、朝鮮半島での軍事衝突は「信じられないくらいの規模の悲劇」を引き起こすと述べるなど、軍事行動には慎重な姿勢を示した。

　トランプ政権は、北朝鮮と取引を行っている中国企業に制裁を科すことで、中国に北朝鮮への圧力を強化するよう促した。また、戦略爆撃機やステルス航空機、攻撃原潜、空母などを朝鮮半島に展開させ、北朝鮮に対する軍事的圧力も

-78-

強化した。しかし、北朝鮮は各種の弾道ミサイルの発射を繰り返し、9月3日には6度目の核実験に踏み切った。さらに、11月29日の大陸間弾道ミサイル（ICBM）発射後には、米国本土を攻撃可能な核戦力が完成したと北朝鮮は宣言した。

　2018年に入ると、事態が急速に展開した。1月1日の新年の辞で金正恩朝鮮労働党委員長は、米国を攻撃可能な核戦力を保有していると強調した上で、韓国に対して、米国に加担せず南北の緊張緩和を進めようと呼び掛けた。文在寅政権はこれに応じ、2月9日の平昌オリンピック開会式に金正恩氏の妹である金与正党中央委員会第1副部長らが出席することが合意された。トランプ氏は、懐疑的ながらも南北対話に期待を表明し、オリンピック開会中の米韓合同演習延期にも同意した。その一方で、1月30日の一般教書演説では、北朝鮮に最大限の圧力を掛け続ける方針に変わりはないと述べた。

　その後、3月5日に韓国は北朝鮮に特使団を派遣し、翌6日、4月末の南北首脳会談開催が合意された。3月8日には、特使団を率いて金正恩氏とも会談した韓国の鄭義溶国家安保室長が訪米し、トランプ氏に対して、金正恩氏が早期の米朝首脳会談開催を希望していると伝達すると、大統領は5月までに首脳会談を開催したいと返答した。ただし、ここでも、過去の政権が犯した過ちは繰り返さず、北朝鮮が非核化に向けた具体的行動を取るまで最大限の圧力を掛け続けることが確認された。

　4月18日には、米朝首脳会談に向けた調整のため、次期国務長官に指名されているポンペオCIA長官が極秘裏に訪朝し、金正恩氏とも接触していたことをトランプ氏が公表した。同長官は対北朝鮮強硬派と目されていたが、4月12日の議会証言では、外交的解決を優先し、北朝鮮の体制転換も支持しないと発言していた。

　こうした中、北朝鮮は4月21日の党中央委員会総会で、核実験とICBM発射を即時中止し、豊渓里の核実験場も廃棄するとの決定書を採択した。ただし、この際に金正恩氏は、核の兵器化が完了したため実験の必要性がなくなったと述べ、また、決定書には、自国への核威嚇がない限り核兵器を使用しないとも明記されている。したがって、これは新たな核保有宣言だと解釈することも可能である。

　4月27日に開催された南北首脳会談で合意された板門店宣言では、朝鮮半島の非核化という目標を共有することが確認された。トランプ氏は、南北首脳会談

を「歴史的」と高く評価したが、非核化に向けた実質的合意の形成は今後の米朝協議に完全に委ねられている。

米中関係（全般）

　2017年4月6日から7日にかけて、トランプ氏の別荘マール・ア・ラーゴで習近平国家主席との初の会談が行われた。この会談では、米中間の新たな対話枠組みとして、両首脳による米中包括対話のもとに、外交・安全保障対話、包括経済対話、法執行・サイバーセキュリティ対話、社会・文化問題対話を設置することが合意された。これは、オバマ政権で行われていた米中戦略・経済対話等を刷新するものである。首脳会談では、北朝鮮問題や南シナ海問題も取り上げられたが、具体的な合意事項は発表されていない。

　初の外交・安全保障対話は2017年6月21日に開催され、ティラーソン国務長官、マティス国防長官、楊潔篪国務委員、房峰輝人民解放軍統合参謀部参謀長が出席した。共同声明等は発表されなかったが、米国側の説明によれば、双方は北朝鮮に対する国連安保理の制裁決議を完全に履行することで合意した。また、米国側は、南シナ海問題に関する米国の立場は不変であり、島嶼の軍事化には反対し、航行・飛行の自由を支持すると改めて表明した。

　11月8日から10日にはトランプ氏が訪中し、2度目の米中首脳会談が開催された。貿易、北朝鮮問題、南シナ海の領有権紛争、サイバーセキュリティなどが協議されたが、今回も合意事項は発表されなかった。

　米中間の懸案事項の一つである台湾問題についても、抑制的ではあるが対立が生じている。2017年6月末に米国が台湾への総額14.2億ドルの兵器売却を発表すると、中国側は当然、強い反対を表明した。また、2018年3月には米台高官の相互訪問を認めると明記した台湾旅行法にトランプ氏が署名したが、これにも中国は強く反発した。

南シナ海問題をめぐる米中関係

　2017年初めには、中国が南沙諸島のファイアリー・クロス礁、ミスチーフ礁、スービ礁で航空機や地対空ミサイルの格納庫などの整備を進めていることが相

次いで報じられた。また、同年2月には中国軍の早期警戒機が、5月には中国軍の戦闘機が米軍のP-3C哨戒機に異常接近する事案も発生した。こうした事態を受け、5月25日に米軍はトランプ政権下では初めて、南シナ海において「航行の自由」作戦（島嶼の12カイリ内を航行すること等により、領有権主張を認めない米国の姿勢を示す作戦）を実施した。米国防省は詳細を公式に発表しなかったが、中国外交部はミスチーフ礁の12カイリ内を米海軍の駆逐艦1隻が航行したと明らかにし、断固とした反対を表明した。

2017年6月3日のアジア安全保障会議（シャングリラ・ダイアローグ）では、マティス国防長官が演説で南シナ海問題を取り上げた。同長官は、「ルールに基づく秩序を損ね、国際社会の利益を侵害する中国の行動を容認することはできない」と述べ、中国による南シナ海での建設活動は軍事的な性質をもっており、国際法や他国の利益を軽視するものだと批判した。また、同長官は、オバマ政権の高官による発言とほぼ同一の表現を用いて、「我々は、国際法が許容する場所ではどこであろうと飛行、航行、活動を継続し、部隊のプレゼンスを通じて決意を示す」と断言した。

その後、米軍は2017年7月2日に西沙諸島のトリトン島で、8月10日には再びミスチーフ礁で駆逐艦による「航行の自由」作戦を実施した。これに対して中国側は、米軍の行動は国際法に反し、中国の主権を侵害するものであると強く反発した。9月1日の報道によれば、国防省は定期的に南シナ海で「航行の自由」作戦を実施する計画を初めて策定し、艦艇だけでなく航空機も作戦に投入することを決定しており、8月のミスチーフ礁での作戦にはP-8A哨戒機2機も加わっていたとされる。

米軍による「航行の自由」作戦は、2017年10月10日、2018年1月20日、同年3月23日にも実施された。しかし、国防省は作戦実施を公式には認めておらず、中国側の発表で事実が明らかにされるケースもあった。「航行の自由」作戦には中国の行動を変えるような強制力はなく、米軍も作戦の効果を計りかねている可能性がある。

2018年2月14日の下院軍事委員会では、ハリス太平洋軍司令官が証言で南シナ海問題に言及した。この証言によると、中国はファイアリー・クロス礁、ミス

チーフ礁、スービ礁で3,000m級の滑走路、戦闘機や大型機の格納庫、防空ミサイルランチャーと対艦ミサイルランチャーの格納庫、水と燃料の貯蔵タンク、弾薬庫、兵舎、通信システム、埠頭、軍事用レーダー等の建設を進めている。ハリス司令官は、現時点で中国は南沙諸島に軍用機、防空ミサイル、対艦ミサイルを配備していないが、インフラ整備の動向からして配備は時間の問題であろうと指摘した。事実、5月2日には、過去30日の間に中国が上記三つの礁に対艦巡航ミサイルYJ‐12Bと地対空ミサイルHQ‐9Bを配備したと報じられた。

貿易をめぐる米中の対立

　2017年4月の米中首脳会談では、経済包括対話の第1回会合も並行して行われ、貿易問題に関する「100日計画」を策定することが合意された。しかし、5月10日に100日計画の第一弾として農業や金融分野での合意が発表されて以降、具体的な進展は乏しかった。当初、トランプ政権は、北朝鮮問題での協力を貿易問題よりも優先していたようであるが、中国による対北圧力の効果が思うように上がらなかったこともあり、貿易面での対中要求は徐々に増大していった。

　2018年2月16日、ロス商務長官は、外国からの安価な鉄鋼とアルミの流入が米国の国家安全保障に対する脅威となっていると認定し、複数の関税引上げ案を大統領に提示した。これを受け、大統領は3月23日から鉄鋼の関税を25%、アルミの関税を10%引き上げると決定した。これはすべての国を対象とする措置で、欧米諸国なども強く反発した。当面、欧州連合（EU）加盟国や韓国は関税引上げ対象から外れたが、日本や中国は免除を認められなかった。これに中国は強く反発し、4月1日に対抗措置として、米国からの輸入品128項目（豚肉、果物、ワイン等）に最高で25%の関税をかけると発表した。ただし、これらの品目の輸入額は大きくなく、中国側には米国との対立を激化させたくないとの配慮が働いていた。

　また、トランプ氏は2017年8月14日に、通商法301条に基づき中国による知的財産権侵害を調査するよう米通商代表部（USTR）に命じていたが、2018年4月3日にUSTRは知的財産権侵害を認定し、対抗措置としてハイテク分野を中心に中国製品約1,300項目（年間輸入額約500億ドル相当）の関税を25%引き上げる

第2章　米　国

と発表した。ただし、実施は5月下旬以降とされ、その間に協議を行う余地を中国に与えた。中国側も、米国から輸入する大豆やトウモロコシなど106項目の関税を25%引き上げると発表したが、年間輸入額と引上げ税率は米国側の措置と同一に留め、実施時期も明言しなかった。

　4月5日にトランプ氏は、中国による対抗措置へのさらなる対抗措置として関税引上げ対象の拡大（年間輸入額1,000億ドル相当）を検討すると表明したが、一方でロス商務長官は、交渉による解決の可能性は残されていると発言した。習近平氏も4月10日の演説で、金融分野などでの市場開放・規制緩和、知的財産保護の強化、輸入拡大と貿易黒字の削減などを行うと表明し、トランプ氏も習近平氏の発言を評価すると述べた。5月初頭には、米中の経済閣僚らによる通商協議が正式に開始されている。

日米関係

　日米は2017年8月17日に、約2年4カ月ぶりとなる日米安全保障協議委員会（2プラス2）を開催した。2プラス2の共同声明に目新しい事項はなかったが、北朝鮮に対する圧力の継続、尖閣諸島への日米安保5条適用、在日米軍の能力強化、日本の平和安全法制や日米防衛協力の指針（ガイドライン）に基づく防衛協力の拡大、普天間飛行場の移設を含む在日米軍再編計画の履行などが再確認されている。また、会談では、イージス・アショアなどの新たなMDシステムを日本が導入することに米国が協力することも合意された。

　11月5日にはトランプ氏が来日し、横田基地での演説で日本を「貴重なパートナーできわめて重要な同盟国」と賞賛した。翌6日に行われた首脳会談後の記者会見で大統領は、米兵を受け入れてくれている日本国民に謝意を表明し、また、日本が米国から「大量の軍用装備品」を購入していることは「我々にとっては多くの雇用を、日本にとっては多くの安全を意味する」と評価した。同時に、大統領は、対日貿易赤字を解消するために公正で互恵的な貿易関係の実現を日本に求める意向も表明した。

　また、首脳会談では、北朝鮮問題や東シナ海・南シナ海問題のほか、インド太平洋戦略も協議された。その結果、両国は、法の支配や航行の自由等の基本的

－83－

価値の普及・定着、連結性の向上等による経済的繁栄の追求、地域諸国の海上法執行能力の構築支援などを通じて、日米の主導により自由で開かれたインド太平洋を実現することで合意した。

在日米軍の再編は、トランプ政権発足後も、ほぼ以前からの計画どおりに進展している。動きが大きかったのは岩国基地で、2017年1月には海兵隊のF-35Bの配備が、2月には海軍のE2-D早期警戒機の配備が開始された。さらに8月には、厚木基地を利用している空母艦載機の岩国移駐が開始されている。2018年5月頃までに、FA-18E/FやEA-18Gなど計約60機が岩国に移駐する予定である。また、佐世保基地には、F-35Bの発着艦を可能とするための改修を施した強襲揚陸艦ワスプが2018年1月に配備された。

横田基地では、2017年3月に新型のC-130J輸送機が新たに配備された。2017年後半に空軍のCV-22オスプレイを横田基地に配備する計画は、いったん2020会計年度へと先送りされたが、その後、2018年4月に再び計画が修正され、2018年夏の配備が決定された。また、2017年11月から2018年5月にかけて、米空軍は12機のF-35Aを嘉手納基地に展開した。太平洋軍が本格的にF-35Aを運用したのは、これが初である。

米韓関係

朴槿恵政権は2016年7月に米軍の終末段階高高度地域防衛（THAAD）システムの韓国配備を決定したが、配備地周辺の住民による反対運動に加え、配備に反対する中国からも各種の圧力（中国に展開する韓国系店舗の営業停止処分等）を受け、苦境に立たされていた。2017年5月10日に就任した文在寅大統領は、以前からTHAAD配備に慎重であったが、就任後には政府間合意を尊重する姿勢を示した。ただし、国内世論説得のため厳格な環境影響評価を実施することが決定されたため、本格運用は当初予定よりも遅れる可能性が高まった。9月には6基目のTHAADが配備されたが、文在寅政権は、北朝鮮の脅威に対処するための「臨時措置」と説明している。米国側は早期配備を望んでいるものの、文在寅政権の立場にも一定の理解を示している。

米韓は繰り返し、在韓米軍のTHAADは北朝鮮のみを対象とするものだと主

張しているが、中国はこの説明を受け入れていない。中韓は10月31日に、お互い
のTHAAD配備に対する考え方を記した文書を発表した。この文書は、中国が
THAAD配備に反対する旨を明記しつつ、両国の「戦略的な協力パートナー関
係の発展を推進」し、全分野の交流協力を速やかに正常化することが合意され
たとしている。しかし、文書は玉虫色で両国の解釈が一致していない箇所もあ
り、また、12月14日の中韓首脳会談でも習近平氏が改めて配備反対を表明するな
ど、問題は完全には解消されていない。

　2017年6月30日には、ワシントンでトランプ氏と文在寅氏による初会談が行わ
れた。共同声明には、米国による拡大抑止の提供や、米軍から韓国軍への有事
作戦統制権の早期移管などが盛り込まれている。後者は、文在寅氏の以前から
の主張でもある。一方、記者会見でトランプ氏は、防衛費分担の公正化に言及
し、米韓FTAと対韓米貿易赤字への不満を口にした。

　自主国防路線を採る文在寅政権は、米国に対して米韓ミサイル指針の再改定
を求めた。2012年10月に改定された指針は韓国が保有できる弾道ミサイルの
射程を最大800kmに制限し、かつ、射程800kmのミサイルの弾頭重量を最大
500kgに抑えていた。韓国側は、後者の制限を最大1トンに引き上げることを提
案したのである。これは、北朝鮮の地下施設攻撃を可能にするためだとされる。
2017年8月上旬に米韓は交渉開始に合意し、9月4日の米韓首脳による電話会談
で、弾頭重量の制限自体を外すことで原則合意に達した。

　11月7日には、トランプ氏が国賓として韓国を訪問した。首脳会談後の共同記
者会見で文在寅氏は、米国の戦略資産（長距離爆撃機、ステルス戦闘機、原潜、
空母等）の朝鮮半島へのローテーション展開拡大を首脳レベルで合意し、また、
ミサイル指針改定でも最終合意に達したと発表した。一方、トランプ氏は、米国
から「韓国が莫大な兵器を購入することに合意した」と述べ、これは米国の雇用
拡大と対韓貿易赤字削減に役立つと評価した。ただし、具体的な契約内容は公
表されておらず、この合意が本当になされたのかは不明である。

　2018年3月には、同年末で失効する在米韓軍駐留経費負担特別協定の新協定
締結交渉が開始された。4月中旬に行われた第2回交渉では、米国側は米軍の戦
略資産展開に要する経費の分担を提起したが、韓国側は在韓米軍の駐留経費に

-85-

該当しないと反論したと報じられている。

米豪関係

　2017年1月28日に米豪首脳が行った電話会談では、オバマ政権期に両国が合意したオーストラリアが収容する難民の米国移住についてトランプ氏が不満を爆発させ、険悪な雰囲気で会話が終わったと報じられた。しかし、その後、両首脳は関係を急速に修復した。

　5月4日にはターンブル首相が訪米し、ニューヨークでトランプ氏と会談し、食事もともにした。この場で大統領は、「我々の関係は非常にうまくいっている」と述べ、1月の電話会談に関する報道はおおげさなフェイクニュースだと主張した。2018年2月23日の米豪首脳会談では貿易や投資を中心とした協議が行われ、強固な米豪同盟を確認する共同声明も発表された。

　米豪の防衛協力も堅実に行われている。2017年6月5日の米豪外務・防衛閣僚協議（AUSMIN）では、オバマ政権期に合意されたフォース・ポスチャー・イニシアティヴ（在オーストラリア米軍のプレゼンス強化計画）を完全に履行することが改めて確認された。このイニシアティヴの中核は、2012年に開始された米海兵隊のオーストラリア北部ダーウィンへのローテーション展開である。2017年のローテーション展開には、海兵隊員約1,250人に加え、初めてMV-22オスプレイ（4機）が参加した。2018年のローテーション展開は、兵員約1,500人、オスプレイ10機に拡大される予定である。

　また、2017年2月には、フォース・ポスチャー・イニシアティヴの一環として新たに航空部隊による活動も開始された。2017年の活動では、米本土から12機のF-22がオーストラリアのティンダル空軍基地に展開し、約1カ月間、オーストラリア軍のF/A-18等との共同訓練を実施した。

米比関係

　2016年6月に就任したフィリピンのドゥテルテ大統領は、前任のアキノ大統領よりも米国との協力に消極的で、オバマ政権期に米比合同演習の規模縮小を指示していた。また、在比米軍のプレゼンスを増強するためにオバマ政権とアキノ政

権が締結した拡大防衛協力協定（EDCA）についても、ドゥテルテ氏は必要性を再検討すると発言していた。

　ドゥテルテ氏の意向を受け、2017年5月に実施された米比合同演習バリカタンの参加人員は、前年の1万人超から約5,000人へと半減された。また、例年と異なり戦闘作戦の訓練は行われず、台風被害を想定した人道支援・災害救援訓練を中心とする内容となった。さらに、年次の合同上陸演習Phiblexと合同海上演習CARATについては、2017年の実施が見送られた。ただし、2017年10月には、Phiblexに代わる新たな演習KAMANDAGが開催され、人道支援・災害救助だけでなく、テロ掃討や上陸作戦の訓練も実施されている。

　ドゥテルテ氏は、自らが進める麻薬撲滅活動について、人権侵害の疑いがあると指摘するオバマ大統領を敬遠していた。しかし、トランプ氏は2017年4月29日のドゥテルテ氏との電話会談で、前任者と異なり自分はフィリピンの麻薬との戦いを評価すると発言した。

　5月にミンダナオ島のマラウィでIS系のテロ組織マウテによる攻撃が発生し、その後、政府による掃討作戦が本格化すると、米国はフィリピンを積極的に支援した。6月以降、複数回にわたり米国は小型武器や弾薬をフィリピン軍に供与しているほか、7月には偵察用のセスナ208B（2機）も引き渡した。加えて、米軍の特殊部隊もミンダナオ島に展開し、有人・無人航空機による偵察・目標捕捉、通信傍受、通信面でフィリピン軍を支援している。ただし、米軍部隊の戦闘参加は認められていない。

　こうした米国の対応を、ドゥテルテ氏も高く評価した。例えば、9月28日の演説でドゥテルテ氏は、「米国とは仲良くしたい」、「米国は同盟国で、我々を助けてくれている」と述べている。10月5日には、2018年の米比合同演習では戦闘作戦の訓練を再開するとフィリピン軍が発表した。フィリピン軍のアニョ参謀総長は、大統領が米国と仲良くすることを望んでいるため、演習を拡大することにしたと説明している。

　11月13日には、マニラで初のトランプ氏とドゥテルテ氏による会談が開催された。両名はともに米比が良好な関係にあると述べ、米比同盟の重要性とEDCAへのコミットメントを再確認する共同声明を発表した。また、共同声明には、米国

がフィリピンによる対テロ活動とマラウィ再建を支援することや、フィリピン軍の近代化と海洋安全保障、人道支援能力の向上に対する米国の支援を協議することも盛り込まれた。

米タイ関係

米タイ間の懸案事項は、タイの民政復帰である。2014年にタイで軍事クーデタが発生した際、米国は国内法に基づき一部の軍事援助を停止した。その後、タイの民政復帰が遅れているため、米国は支援停止を解除できないでいる。その間に中国がタイへの兵器輸出を拡大していることも、米国を少々悩ませている。2017年前半にもタイ政府は、潜水艦や戦車の中国からの輸入を正式に決定した。

2017年4月30日の電話会談で、トランプ氏はタイのプラユット暫定首相に対して、「米国とタイは最近少々疎遠だったが、かつてないほど米タイ関係は緊密になるだろう」と発言し、訪米を要請した。同年8月8日にはティラーソン国務長官がタイを訪問したが、タイの外相は、会談で国務長官は人権問題に一切触れなかったと発言している。

プラユット氏は10月2日に訪米し、クーデタ後では初の米タイ首脳会談が開催された。会談の共同声明では、米タイ間の対話や緊密な政策調整、防衛能力の近代化などを通じて米タイ同盟を強化すること、米タイ戦略対話や防衛戦略協議などの2012年共同ビジョン声明に基づく取組を継続することなどが確認されている。また、両首脳は、タイの民政復帰に向けた国政選挙を2018年中に行う方針も確認した。しかし、プラユット氏は、選挙実施が2019年初頭にずれ込む可能性に繰り返し言及している。

米シンガポール関係

シンガポールとの間では、オバマ政権期に沿岸戦闘艦（LCS）やP-8Aのローテーション展開が開始されている。2017年4月5日に行われた米シンガポール国防相会談では、これらの展開をトランプ政権も支持することが確認された。また、4月10日には、米シンガポール間では初となるグアムでの共同訓練が開始された。これは戦闘機部隊による約1カ月間の訓練であったが、9月にはグアム周辺海

域で合同海上演習も実施された。2018年半ばからのLCSローテーションでは、これまで1隻だった展開隻数が2隻に増やされるとの報道もある。

2017年10月23日にはリー・シェンロン首相が訪米し、首脳会談が開催された。シンガポールはアジア諸国では唯一、イラクおよびシリアにおけるIS掃討作戦に部隊（空中給油部隊や医療部隊）を派遣しているが、共同記者会見で首相は、部隊派遣を2018年も継続すると表明した。共同声明にも、この決定を米国が歓迎する旨が明記されている。その一方で首相は、「米国が中国と安定した建設的関係を構築することを望んでいる」と述べ、対中関係を過度に悪化させるべきではないとトランプ政権に釘を刺した。

米印関係

米印防衛協力の焦点は、米国からインドへの兵器輸出と、装備の共同研究・開発である。オバマ政権下では、防衛技術・貿易イニシアティヴ（DTTI）の枠組みで装備協力が進展していた。また、2016年6月に米国は、インドを「主要防衛パートナー（MDP）」に指定し、同盟国並みの兵器輸出や技術共有を行うと表明した。

2017年4月19日にマクマスター大統領補佐官が訪印し、モディ首相らと会談した際には、インドがMDPであることが再確認された。ただし、この時点の報道によれば、トランプ政権発足後、オバマ政権下で合意されたジェットエンジンと空母関連技術の共同開発は停止されていた。一方、米国からの兵器輸出については、米国内の雇用創出にも繋がるため、トランプ政権も積極的であった。

6月26日にワシントンで行われた米印首脳会談に合わせて、米国政府は22機のMQ‐9Bガーディアン（プレデターの洋上監視版、総額20億ドル超）と1機のC‐17輸送機（約3.7億ドル）の対印輸出を承認した。首脳会談後に米国側が発表したファクトシートには、MQ‐9BやC‐17の輸出が完了すれば米印間の兵器貿易総額は累計190億ドルに上り、これは数千人の米国人の雇用を支えるものだと明記されている。また、モディ氏は共同記者会見で、インドの防衛能力強化には米国の協力が重要であり、会談では防衛関連技術での協力も協議したと述べた。米国のファクトシートにも、DTTIを継続することや、米陸軍の次世代ヘリ開

発計画へのインドの参画を検討することなどが記載されている。

　なお、首脳会談の数日前にロッキード・マーチンは、インド政府がF‐16の調達を決定した場合、インドのタタ・グループとインド国内でF‐16を共同生産することに合意したと発表した。トランプ政権は製造業の国外流出を批判しているが、F‐16の共同生産は米国内の雇用にも貢献するため容認するのではないかと見られている。

　9月26日には、マティス国防長官が訪印し、シタラマン国防相と会談した。共同記者会見でシタラマン氏は、共同訓練の拡充検討と共同開発・生産の促進で合意したと述べた。マティス氏も、DTTIを通じて最先端技術をインドと共有したいと発言した。しかしながら、その後も、米印間の共同開発・生産が具体的に進展しているとの報道はない。この会見でシタラマン氏は、DTTIの「再活性化」を協議したと述べており、トランプ政権がDTTIについて何らかの軌道修正を検討している可能性もある。

米越関係

　米越の防衛協力も、オバマ政権期に拡大した。ベトナムは非同盟を堅持しているものの、南シナ海で中国との間に領有権紛争を抱えているため、米国からの支援を歓迎している。米越間の協力は控えめではあるが、米軍艦艇の寄港や海洋安全保障能力の構築支援などが着実に行われている。こうした動きは、トランプ政権下でも継続された。例えば、米国は2017年5月に、小型哨戒艇6隻に加え、中古ではあるが全長115mと大型のハミルトン級沿岸警備艇1隻をベトナム沿岸警備隊に供与している。

　5月31日には、訪米したフック首相とトランプ氏の間で会談が行われた。米国の対越貿易赤字は巨額であるが、ベトナム側は会談に合わせて総額80億ドルの契約を米国企業と締結し、トランプ氏もこれに謝意を表明した。また、会談の共同声明には、防衛協力に関する2011年の了解覚書や2015年の共同ビジョン声明に基づく協力を強化すること、ベトナムが米国からの兵器輸入に関心を有していること、米空母によるベトナム寄港の可能性を協議することなどが明記された。

　2017年11月12日には、トランプ氏が訪越し、クアン国家主席と首脳会談を行っ

た。会談の中心は通商問題であったが、共同声明では、オバマ政権期と同様に、海洋安全保障、人道支援・災害救助、平和維持活動（PKO）、ベトナム戦争の遺産克服（不発弾やダイオキシン汚染の除去等）を中心に防衛協力の拡大を進めることなどが確認されている。その後、2018年3月上旬には、空母「カール・ビンソン」がベトナム中部のダナンに寄港した。米空母のベトナム訪問は、ベトナム戦争終結後ではこれが初めてである。

米ミャンマー関係

　ミャンマーでは、2017年8月25日にラカイン州でロヒンギャ武装組織によるミャンマー警察署襲撃事件が発生したことを発端として、武装組織と政府間の戦闘が激化、数カ月で数十万人のロヒンギャが家を追われ、多くがバングラデシュに避難した。トランプ政権は人権問題に関心が低いように思われているが、この問題については厳しい姿勢で臨んでいる。

　米国務省は9月11日に声明を発し、警察署を襲撃したロヒンギャ武装組織を非難する一方で、ミャンマー治安部隊によるロヒンギャの殺害やレイプ、放火などが発生しているとの報告があることに懸念を表明した。11月15日にはティラーソン国務長官がミャンマーを短時間訪問し、アウン・サン・スー・チー国家最高顧問兼外相およびミン・アウン・フライン軍最高司令官と会談し、ロヒンギャ問題での善処を求めた。この際の会見でティラーソン国務長官は、事態は「確実に人道に対する罪だ」と述べ、加害者に米国法に基づく制裁を科すことも検討すると表明した。

　さらに11月22日には、事態を「ロヒンギャに対する民族浄化」と認定するとの国務長官声明が発表された。これより前、人権団体や米国議会の一部は、「民族浄化」という表現を使うよう政府に求めていた。その後、12月21日に米国は、ロヒンギャ迫害を指揮したと認定されたミャンマー陸軍幹部らに対する制裁（米国内資産凍結や米国の個人や団体との取引禁止）を発動した。

（福田毅／国立国会図書館調査員）

コラム Twitter vs. メディア
外交報道の「主流」はどちらか

　私が新聞記者として米国の政治と日米関係をカバーしたのは、1990年代から2015年末までで、クリントン、ブッシュ、オバマの3政権にまたがる。この20年あまりのうち計8年間、2回にわたりワシントンで特派員として勤務し、ホワイトハウスや国防総省を担当した。

　米国外交の取材現場から離れてまだ2年半だが、この間の変化はすさまじいものがある。

　最大の変化は、何といっても、今のトランプ政権が、既存メディアを敵視する姿勢を鮮明にしていることだ。これまでも当然、政権とメディアとの間に緊張はあった。しかし、大統領自身が既存メディアを「fake newsを流している」として、公開の場で名指しして糾弾する姿は異様だ。米国の民主主義に対する危機感すら抱かせる。

　今回頂戴したテーマは「米国が外交を展開するに当たって、報道機関をどのように利用しているか」だが、「利用を考えることすらしなくなった」というのが正しい答えだろう。

　このようなメディアに対する深い不信の背景にあるのは、2016年の大統領選でトランプ氏が当選することを、既存の主流メディアはまったく把握できなかったという問題だ。主流メディアや、そこに登場した "pundits" と言われる政治評論家たちは、候補者としてのトランプ氏をまともに相手にすらしなかった。当選が決まった時、彼らはまさに「茫然自失」だった。

　そのような経緯を踏まえれば、トランプ氏が当選後、既存メディアを相手にせず、ひたすらTwitterを通じて国内外に重要な決定や意見を直接発信することは、さほど意外なことではない。

　Twitterに象徴されるデジタル通信メディアの急速な発達が、そうした「既存メディアの回避」を可能にしている。これも目新しいことではない。オバマ政権もYouTubeを多用し、既存メディア回避を模索した。

　しかし、現状に危機感を抱く人は米国内でも少なくない。Twitterの280文字で内外の政策課題を説明し尽せるわけはないからだ。補完的な事実の報道と、「解説」への需要が高まっている。とりわけ多様で複雑な外交問題については、なおさらだ。問題は、だれがその役割を果たすかだ。

　既存メディアの「活路」がそこにあることも、指摘されて久しい。事実報道の質を高め、解説の深みも増す。そうした試みに、今、歴史的な大展開が相次ぐ「外交」以上に、ふさわしい舞台はない。報道メディアは政治指導者が利用したいと思うような「価値」を再構築できるのか。これも当面の「外交」展開の大きな見どころだろう。

加藤洋一

（一般財団法人　アジア・パシフィック・イニシアティブ研究主幹）

第3章　中　国

概　観

　2017年は、秋の党大会で習近平国家主席による長期政権への道が固まり、彼個人の権力も大幅に強化された。外交分野でも「習近平の外交思想」という宣伝が行われ、習近平氏の権威が演出された。習近平指導部は、対米関係で少しでも有利になる環境を作るため、米国以外の国々との関係改善を進め、実際、ASEAN諸国、韓国、北朝鮮のほか、日本やインドの関係も改善に向かった。他方、中国は香港の反対派に対する取締りを強め、また米国との接近を進める台湾には厳しい態度をとった。

　軍事面では、解放軍は習近平氏の権威を強調しつつ、軍事力の拡大と質の向上を進め、パワープロジェクション能力の伸長に努めた。日米が苦手とする低強度紛争への体制整備を行ったほか、米国の「オフセット（相殺）戦略」に対しては逆に米国の軍事技術を陳腐化できる技術革新を進めようともした。これらは両用技術を重視する「軍民融合」政策と関連している。

　なお、2017年は、多くの日本人が、日常生活のレベルで中国発の変化を強く感じた年であった。アリババの「支付宝（アリペイ）」とテンセント（騰訊）の「微信支付（WeChatPay）」など、スマホによるキャッシュレス決済が中国で急速に普及し、日本を含む諸国も追随した。また、テンセントが開発した中国版LINEとも言われる「微信（WeChat）」アプリも急速に普及し、海外でも利用者が増加した。加えて、ビッグデータ解析が顔認証システムなどと連動して治安対策に使われる事例も紹介され、中国発ディストピアの懸念を誘発した。

内政

習近平人脈で固められた党中央

2017年10月18 - 24日、第2期習近平政権のスタートとなる中国共産党第19回全国代表大会（第19回党大会）が開かれた。ポイントの一つは党規約の改正である。「習近平の新時代の中国の特色ある社会主義思想」が共産党の行動指針として盛り込まれた。毛沢東思想、鄧小平理論に続く名前入りの行動指針となったことで、習近平氏の権威は高まり、神格化がいっそう進んだ。

もう一つのポイントは党中央人事である。党の最高指導部を形成する中央政治局委員25人が入れ替わった。このうち、習近平氏の福建、浙江、上海時代の部下や同級生などが10人（丁薛祥氏、習近平氏、劉鶴氏、李強氏、楊暁渡氏、張又侠氏、陳希氏、陳敏爾氏、黄坤明氏、蔡奇氏）抜擢された。この他第1期に習近平氏に特に強い忠誠を誓い信頼を得たとみられるのが7人（王滬寧氏、許其亮氏、李鴻忠氏、楊潔篪氏、汪洋氏、趙楽際氏、栗戦書氏）である（筆者判断）。これに対し、胡錦濤氏、李克強氏に近いのは3人（李克強氏、陳全国氏、胡春華氏）、江沢民氏に近いのは1人（郭声琨氏）にすぎなかった。

注目は楊潔篪氏と劉鶴氏の抜擢である。第1期での楊潔篪氏の外交手腕、劉鶴氏の経済手腕が評価されたもので、習近平政権は第2期でも第1期の外交運営、経済運営を継続していくことを示している。

中央政治局常務委員には習近平氏、李克強氏、栗戦書氏、汪洋氏、王滬寧氏、趙楽際氏、韓正氏の7人が選ばれ、習近平氏に近い人でほぼ固められた。このことから習近平氏の権力基盤がさらに強化され、習近平氏の一強体制が築かれたといえる。そして胡春華氏や陳敏爾氏などポスト習近平の候補が常務委員に抜擢されなかったことは、習近平氏が2022年の次期党大会以降も最高指導者であり続ける意志を示したものといえる。

習近平長期政権への環境整備

2018年3月5 - 20日、第13期全国人民代表大会第1回会議が開かれた。人事で

は、国務院の総理に李克強氏が再選され、副総理に韓正氏、孫春蘭氏、胡春華氏、劉鶴氏が、国務委員には魏鳳和氏、王勇氏、王毅氏、肖捷氏、趙克志氏が選ばれた。

特に注目されたのは第19回党大会で党の要職を離れた王岐山氏が国家副主席に就いたことである。習近平氏の意向によるものだが、対米外交や反腐敗闘争への影響力の期待、単なる論功行賞、王岐山自身の汚職疑惑隠しなど登用の理由についてはさまざまな憶測を読んでいる。

2004年以来の憲法改正では、序文に「習近平の新時代の中国の特色ある社会主義思想」が、第1条に「中国共産党の指導」が書き込まれた。また国家主席と副主席の任期は2期を超えないという条文が破棄された。これは習近平氏が2022年以降も最高指導者であり続けるための環境整備といえる。これに対し中国国内のネット上には習近平氏の終身制に道を開くとの批判も見られた。

さらに国家監察委員会が新設された。党中央規律検査委員会とともに、党幹部だけでなく、政府幹部や国有企業幹部など広範な公職者の汚職取締りを行う。2017年9月29日には中央政治局委員でポスト習近平候補の1人と見られていた孫政才氏が汚職を口実に党籍はく奪処分を受けた。習近平氏が権力基盤を強化する上で反腐敗闘争は効果的なツールである。第2期でも反腐敗闘争を常態化させ、党・政府幹部の汚職に不満を持つ民衆の支持を獲得するためだけでなく、習近平氏への求心力を高め、党・政府幹部の緊張感を維持するために、国家監察委員会を新設したものと思われる。

この他、党と政府の機構改革案が採択された。このうち政府の機構改革では環境問題や農村振興のために生態環境部と農業農村部、国民生活の改善のために国家衛生健康委員会や退役軍人事務部、応急管理部など七つの省庁が新設された。改革は未解決の課題である成長促進と格差是正に対応している。

法に基づく統制の強化

2017年7月13日、民主活動家でノーベル平和賞受賞者の劉暁波氏が死去した。その政治的影響力を警戒して、当局が十分な治療を受けさせなかったとして国内外から非難が高まった。しかし反体制活動自体は低調である。国家情報法

（2017年6月）、刑法改正案（同年11月）、監察法（2018年3月）が採択され、法による反体制活動の管理が強化された。

　メディア管理では、党の機構改革で中央宣伝部が国家新聞出版広電総局の新聞出版管理の職責を担うことになり、党の指導が強化された。特にソーシャル・ネットワーク・サービス（SNS）の影響力に当局は警戒を強めている。例えば5月に「インターネットニュース情報サービス管理規定」が発表され、情報管理、従業員・記者管理などの細則も合わせて通達されている。また8月には所管部門である国家インターネット情報弁公室が大手ウェブサイトの騰訊、新浪、百度に対し「微信（WeChat）」での発信内容がインターネット安全法などに違反していると警告した。発信者に対する取締まりだけでなく、運営会社への管理を強化して対応している。

　民族問題も解決が進んでいるわけではないが、大規模なテロ事件などが報じられることは少なくなっている。その背景には当局による厳しい取締りが功を奏していることがある。党の機構改革では中央統一戦線工作部が国家民族事務委員会を管理し、国家宗教事務局を編入し、党による民族・宗教管理の一元化が図られた。9月には宗教事務条例が改正され、宗教関連の財産管理、情報管理などを強化した。また愛国的な宗教人士の取り込みに力を入れることで、宗教活動の統制強化を図っている。

（佐々木智弘／防衛大学校准教授）

経済

　習近平政権の経済政策の特徴は、経済成長率が低減し、「新常態」にある経済状況のなか、サプライサイド（供給側）の構造改革や国有企業改革、軍民融合などを進め、国防と経済を一体化して発展させることにある。

　現在、中国は習近平政権のもとで、「サプライサイドの構造改革」を行っていくことを強調している。これは毎年12月に行われる中央経済工作会議や3月の全国人民代表大会（全人代）でも繰り返し強調されているポイントである。「サプライサイドの構造改革」とは、生産活動における経済構造を再編することで、労働、

第3章　中　国

資金、資源などを効率よく投入し、実体経済を振興させることを意味している。

　2017年12月に行われた中央経済工作会議では、イノベーション（創新）駆動型の発展戦略を進めていくことや、戦略的新興産業に発展の重点を置いていくこと、また新技術・新業種を用いた伝統的な産業、例えば軽工業、工芸といった分野に関しても改善や高度化を進めていかなければならないということが改めて強調された。これは、戦略的新興産業の発展を基礎として、古い産業のイノベーションを進めていくことが狙いである。

　その一環として、2017年4月18日に国家発展改革委員会が作成したガイドラインは、①国内の企業の借り入れ削減、②工場の余剰生産能力の削減、③伝統的な産業分野の国有企業を統廃合することによる国際的競争力の向上という3点を掲げた。

　すなわち、同ガイドラインによって、サプライサイドの構造改革を進める上で、中央政府が所有する軍工企業を含む国有企業の合併と再編をさらに進めていくことが方針として示された。

　実際、2017年6月には、中国機械工業集団公司が中国恒天集団有限公司を吸収合併、同年8月には、中国国電（国家電力）集団公司と神華集団有限責任公司が合併し、国家能源（エネルギー）投資集団有限責任公司を新設、また元総参謀部系の保利集団公司が中国軽工業集団公司と中国工芸集団公司を吸収合併した。さらに、2018年1月には中国核工業集団有限公司が中国核工業建設集団有限公司を吸収合併するなど、整理統合が進められている。

　こうした国有企業改革は、2015年9月13日に公表された国務院と中国共産党中央による「国有企業改革の深化に関する指導意見」に基づくものである。同意見文書では、国有企業改革を進め、民間の資本や技術を活用する形で「軍民融合」による発展を模索したいということが銘打たれている。国有企業は国家の予算で運営されているため、財政予算に限りがある中で、民間の資本を積極的に呼び入れていきたいというのがこの狙いである。

　また、同意見文書の発表から間もない9月19日、劉鶴・国家発展改革委員会副主任（当時、現国務院副総理）が、今後中国政府は電力、石油・天然ガス、鉄道、航空、通信、軍事関連といった分野で混合所有制の改革を試験的に実施し

—97—

ていくと発言している。とりわけ、エネルギー・資源や鉄道・航空・通信・軍事という安全保障に関連する分野で、資本を民間と政府との混合所有制で行っていくと述べている点は特筆に価するだろう。

　一方で、2016年5月13日には中央軍事委員会が「軍隊建設発展に関する『13次5カ年計画』綱要」を発表し、国有企業改革と軍隊建設の発展、軍民分離の管理体制から軍民を融合した管理体制を模索していくことを掲げた。また、2017年1月には中央軍民融合発展委員会を設立し、6月、9月、翌2018年3月に全体会議が行われている。それでは、なぜ中国は軍と民とを融合し、国防と経済をあわせて発展させていこうとしているのか。

　改革の背景としては、中国の経済成長率の低減に伴い、公表国防費の伸び率も徐々に低下していることが挙げられる。ただし、2017年の実質GDP成長率は前年比6.9%となり、中国政府の成長目標6.5%前後を大きく上回り、7年ぶりに成長率が増加した。

　これを受けてか、2018年3月の全人代では2018年の国防予算は対前年伸び率8.1%増の1兆1,100億元を計上したが、公表国防費の対前年伸び率はここ数年10%を下回り、低減傾向にある。

　そこで、公表国防費が低減する中、増加の一途を辿る最先端の国防科学技術に関する研究開発費を抑制すべく、軍工企業を再編、統廃合して効率化を図るとともに、軍工企業を株式化することなどによって民間資本を活用する動きが加速している。

　また、サプライサイドの構造改革で重点が置かれている戦略的新興産業の成長は、経済のモデル転換を形成する重要な鍵となるだけでなく、軍民融合の発展の重要な鍵となるだろう。

　中国が定義する戦略的新興産業とは、現在まだ成長の初期段階にあり、今後の発展の潜在力が巨大な分野である。具体的には、中国は、①省エネ・環境保護分野、②次世代の情報技術分野、③バイオ産業分野、④ハイエンド装備製造分野、⑤新素材分野、⑥新エネルギー分野、⑦新エネルギー自動車分野を戦略的新興産業の重点分野として掲げている。

第3章　中　国

図表　戦略的新興産業の7大重点発展分野

①	省エネ・環境保護	高効率省エネ、先進環境保護、循環利用など
②	次世代情報技術	次世代通信ウェブ、高性能集積電子回路、ハイエンドソフトウェアなど
③	バイオ	バイオ医療、バイオ農業、バイオ製造など
④	ハイエンド装備製造	航空宇宙、海洋プロジェクト装備、ハイエンドスマート装備など
⑤	新素材	特殊性能・高性能複合材料など
⑥	新エネルギー	原子力、ソーラー、風力、バイオエネルギーなど
⑦	新エネルギー自動車	充電式ハイブリッドカー、純電動自動車など

　この戦略的新興産業について、中国は国家の新型産業モデル基地を設定しており、2009年頃から建設を始めている。これはすでに全国レベルで産業基地が形成されている。新型産業モデル基地を設けることによって、中国は戦略的新興産業を重点的に発展させようとしている。中国政府は、2010年から全国の戦略的新興産業のモデル基地を認定し、これまでに7回の認定が行われており、特に軍民融合分野に関しては32の産業基地が認定されている。

　2016年12月には、国務院が戦略的新興産業の発展計画を13次5か年計画（2016-2020年）として公表したが、同発展計画の中では、2020年までに戦略的新興産業の付加価値が国内GDPに占める割合を15％にまで引き上げるという大きな目標が掲げられている。この目標は2期目に入った習近平政権のもとで、2020年までに達成する可能性が高いとみるべきであろう。その過程で、国防と経済の一体化がさらに進むものとみられる。

（土屋貴裕／慶應義塾大学SFC研究所上席所員）

外交

米中関係

　トランプ政権の成立は中国にとっても懸念材料であったが、党大会を控えていた習近平氏らは、基本的には静観していた。トランプ政権成立直後、中国はすでに米中貿易摩擦の激化がありうるものと予測していた（『人民日報』2017年1月22日）。事実、2018年3月に、トランプ政権は、鉄鋼やアルミ製品の関税引き上げ

を行い、また知的財産権の侵害を理由として、通商法301条に基づく対中報復措置を発表し、さらに世界貿易機構（WTO）に提訴した。4月初めには、トランプ政権が知的財産権の侵害を理由に、500億ドル相当の中国製品に25％の追加関税を発表すると、中国側は次の日に大豆や自動車、航空機などの米国製品500億ドル相当に対して同じく25％の追加関税の検討を表明し、米中間の報復合戦の様相を呈した。

知財をめぐっては、「華為技術」と「中興通訊（ZTE）」という二つの中国企業が特に狙われた。2018年2月には上院情報委員会で治安・諜報の関係者がこれら中国企業の製品使用について否定的な見解を述べ、4月16日には、米商務省が米企業によるZTEへの製品販売を7年間禁止すると発表し、翌17日には、米連邦通信委員会が、国内の通信会社に対して、これら二企業の製品調達を禁止した。

表向き、中国は譲歩の姿勢を見せず、中国外交部スポークスマンや中国共産党機関紙『人民日報』は、「中国は最後までお付き合いする」（中国語で「奉陪到底」）という、この頃有名になった言い方を使っていた。『人民日報』はその論評（3月24日）で、中国による対米報復の内容を具体的に説明していた。

しかし、4月10日、ボーアオ・フォーラムにおける演説で、習近平氏は、中国の門戸を開放し、輸入を拡大して、また知的財産権の保護を打ち出すなどの趣旨の発言を行った。この柔軟な姿勢の表明で、米中貿易摩擦が全面的な貿易戦争にまで悪化するという見方はとりあえず後退した。

朝鮮半島問題

この頃、中国は、中朝関係の冷却によって影響力が小さくなり、主導権を失っていた。2017年、トランプ氏は北朝鮮に対する経済制裁を強化し、時には軍事力を誇示して北朝鮮に強い圧力を加え続けていた。このプロセスの中で、北朝鮮問題は、米中関係との連動を深めた。

2017年4月、トランプ氏は北朝鮮に対して圧力を最大限かけ、その後に接触するだろうという中国の北朝鮮問題の専門家による分析が発表された。おそらく政権中枢もこのような予測をしていたであろう。習近平氏は5月に「一帯一路」国際協力サミットフォーラム（以下、「一帯一路」サミット）の成功を演出し、秋の党

大会で権力を確立するという時期にあった。サミット開催の5月14日、北朝鮮はミサイル発射実験を行ったが、同時に北朝鮮は「一帯一路」サミットに金英才経済相と代表団を送っていた。

しかし、その後、中国の態度は硬化した。8月、訪中した米統合参謀本部議長は、瀋陽の軍事演習を参観した。高位の米軍人による瀋陽の訪問は異例の出来事で、北朝鮮に対して、北朝鮮の主導による米朝衝突の場合、中国は北朝鮮側に立たないというメッセージであったと推測されている。

2018年1月には、国連安保理の制裁決議に基づき、商務部が原油や石油精製品の輸出制限措置を発表した。しかし、2017年の動きを見る限り、実際上、中国による制裁は以前よりも厳しくなったとはいえ、十分とはいえず、日米は中国に制裁の実施徹底を求めた。

2018年3月25-28日、金正恩朝鮮労働党委員長が極秘裏に非公式に訪中し、26日に初めて首脳会談を行った。習近平氏が自ら歓迎会を開き、中国側は厚遇した。中朝関係筋によると首脳会談に向けた調整が始まったのは2017年末で、北朝鮮が唐突に前向きになったと言われている（『日本経済新聞』2018年3月29日）。この情報は、2018年3月8日のトランプ氏の米朝首脳会談受け入れ発言直後に、北朝鮮側から金正恩氏訪中の打診があったという報道と矛盾しない（『朝日新聞』5月6日）。2017年11月に訪朝した宋涛・中央対外連絡部部長は、金正恩氏に会見できていなかったので、北朝鮮の態度転換はこの後であろう。トランプ政権で、対話重視のティラーソン国務長官の更迭が噂され始めた頃であり、米中首脳会談が失敗に終われば米国は軍事行動に出るとの見方が強かった。3月下旬、対外連絡部の実務者が秘密裏に訪朝した（『日本経済新聞』3月29日）。『環球時報』（3月19日）の社説が、朝鮮戦争以来の「血で塗り固めた友好関係」に目を向けるべきだとした。この頃までに、中朝首脳会談の開催が決まっていたと考えられる（『朝日新聞』5月6日）。5月4日に習近平氏が韓国の文在寅大統領と日本の安倍首相とそれぞれ電話会談を持ったのも、中国の存在をアピールするためであった。5月8日には、大連で習近平氏と金正恩氏との首脳会談が再び開かれた。

習近平氏は、米朝の衝突による米中関係の悪化を望まず、米朝間の緊張緩和

—101—

を歓迎する態度を示しながらも、中国の役割が小さく見えることに苛立ちを覚えていたのであろう。習近平氏は、朝鮮半島問題で中国の役割を回復して、米中経済摩擦で悪化しつつある米中関係でも有利な立場に立ち、国内向けにも偉大な指導者として自分を印象づけようとしていた。

南シナ海問題

　南シナ海問題では、中国の巻き返しと実効支配の継続強化が目立った。2016年7月、常設仲裁裁判所の裁定は中国の「九段線」の主張を事実上否定したが、中国側はこの裁定を「紙くず」と呼んで従わなかった。中国はこのような強硬な態度をとるとともに、東南アジア諸国連合（ASEAN）側への接近を図り、ASEAN側も中国との関係改善を進めた。2016年7月の仲裁裁判所の裁定で、中国外交部はASEAN諸国に対して、南シナ海の行動規範をめぐる交渉開始を示すという譲歩をしたが、ASEAN側からは中国の行動を拘束する内容はなく、中国の遅滞戦術の一つに過ぎないと見られた。米国側は「航行の自由」作戦を続けたが、米中関係は悪化せず、状況を変化させることにはならなかった。

　この背景には、2017年1月に就任したトランプ氏の「仲裁」発言や、日本の安倍氏の対中接近優先もあった。南シナ海情勢が「安定」したように見えたのは、基本的には党大会を控えた習近平氏が米中関係の混乱を望まず目立たないようにしたことがあり、他方、米国側は北朝鮮の核ミサイルが米本土に到達可能になってきた情勢下、北朝鮮問題で中国の協力が必要となっていたことが考えられる。中国側はフィリピンへの経済協力を進めることによって、フィリピンの態度軟化を引き出すことができていた。

　2017年8月、マニラで開かれた中国とASEAN加盟国外相の会談において、「行動規範（COC）」の枠組みで合意に達した。この合意は中国主導のもとに達成したと言われている。しかし、軍事拠点化を進め、実効支配を強める中国に対して、規範ができても南シナ海を手放すことはないとASEAN側は捉えており、すでにこの頃までには周辺国は軍拡での対応も始めたとされる（『日本経済新聞』2017年8月8日など）。中国側は「アジア太平洋パートナー関係ネットワーク」を足がかりに、中国主導の経済統合と「平和の多国間主義」を組みわせた、漸

進的な手法を模索している（『国際安全研究』2017年第4期）。

　11月の中国ASEAN首脳会議では、8月の外相会議で大まかな枠組みを合意した行動規範に対して具体的な条文作成協議の開始で合意した。中国はASEAN関連首脳会議で米国の介入を改めて牽制した。フィリピンは対立を避けて中国からの経済協力をとりつけたが、南シナ海における中国による実効支配の既成事実化も進んだ。日本の安倍氏も中国に対する発言を抑制し、日中関係を優先したことも南シナ海情勢に影響したと考えられる。

「一帯一路」

　2014年に習近平氏が提唱した「一帯一路」は、3年経った2017年、「理論構想から創造的実践に変わり、実務的協力を全面的に推進する新しい段階に入った」（『人民日報海外版』2017年5月2日）。

　5月14日、「一帯一路」サミットが開催された。「一帯一路」サミットにおける習近平演説では、「五路（five routes）」という表現が使われた。すなわち、「和平の道、繁栄の道、開放の道、創新の道、文明の道」である。習近平氏は、トランプ氏の「米国第一」など保護主義的な態度とは異なり、開放的で包容力のあることを強調し、違いを際立たせようとした。

　「一帯一路」をめぐる宣伝は、その地政学的な性格を目立たせないように進められていた。実際には、「一帯一路」は、上海協力機構（SCO）、大メコン圏（GMS）、瀾滄江-メコン協力（LMC）などの地域機構や地域協力の枠組みが接続している。これら二つには首脳会議がセットされ、SCOは多国間軍事演習をほぼ定期的に行い、またメコン川流域で中国は流域国との合同パトロールの実施を繰り返して、実質的に中国の警察権を国外のメコン川流域に及ぼしている。

　「一帯一路」サミットに先立ち、5月4日、国家安全部と20カ国あまりの治安・情報部門が「一帯一路」安全保障協力ダイアローグを北京で開いた。このダイアローグは、「一帯一路」参加国の治安協力が始まったことを意味している。

　全体としてみると、「一帯一路」に連結または包含する他の地域機構や多国間枠組みにはすでに軍事や治安協力が組み込まれていて、軍事・治安分野で中国がイニシアチブを掌握する仕組みとなっている。

「一帯一路」サミット終了後の5月25日、国防部スポークスマンは、定例記者会見の席上、「一帯一路」に軍事や地政学的な戦略意図はないと言明した。「『一帯一路』建設工作を推進する領導小組弁公室」がまとめた「『一帯一路』の共同構築：理念、実践と中国の貢献」という基本綱領ともいうべき文書が国家発展改革委員会の公式ホームページに掲載されたように、「一帯一路」の宣伝では地政学的な性格への言及が少なくなり、主に経済面が強調されるようになった。

　この背景には、対中債務に苦しむスリランカが中国に港湾の長期間租借を認めるなどの事例が報道され、中国による「経済支配」が軍事的な色彩を帯びることへの警戒感が広まったこともあったであろう。

　6月、国家発展改革委員会と国家海洋局は、三つの海上ルートの構築を唱えた。すなわち、第一に中国沿岸経済ベルトをテコとして、中国とインドシナ半島経済回廊と連結し、南シナ海から西に進んでインド洋に入り、中国とパキスタンの、またバングラデシュ、中国、インドとミャンマーの経済回廊をつなぎ、共同でアフリカ、地中海に至る藍色経済ルート、第二に南シナ海から南に進んで太平洋に入り、中国、オセアニアから南太平洋に至る藍色経済ルート、また第三に北極海を経て欧州に繋がる藍色経済ルートの建設である。

　2017年7月、訪露した習近平氏は、「氷上シルクロード」の共同構築を提唱し、11月に訪中したメドジェーエフ首相にも再度構築を呼びかけた。「氷上シルクロード」は、2018年1月の「北極政策白書」にも書き込まれた。

　このように膨張、拡大した「一帯一路」だが、一方では、「一帯一路」のトーンダウンも見られた。中国の主要なシンクタンクの一つである中央党校の執行院長（名目上、校長は中央政治局委員の陳希氏）の劉建飛論文では、中国外交戦略の布陣においてあげられた七つの項目のうち、「一帯一路」は最後に述べられるに留まっていた。七つとは、大国関係、周辺外交、開発途上国、多国間外交（グローバルガバナンスを含む）、政党交流とパブリックディプロマシー、中国外交で新たに力点が置かれる海洋強国建設、そしてようやく最後に「一帯一路」建設である（『世界経済与政治』2018年第2期）。これは、党大会後の中国外交において「一帯一路」の重要性が実質的に低下したことを示唆している。

　「一帯一路」のトーンダウンはその推進の困難とも関係していたであろう。中

—104—

第3章　中　国

国国内では、「一帯一路」沿線国が抱えるカントリーリスクも真剣に議論された。国家の信用度の低さ、腐敗や非能率、政治的な不安定などの結果、すでに2014年に中国企業による「一帯一路」沿岸国への投資案件の9割以上が赤字であったとされる（『現代国際関係』2017年第5期）。外国の天然資源開発で中国だけが利益を得るとして中国を批判する「資源収奪論」の台頭の危険なども指摘された（『東北亜研究』2017年第2期）。「一帯一路」サミット前に、中国側も「一帯一路」に投入される資金の不足を含め、プロジェクトのリスクとリターンを勘案していたようである（『日中経協ジャーナル』2017年1月）。とすれば、中国がリスク分散と資金（および技術など）の確保のために、日中関係を改善して日本に接近するのはごく当然のことであろう。

　しかし、異なる議論もまた可能である。石油天然ガス・金属鉱物資源機構の竹原美佳上席研究員によれば、「一帯一路」は、新興市場を開拓する経済戦略上の目標と沿線に中国の勢力圏を広げる安全保障上の狙いが一体化した国家戦略であり、エネルギーの安定確保はその柱で、沿線国に影響力を広げるための武器もまたエネルギーであると分析した（『日本経済新聞』2018年4月2日、第5面）。続けて、彼女は、中国核工業集団によるパキスタンの原子力発電所建設などを事例として挙げ、「一帯一路」について、横軸が資源開発と原発輸出とすれば、縦軸は加速する脱炭素へのエネルギー転換であり、政策によって次世代エネルギーへの転換を強力に後押しし、技術を抑えて主導権を握る構図があることを指摘した。太陽光発電、新エネルギー車の義務付け、中国政府が認めたメーカーからの車載用電池の調達などはその一環であるとされる。

　さらに、「一帯一路」沿線国では、中国独自の無線LAN規格を義務付け、知的財産権の理解に乏しい国々ではセミナーを開いた。これは、「一帯一路」沿線国で通信インフラを握る意図があると考えられている（『日本経済新聞』2018年3月19日）。

日中関係

　2017年の日中関係は、2012年ごろの武力衝突の懸念さえあった頃に比べて、改善してきたのは確かである。2017年5月、楊潔篪国務委員が訪日、谷内NSC

局長や安倍氏と会談した。これを中国メディアは「第4回中日ハイレベル政治対話」と称した（第1回は2015年7月）。7月のG20の調整を主な目的として訪日した楊潔篪氏は「国交正常化45周年という重要な節目」を強調していたが、改善への姿勢は明らかであった。2018年1月には河野外相が訪中し、日中韓首脳会談の早期開催の方針を確認した。これは、前年日本が7月後半東京開催で調整していたものの、見送られていたものである。2月には谷内氏が訪中、楊潔篪氏と会談し、首脳会談の地ならしを進めた。4月、王毅外相が訪日し、第4回日中ハイレベル経済対話が東京で開催された（第3回は2010年）。7月、ドイツのハンブルグで開かれたG20では、安倍氏と習近平氏との首脳会談が実現した。

　日中関係に関する現実主義的な立場は、徐焰国防大学教授の議論に明瞭に現れている。すなわち、日中関係を「非理性的な狭隘な民族主義や怒れる青年〔「憤青」と呼ばれる〕の思潮」ではなく、「大局」に立って扱うべきであるとする。だからと言って、無条件に日本との関係を改善するのではなく、日本の「中立化」が長期的な戦略目標であるとしている（中国軍事文化論壇（主編）、『大国戦略』（北京：中国言実出版社、2017）、124‐125頁）。

中印関係

　清華大学の閻学通氏は、インドは米中間でバランスを取ろうとしており、中印関係が決定的に悪化することはないと考えていた。

　2017年6月、ブータンのドクラム高地で中印がにらみ合う事態となった。双方の報道が食い違うが、中国側による道路建設がインドを刺激したことはほぼ間違いない。G20で中印首脳会談はなかった。しかし、2017年9月、アモイで行われたBRICS関連会議にモディ印首相は出席し習近平氏との中印首脳会談も行った。2018年4月、モディ氏が訪中、武漢で習近平氏との非公式会談を2日に分けて行い、関係改善が演出された。

（浅野亮／同志社大学教授、平和・安全保障研究所研究委員）

第3章　中　国

軍事

中国人民解放軍に見る二つの方向性

　2017年の中国人民解放軍には二つの方向性が見て取れる。一つは、党に対する相対的な権威の低下である。中国共産党中央は、「新時代」の中国を領導するために党中央の権威を高める必要性を感じている。

　もう一つは、急速な軍備増強である。2018年4月12日、南シナ海で実施された史上最大規模とされる中国海軍の観艦式において、習近平氏が「今日ほど海軍増強が迫られている時期はない」と述べたように、党中央は危機感を持って軍備増強に取り組んでいる。

　中国人民解放軍の二つの方向性は、習近平総書記をはじめとする党中央の問題意識を基にしている。その問題意識は中国が「新時代」に入ることに起因し、この「新時代」は、中国共産党結党100周年の2021年と中華人民共和国成立100周年の2049年という「二つの百年」に関係している。

　中国は、2022年に開かれるであろう中国共産党第20回全国代表大会（20大）までに一つ目の「百年」を迎える。鄧小平氏は「小康状態の完成」を指示し、中国共産党は「2020年までに『全面的な小康状態』を完成」するとしている。偉大な指導者である鄧小平氏の指示は必ず達成されると考えられることから、2020年にこの指示を達成した後は、新たな目標が必要になる。

　そして、「新時代」の目標を掲げるためには、鄧小平氏と並ぶ権威が必要とされる。経済構造の改革等、痛みを伴う改革を実施しなければ、中所得国の罠に陥らずに経済発展を継続することができないからである。そのため、習近平氏個人に権力を集中し、党中央の権威を向上させようとするのだと考えられる。

　習近平氏個人に権力を集中することには、党中央には一定のコンセンサスが存在すると考えられる。権威の低下が、党中央共通の危機意識であるからだ。鄧小平氏が導入した市場経済は計画経済と相容れず、必然的に共産党の権威の低下を招いた。中国共産党は、中国を経済発展させることによって自らの存在を正当化してきたが、計画し管理することを存在意義とする共産党の権威の低下

－107－

は免れなかったのである。

　2018年3月5日から20日まで開催された全国人民代表大会（全人代）におい
て、李克強首相をはじめとする国家機関指導者や閣僚たちが、こぞって「習近平
『新時代』」を叫んだのは印象的だった。習近平国家主席は、閉幕式の演説で
「中国の社会主義は『新時代』に入った」と宣言し、今世紀半ばまでに米国と肩
を並べる「社会主義近代化強国」を建設するとの目標を改めて示した 。

　習近平氏への権力集中が一層進んだのは誰の目にも明らかだった。2期10年と
いう国家主席の任期制を撤廃する憲法改正や、習近平氏を国家主席に、李克強
氏を首相に再選するとともに、王岐山氏を国家副主席に異例の登用をする人事
などが行われたのだ。

人民解放軍の相対的な権威の低下

　人民解放軍の相対的権威の低下は、中央軍事委員会委員をはじめとする高級
将校の人事に見ることができる。2017年9月1日までに、中央軍事委員会の構成員
が「規律違反」の疑いで相次いで拘束されたのだ。報道によると、中央軍事委員
の前海軍司令官の呉勝利上将ら3人が拘束され、他に1人が更迭された。委員11
人のうち4人が排除されたのだ。同年10月18日から中国共産党第19回全国代表
大会（19大）が開催されたが、党大会直前の中央軍事委員の大量摘発はきわめ
て異例な事態である。

　この時期に、習近平氏の進める権力掌握をめぐって党内闘争が激化している
との見方もあった。呉勝利上将は、その後、メディアに登場し、全人代にも参加し
ていたので、摘発について明確ではない。しかし、前統合参謀部参謀長の房峰
輝上将および中央軍事委員会政治工作部主任の張陽上将の2名は、事実上の身
柄拘束となる「双規」を通告されたとされる。さらに、空軍司令官の馬暁天上将
も更迭が確認された。

　中央軍事委員会のメンバー以外では、張陽上将の部下で政治工作部副主任を
務めた杜恒岩上将が、同様に規律違反の疑いで拘束されている。拘束や更迭さ
れた幹部は、いずれも軍の最高階級である上将であり、習近平氏が軍の指導層
を信頼していないことを示唆する。

第3章　中　国

　房峰輝上将、張陽上将および馬暁天上将の3名は、胡錦濤前総書記に近く、軍内の「胡錦濤派」の中心人物とされることから、習近平氏の権力掌握に対する抵抗勢力と位置付けられたとも考えられる。

　しかし、19大に引き続いて開催された、共産党第19期中央委員会第1回総会（1中総会）で決定された中央軍事委員会の構成員を見ると、習近平氏と胡錦濤氏の権力闘争とは異なる側面が浮かび上がってくる。

　選出された中央軍事委員は以下の通りである。まずは、前副主席の許其亮上将（元空軍司令官）だ。習近平氏とともに福建省で勤務した経験を持つことから、関係が深く信頼が厚いとされる。前委員の張又侠上将（前装備開発部長）も留任し新たな副主席となった。張又侠氏と習近平氏は、父親同士が戦友で、信頼関係が深いとされる。もう1人、留任したのが魏鳳和上将（前ロケット軍司令官）である。彼は、軍の改革に合わせて抜擢されている。

　新たに登用されたのは、李作成上将（統合参謀部参謀長）、苗華上将（政治工作部主任）、張昇民中将（軍規律検査委員会書記）で、委員数は8人から4人に半減した。中央軍事委員会は、全体で11人から7人へと構成員が減少したのである。

　党大会以前に新たに登用されると予想されていた、韓衛国上将（陸軍司令官）、宋普選上将（後勤保障部長）、丁来杭中将（空軍司令官）、沈金竜中将（海軍司令官）は中央軍事委員会入りしなかった。この内2名は福建省での勤務経験があり、習近平氏が「自らが信頼する福建閥で中央軍事委員会を固める」という予想は外れたとも言える。

　しかし、陸軍司令官、海軍司令官、空軍司令官がいずれも中央軍事委員に登用されなかったという中央軍事委員会の人事の結果は、軍種の権威を低下させるという別の意義を浮き立たせた。指揮系統にある統合参謀部参謀長が中央軍事委員に残り、管理系統である各軍種司令官を外したことは、部隊を管理する者たちの権威を下げ、習近平中央軍事委員会主席を頂点とする統合された1本の指揮系統の権威を高めたのだと言える。

　2017年1月、沈金竜中将が海軍司令官に昇任したことが明らかになった際、中将に昇任してから半年という早さと、初めて艦隊司令官から直接海軍司令官に抜擢されたことが話題となり、また、南海艦隊での勤務経験などから、中国海軍

－109－

の南シナ海重視の表れとも分析された。しかし、大将ではなく、中将になって間もない沈金龍氏を海軍司令官に就けたことの意味は、陸海空軍という軍種の権威を低下させることにあったのだ。

中国の軍備増強における二つの優先事項

　現在、中国が安全保障上、高い優先順位を与えているのは、中東等の地域に軍事プレゼンスを示すこと、および米国の中国に対する軍事力行使を抑止することである。

　中国は19大において「海洋強国」を目指すことを宣言したが、「海洋強国」を実現するのに海軍の近代化は欠かせない。その中国海軍の装備で象徴的なものが、空母である。中国は、訓練空母「遼寧」を有しているが、設計図もなしに修復した「遼寧」は、実戦に用いることはできない。推進システムに問題を抱える「遼寧」は稼働率が低く、中国海軍は空母運用に関して十分なノウハウが得られていないと考えられる。艦載航空部隊の錬成にも課題を残したままだ。

　空母および艦載機の作戦運用に係るノウハウが得られていないにもかかわらず、中国が空母を設計し建造するのは、米海軍との戦闘が目的ではなく、世界各地域に中国の軍事プレゼンスを示すためである。軍事プレゼンスを示すことによって、ようやく中国は地域に対する影響力を持てると考えるのだ。

　例えば中東において、シリア内戦をめぐって米国等が軍事行動を拡大したり、サウジアラビアとイランの対立が深刻化したりすれば、中東では米国とロシアの軍事的ゲームが展開される。そうなると、軍事力で米国に及ばない中国は、地域における影響力を失いかねない。

　中東は、中国にとって「一帯一路」の地理的・意義的中心でもある。中国は、自らの経済発展を保護するために、必要とされる地域に軍事力を展開して影響力を維持しなければならないと考える。しかし、実際のパワープロジェクション能力が追い付かず、これが中国の危機感となっている。

　中国が自ら不足していると考えるパワープロジェクション能力の最たるものが空母なのである。空母は、世界中に空爆能力を展開するビークルであるからだ。しかし、中国の艦艇建造技術はまだ満足のいく空母の建造を許さない。中国国

防部は、記者会見において「初の国産空母は『遼寧』の改良程度」だと述べている。さらに、大連造船所が建造した初の国産空母と上海の江南造船所が建造している空母は型が異なるようだ。

もともと、大連造船所はソ連由来の技術を多く用い、江南造船所は西側の技術を多く用いる傾向にある。実際、中国海軍は、2000年代前半に大連造船所と江南造船所でそれぞれ異なる型の駆逐艦を建造した。「051C型／旅州型」駆逐艦および「052C型／旅洋型」駆逐艦である。中国はこれら2種類の駆逐艦を建造した後、8年間駆逐艦を建造しなかった。

中国は、2種類の駆逐艦を運用して性能の比較等を行い、最終的に「052C／旅洋型」に艦種を絞り込み、現在ではその発展型である「052D／旅洋Ⅱ型」の大量建造に至っている。この状況が、空母建造および配備においても見られる可能性がある。

中国は、空母を護衛し、空母打撃群を構成する大型の駆逐艦も建造している。2014年12月から建造が開始された「055型」駆逐艦であり、2017年6月28日に江南造船所で進水した 。

同艦は、満載排水量12,000トンを超える巨艦であるが、技術的に飛躍的な進化を遂げたようには見えない。しかし、同艦は、その任務に意義がある。2014年の建造開始時、中国海軍は、「これまでの本土防衛の艦艇とは異なり、グローバルに戦略的な任務を遂行する艦艇だ」と述べている。空母打撃群とともに世界に展開する艦艇であるという意味だ。

一方で中国は、米国が中国に対して軍事力を行使しないよう、米国に対する抑止力を強化しようとする。2018年前半に部隊配備されると言われるDF‐41は、6‐10個の個別誘導できる弾頭（MIRV）を装備した大陸間弾道ミサイルである。多弾頭化によってTHAAD等のミサイル防御システムを突破する確率を高め、米国に対する核抑止を確実なものにしようというのだ。

世界一流の軍隊へ

中国は、米国の軍事力に及ばないという現状を甘受し続けるつもりはない。習近平氏は、2017年8月1日の八一記念日（建軍記念日）に実施した講話において

「世界一流の軍隊の建設を加速しなければならない」と述べ、19大の報告において「今世紀半ばまでに、世界一流の軍隊を建設する」と宣言した。

　世界一流の軍隊とは、米軍に比肩する軍隊という意味である。この表現は、中国が、現段階で、米国に代わって単独で国際社会のリーダーになるのではなく、米国の妨害を受けることなく自らに有利な国際秩序をデザインすることを目的としていることを示唆している。

　この目的達成のために、中国は、米国に対する抑止力を強化するだけでなく、実際に戦闘になった際に米国の軍事力を排除できる能力を構築しようとしている。2017年に部隊配備されたJ-20ステルス戦闘機は、その努力の一部である。航空機エンジン等の開発に苦労したが、単独で最新鋭戦闘機を開発することにこだわったのだ。

　また中国は、対潜戦能力の向上を急いでいる。米国の攻撃型原潜のアジア太平洋地域における増強、海上自衛隊の潜水艦22隻体制の構築、台湾の潜水艦購入計画と米国の支援等が、中国の危機感を高めているためだ。中国は、対潜戦の作戦範囲を第二列島線まで拡大すべく努力している。台湾問題が絡んでいることも、中国が軍備増強を加速する理由の一因となっている。

　トランプ氏の、シリアに対する軍事攻撃、北朝鮮に対する軍事的圧力、台湾に対する支援の強化、中国に対する経済問題に係る圧力等、米国の対外政策の変化が、中国の危機感を高めていると言える。

（小原凡司／笠川平和財団上席研究員）

香港・マカオ

　習近平氏は、香港返還20周年記念大会に出席し、第5期政府就任式典（任期5年、林鄭月娥＝キャリー・ラムは女性初の行政長官就任）を主宰するために、6月29日‐7月1日に香港を訪れた。1日、習近平氏は演説で「中央の権力へのいかなる挑戦も絶対に許さない」と語り、香港の分離勢力を牽制した。

　香港では、政治勢力の対立や貧富の格差拡大で、社会的亀裂が深まっている。政治対立は親政府派と反政府派、親中派と民主派という単純な対立構図だ

けではない。反中派は、中国と異なるアイデンティティを唱える「自決派」、大陸と一線を画し香港の利益を最優先する「本土派（本土は香港を指す）」、香港の自治権と民主化を求める急進民主派と穏健民主派に大別される。各派の対立は小さくない。林鄭月娥氏は「社会の亀裂修復と閉塞状況からの脱却が任務」と述べたが、その解決は容易でない。

　中国が香港に対して「一国＆二制度」ではなく「一国＞二制度」を強調することで、「中港矛盾（中国と香港の対立）」も深まっている。それが、香港内の亀裂と政府に対する不信をいっそう深めている。2014年以降、中国中央による香港の管理は強化されてきたが、2017年は、香港の司法や政治による自制と中国への忖度が目立った。例えば、高等法院は、8月17日、「雨傘運動」の導火線となった2014年の「セントラル占拠行動」の学生リーダー3人（黄之鋒氏、羅冠聡氏、周永康氏）の香港政府本庁舎前の広場突入事件などの量刑を、「同種の事件を抑制するため」に見直し、禁固刑を下した。これに憤った香港市民は、同月20日、約2万人の抗議デモを行った。林鄭政権は、10月の施政方針演説に中学校での中国史必修化を盛り込むなど、香港人の「国民意識」向上の政策を進めた。また、林鄭氏は翌年1月11日の立法会で、香港人の「国民待遇」を積極的に獲得していくと表明した。

　一方、中国中央も、習近平氏が繰り返し述べてきたように、「中央の全面的な管理」を強めた。例えば、全人代常務委員会が11月4日に「香港・マカオ基本法付属文書3に含める全国的法律を増やす決定草案」を可決し、「国歌法」を香港とマカオにも適用することにした。また、11月16日には、全人代常務委員会副秘書長兼基本法委員会主任の李飛氏が、基本法（香港の小憲法）の23条で規定された国家分裂や政権転覆などを防ぐ「国家安全条例」の制定を香港で求めた。「一国＞二制度」のための罰則化・厳罰化が、「中港矛盾」をこれまで以上に深刻なものにしている。

　一方、8月に台風13号の被害を受けたマカオでは、特別行政区政府（崔世安行政長官）が人民解放軍の駐留部隊に救援を要請し、解放軍の約1,000人が8月25日に被災地の復旧作業を開始した。これは、1999年のマカオ返還後、解放軍の駐留部隊がマカオで災害救援活動を行った最初の事例となった。マカオの小憲

法に相当する基本法は、マカオ政府からの要請があれば、解放軍が治安維持や災害救助を行えることを規定している。

　台風13号による大規模な停電や断水へのマカオ政府の対応に批判が高まるなかで、立法会（定数33、任期4年）選挙が9月17日に実施された。投票率は57%（前回比2.2%増）。職能別選挙枠（12議席）と長官指名枠（7議席）は親中派が獲得した。直接選挙枠（14議席）のうち、中道派が1議席、民主派が現状維持の4議席を獲得した。台湾大学留学中に「ひまわり学生運動」を経験し、香港の「雨傘運動」にも参加した蘇嘉豪氏が最年少で初当選した。しかし、マカオ経済の約6割がカジノ産業によるものであり、中国に大きく依存していることから、親中派が優勢にあるマカオの政治社会の構図は変わっていない。

（三船恵美／駒澤大学教授）

台湾

没交渉を続ける中台関係

　総統就任演説にて「92年コンセンサス」に直接言及することを避けた蔡英文氏は、その後も対中政策における基本姿勢を変えていない。これに対し、中国政府は中台間の公式な対話を停止し、経済、外交、軍事などの多方面から台湾に対する圧力を加えている。特に、2016年12月に蔡英文氏がトランプ次期米大統領（当時）と通話したことが明らかになって以降、中国から台湾への圧力はしだいに強化された。

　上記のような状況下において、2017年10月の中国共産党第19回党大会における習近平氏の講話では、台湾問題に関してはどのような言葉が盛り込まれるかが注目を集めた。習近平氏は「台湾独立」を牽制する「六つのいかなる」を示しつつも、「92年コンセンサス」を承認する「あらゆる政党、団体」との往来が可能になるとも述べ、蔡英文政権との対話の余地を残した。そして、習近平氏は、台湾との経済文化交流を拡大し、「台湾同胞」に「大陸同胞と同等の待遇」を与え、「両岸同胞」の「心と魂の結合を促進する」ことを謳った。この部分こそが習近平時代の新たな対台湾政策であり、2018年2月末には、こうした方針を具現化す

第3章　中　国

る31項目の対台湾優遇策である「両岸経済文化交流協力の促進に関する若干の措置」が発表された。

高まる中国の軍事的脅威

　台湾周辺の海・空域における中国の軍事行動が常態化しつつあり、これも蔡英文政権に対する圧力の一部と捉えられている。2016年10月27日以降、Y‐8輸送機、H‐8爆撃機などの中国軍機が台湾東側の防空識別圏にかなり接近した空域を、台湾を囲むように飛行する動きを繰り返している。こうした動きは2017年夏以降、さらに頻繁に見られるようになった。また、中国の空母「遼寧」の台湾海峡通過も、蔡英文政権発足後、2016年12月、2017年7月、2018年1月、4月とすでに4回も行われた。2017年末に公表された『国防報告書』に、蔡英文政権はこれらの軍事行動を詳細にまとめたデータを掲載し、これらは「きわめて深刻な脅威」であるとの認識を示した。

　第19回党大会の前後、中国の一部学者は、中国が2050年までに「社会主義の現代化を達成した強国」になっているならば、その時には台湾の統一はなされている筈だという主張を展開した。これに対し、中国は2050年まで統一への努力は続けるだろうが、そこにはこれまでと同様、明確なタイムテーブルは存在しないとの反論もあった。現段階では学者間で意見の一致は見られないものの、周志懐前中国社会科学院台湾研究所所長が述べたように、タイムテーブルに関する議論を活発化させ、2050年に向けて対台湾工作を強化すべしとの意見が大勢を占めることは確かなようである。

　そのような積極性の現れでもあろうが、2018年1月4日、中国政府は民間航空路であるM503の北向き路線の使用を開始する旨を一方的に宣言した。M503は台湾海峡中間線のすぐ西側を通過する航空路である。2015年に中国政府が開設を決定したものの、台湾側の抗議を受けて、中台間航空部門の実務会議（小両会）が開催され、同航空路をさらに西側にずらし、南向き一方通行とし、付随する東山（W121）、福州（W122）、厦門（W123）行きの航空路は暫時使用しないなどの合意に達していた。しかし、中国側の宣言はこの合意を反故にし、台湾の安全保障にも大きな影響を与えるものである。

台湾の自主防衛努力

　台湾周辺における中国の軍事的脅威に対し、蔡英文政権はより積極的な国防政策を模索している。2017年3月に国防部が発表した「四年期国防総検討（QDR）」において、蔡英文政権は馬英九前政権の「防衛固守、有効抑止」の戦略を「防衛固守、重層抑止」に改め、「対岸で敵を拒み、海上で敵を攻撃し、水際で撃破し、海岸で敵を殲滅する」ことを掲げた。また、馬英九政権期のQDRで取り上げられていた中国との信頼醸成措置は、今回のQDRでは取り上げられなかった。蔡英文政権は、『国防報告書』においても「防衛固守、重層抑止」の構想について概念図を用い、敵国上にあるミサイル発射機や敵国領空の戦闘機を撃ち落とすものであることを示した。

　蔡英文政権は台湾の軍需産業振興にも力を入れている。軍用機や艦艇の自主建造のための予算は、2016年が6億台湾ドルであったのに対し、2017年は67億台湾ドルに急増した。同政権は潜水艦と国産高等練習機の自主建造を宣言し、続いて新世代戦闘機の研究開発に着手することも明らかにしている。これらに加え、国防部はQDRにおいて、垂直離着陸機あるいは短距離離着陸機、ステルス性能を有する新型戦闘機の獲得計画も示した。蔡英文政権は、『国防報告書』においても兵器の自主開発を追求していることを強調し、兵器・装備の開発を行う国家中山科学研究院にて、2017年最後の記者会見を開いた。

トランプ政権の対台湾関与強化

　自主防衛の努力と並行して蔡英文政権が力を入れるのは、米国との防衛協力の強化である。『国防報告書』においても、これまでは自制されてきた米国との防衛協力についての説明が具体的になされた。それによれば、武器売却のみならず、部隊各レベルの交流、演習視察、総合戦力評価、ハイレベルの会談などの防衛協力が進展しているという。

　武器売却については、2017年6月29日、トランプ政権が政権発足後初めての台湾への武器売却を議会に通告した。その内容は、高速対レーダーミサイル（AGM−88）や海上配備型迎撃ミサイル（SM−2）の部品など総額約14億ドルというもので、オバマ政権末期からの連続性が見て取れるものであった。その

規模が大きくなく、新型戦闘機など従来から注目されてきた兵器も含まれていなかったため、中国の反応は比較的抑制されたものとなった。

2017年末以降、その国家安全保障戦略（NSS）に見られるように、トランプ政権は中国を「競争相手」と位置付け、牽制している。これに対し、同政権は台湾に対する関与を強めており、台湾問題をめぐる米中間の緊張が高まりつつある。12月12日、米台軍艦の相互訪問などを盛り込んだ国防授権法が成立し、米軍艦が高雄港に寄港する可能性に対し、中国は強硬な反応を示している。また、2018年3月16日には、米台高官の相互訪問を促進する「台湾旅行法」が成立し、国防や外交に関わる閣僚や従来を超えるレベルの高官の相互訪問に対して、中国政府は警戒を強めている。

（福田円／法政大学教授）

コラム 中国のメディア統制の限界

　中国共産党による一党独裁下の中国において、メディアは国民に対して党の政策を伝達する宣伝工作の手段であり「党の喉と舌」といわれる。中国の代表的な官製メディアとしては、党の機関紙である『人民日報』、国営の通信社である新華社、国営のテレビ局である中国中央電視台（CCTV）がある。なお、中国では一般に紙媒体の『人民日報』は職場で読まれているもので、街中の売店では入手できない。他方、街中の売店で簡単に入手可能な『環球時報』は若者を中心に幅広い層に読まれている。

　これらのメディアはインターネット上での情報発信に積極的であり、サイトの情報量の多さには驚かされる。そのうえ、『人民日報』のネット版である「人民網」（http://www.people.com.cn/）は中国語の他、少数民族の言語であるモンゴル語、チベット語、ウイグル語、カザフ語、朝鮮語、彝(い)語、チワン語に加え、英語、日本語、フランス語、スペイン語、ロシア語、アラビア語、韓国語、ドイツ語、ポルトガル語のサイトがある。新華社のサイト（http://xinhuanet.com/）やCCTVのサイト（http://www.cctv.com/）もほぼ同様である。これらの伝統的な官製メディアは党による検閲下にあるため報道の自由の視点に欠ける。しかし、中国の公式見解を世界に広く伝えるアウトリーチ活動といえ、外交の観点から注目すべきである。

　他方で、近年、中国版Twitterの「微博（Weibo）」や中国版LINEの「微信（WeChat）」などのソーシャルメディアが急速に普及している。「微博」によれば、2017年3月末に月間利用者数が3億4,000万人に達し、Twitterを上回る世界第一位の短信投稿サイトになった。また、「微信」を作った中国IT企業の大手テンセント傘下の組織の報告によると、2017年9月時点で「微信」の月間利用者は9億200万人であった。

　「微博」上での書き込みは多くのフォロワーに瞬時に共有されるし、「微信」上では登録者間での活発なやり取りが可能である。中国共産党はこれらのアカウントへの実名での登録を義務づけるなど、ソーシャルメディアに対する統制を強化しているが、すべてのコミュニケーションを常時監視することは難しい。書き込みややり取りの内容が中国の国内世論の動向を左右したり、中国が採りえる外交政策のオプションの幅を狭めるなどの影響を及ぼしたりすることもありえる。中国外交を理解するためには、伝統的なメディアだけでなく、ソーシャルメディアの動向にも注視していく必要がある。

渡辺紫乃
（上智大学教授）

第4章　ロシア

概　観

　内政では、「クリミア併合」の日に合わせた3月18日の大統領選挙でプーチン大統領が76.7％の票を得て再選された。高支持率の背景は、経済や社会が良くなり国民が満足したからではなく、①「官製選挙」すなわちメディアや国家組織を挙げて反対派を抑えプーチン支持を宣伝した、②プーチンをシンボルとした愛国心を高めた、③ロシア伝統の「皇帝崇拝」の心理を意図的に利用した。つまり「皇帝プーチンの御心」は正しいのに、彼の取り巻きや官僚、財閥などが私利私欲に走っているという伝統心理を意図的に利用した。したがって、皮肉だが、官吏の腐敗や汚職などが横行すればするほど、国民は強いプーチンを望む。政治面の大きな問題は、政治システムが機能せず個人に頼る「手動政治」が主流で、指導者の権威主義体制が強まっていることだ。

　経済面では2017年の経済成長率は、近年の原油価格の持ち直しなどで多少上向きつつあったが、昨年は1％台に留まった。ただ大部分の国民は、経済が回復しているという公式発表は感じておらず、貧困問題が深刻な課題となっている。資源依存型の経済からの脱却が最重要課題だが、構造改革は現行制度の既得権益グループが抵抗勢力となり、遅々として進んでいない。

　対外政策では「新冷戦」と言われるほど、欧米とロシアの対立は強まった。ロシアの欧州や米国への選挙介入や、英国における元ロシア諜報員暗殺未遂事件などが、欧米諸国を結束させてロシアの孤立が深まった。プーチン氏の年次教書演説では新兵器を誇示したが、ロシア首脳の「先祖返り」、つまり外の世界を敵性世界と見て軍事力のみを信頼する傾向が強まっている。

　欧米から経済制裁を科せられたロシアは、東方重視政策に転じ、東アジアでは中国を最も重視している。ただ原油価格の下落などで中国が強気の対露姿勢を保っており、大々的に宣伝された中露間の天然ガスプロジェクトも遅滞している。公式的には中露間は過去最高の良好な関係だが、両国間の不信感も強い。ロシアは北朝鮮の核やミサイルは深刻な脅威とは見ていない。例えば北朝鮮に対するミサイル防衛（MD）面での日米協力も、対北朝鮮包囲網というのは単なる口実で、実際はロシア包囲のMD網と見ている。また、北方領土問題解決の見通しは立っていない。

　プーチンが特に力を入れているのは軍事だが、緊縮財政の影響は軍事費にもおよび、ロシア軍の装備近代化率は、軍全体では61％で、契約軍人も予定通りには増加していない。

内政

プーチン政権4期目が始動

　ロシアのプーチン大統領は2018年3月18日の大統領選で、76.69％という高い支持率で当選を決め、4期目に入った。任期は6年で、2024年までの政権担当が可能である。2000年に就任したプーチン氏は、4年の首相期間を含め、すでに18年間の統治を続けており、次の任期を全うすれば、計24年の長期政権となる。20世紀以降のロシアの政治史では、スターリンに次ぐ長期体制となった。しかし、経済の低成長や国民の生活水準低下、貧富の格差、欧米の経済制裁に伴う国際的な孤立など、最後の任期となる次の6年は内憂外患が増大するとみられる。プーチン氏の後継体制をめぐる暗闘が始まる可能性もあり、ロシアは不安な時代に入りつつある。

「官製選挙」で圧勝

　大統領選で政権側は、プーチン氏の「得票率7割、投票率7割」という目標を掲げ、圧倒的な信任を内外に示そうとした。結果的に、投票率は67.54％だったものの、プーチン氏の得票率は前回2012年の63.3％を大きく上回り、予想以上の得票となった。

　計8人が立候補したが、中央選管によれば、2位以下の候補は、グルジニン共産党候補（11.8％）、ジリノフスキー自民党党首（5.66％）の順。プーチン氏の恩師の娘で、反政府派に転じたテレビ司会者のクセニア・サプチャク氏は1.67％に留まった。若者の支持を集める反体制活動家のナバリヌイ氏は、横領罪で有罪になったとして、中央選管は立候補を認めなかった。立候補できたのは政権が容認した「体制内野党」だけで、選挙はプーチン氏への信任投票となり、盛り上がりに欠けた。

　政権はメディアを駆使して投票を呼び掛け、公務員らを選挙に動員した。投票日もクリミア併合4周年に当たる3月18日に設定し、愛国心を高揚して政権に結集させようとした。民間監視団体は、投票の不正行為を示す監視カメラの映像を

ネット上で公開した。選挙は「官製選挙」の様相だったが、政権側はプーチン氏の磐石な政治基盤を誇示することには成功した。

前回2012年の大統領選では、前年から下院選の不正を批判する反プーチン・デモが大都市で頻発し、欧米諸国も反政府デモを暗に支持した。これに対し、プーチン氏は3期目にウクライナ危機に際してクリミアを併合したり、シリアでアサド政権を支援する軍事介入に踏み切るなど、米国を手玉に取る愛国主義的政策で国民の高い支持を得た。今回、プーチン氏が過去最高の得票率で圧勝したのは、反米感情を高めて国民を結束させた結果だ。

とはいえ、クリミア併合の高揚感はしだいに消え、国民の関心は経済停滞や生活苦に向かいつつある。大統領は選挙前の3月1日、年次教書演説を行い、内政問題では技術革新や産業多角化の必要性を強調。貧困家庭を半減させ、子供のいる家庭の住宅ローンの金利を一部政府が負担すると述べるなど、貧困対策を重視した。また、教育、医療問題やインフラ整備の必要を強調し、都市開発支出や道路建設費を倍増させると約束した。

教書演説の後半は安全保障問題に充て、新型の核ミサイル開発を進めていることを強調し、反米姿勢を示した。4期目は、内政面ではインフラ整備や貧困対策などバラマキ政策、ややリベラルな改革路線を進めながら、外交安保政策では対米強硬路線を継続するというものだった。ただ、5月7日の4期目の就任演説では、「すべての能力をまず国内の喫緊の課題や経済、技術の躍進に使わねばならない」と述べ、内政重視の方針を強調した。

「2024年問題」の動揺

大統領は就任式の直後、メドベージェフ首相を続投させる方針を表明し、議会で承認された。同首相については、ナバリヌイ氏が2017年初め、その腐敗や特権生活を暴露する動画をネットで公開し、2,000万回以上視聴された。メドベージェフ氏の支持率は低く、大統領は政権ナンバー2の首相に改革派を抜擢し、経済改革に着手するとの見方もあった。しかし、不人気なメドベージェフ氏を続投させたことは、改革よりも政権内のバランスや安定を重視したためとみられる。しかし、これが人事や政策の停滞に繋がっており、閉塞感を高めている。メドベージェ

−121−

フ氏は組閣にあたり、シルアノフ財務相が第一副首相を兼務するなどの人事を進めた。

ロシアでは、プーチン氏の任期切れをにらんだ「2024年問題」も注目されている。当選直後の記者会見で大統領は、連続3選禁止の憲法規定を変える用意があるかとの質問に対し、「考えていない。私が100歳まで大統領を続けるとでも言うのか」と述べ、「終身大統領」を目指しているとの見方を冗談交じりに否定した。プーチン氏はこれまでも憲法を改正して大統領の座に留まるとの見方を否定している。

プーチン氏自身、40代の幹部を知事に起用して競わせるなど、若返りを図りつつある。長年の盟友だったセルゲイ・イワノフ大統領府長官を若手外交官出身のワイノ氏に代えるなど、世代交代の動きがある。イワノフ氏ら、プーチン氏と同世代のサンクト派が去り、治安機関出身者や官僚から若手エリートを養成する動きもみられる。

エリートの間では、プーチン後の時代をめぐる不安が出ている。プーチン氏は2024年には71歳になり、寿命の短いロシア人男性としては相当の高齢となる。一方で、プーチン氏は安定の象徴でもあり、その不在は政治、社会的混乱に繋がりかねない。

専門家の間では、プーチン氏が2024年に向けて、①連続3選禁止の憲法に沿って辞任し、後継者を指名する、②憲法を改正して再出馬する、③大統領よりも権限が上回る国家評議会のような組織を創設し、その長になるといった構想が噂されている。今のところ、有力後継候補と目される人物はおらず、後継者問題がどのような展開をたどるかは不透明だ。仮に、後継者が登場すれば、プーチン氏はその時点でレームダック（死に体）化するだけに、大統領を早期には指名しないとみられる。厳しい内外情勢と併せ、プーチン政権4期目は神経質な展開をたどりそうだ。

若者に閉塞感、社会不安も

ロシアでは2017年4月、サンクトペテルブルクの地下鉄駅で爆弾テロ事件が発生し、15人が死亡、64人が負傷した。中央アジア出身のイスラム教過激派の犯行

第4章 ロシア

とされるが、背後関係には不透明な部分が多い。治安当局は、中東の過激派組織「イスラム国（IS）」が弱体化する中で、ISに参画していたチェチェン人など武装勢力が帰国していることに警戒を強めている。イスラム教徒の人口比率が増加していることとともに、将来の不安材料だ。

　また、2018年3月、中部ケメロボ州でショッピングセンターの火災により、子供を中心に64人が死亡、80人以上が負傷する惨事が起きた。この事故では、火災報知機の不具合や電気配線の欠陥、非常口の閉鎖といった人災の部分がメディアで報道され、州知事が解任された。事故原因について当局の説明への批判も多く、尾を引きそうだ。

　一方、反体制指導者のナバリヌイ氏は大統領選について、「茶番であり不正だらけだった」と酷評し、政権との対決姿勢を強めた。ナバリヌイ氏は近年、数カ月おきに反プーチン・デモをネットやSNSで呼び掛け、ロシア各地の大都市で若者らが結集した。5月の就任式の前日にも、「プーチンはロシア皇帝ではない」とする統一デモを全国で実施し、警察当局はモスクワなどでデモ参加者約1,600人を一時拘束した。

　天才的ブロガーとされるナバリヌイ氏は、ネットやツイッターを駆使して若者を動員し、「プーチンが最も恐れる男」（『ウォール・ストリート・ジャーナル』紙）といわれる。ロシアの若い世代の間では、長期政権への閉塞感が強まり、現状への不満が高まっている。コネがないと就職活動ができない利権構造や、対外冒険主義に伴う欧米の経済制裁、資源依存型で製造業が振るわない産業構造にも批判が強い。若い世代には国外脱出を希望する者も多く、優秀な人材の出国が続く。政権はしだいに、愛国心や安定だけで政権を運営するのが困難になりつつあり、今後は若者の反乱が拡大すると予想される。

　ただ、ナバリヌイ氏が呼び掛けた大統領選のボイコット運動は不調に終わり、投票率は前回よりも高かった。同氏は「実際の投票率は55％程度。政権は偽装せざるをえなかった」と反論したが、想定した効果を挙げられなかった。同氏はテレビなど公式メディアから排除され、一般国民の知名度は低い。政権側の厳重な統制下で、反政府勢力も戦略の見直しを強いられている。

（名越健郎／拓殖大学海外事情研究所教授）

経済

　ロシアは、2014年にクリミアを併合し、西側の制裁を受けて以後、「孤立」、「経済停滞」という言葉で語られることが多い。しかしその経済は、国内の安定を維持する程度の水準は維持し続けており、対外経済関係も、制裁を続けている西側との関係も含め、実際にはかなり良好に推移している。この数年、軍事予算が膨張してきたことで、保健、教育等への予算は実質ベースで減少していたが、2017年には軍事予算膨張が止まったことで、市民生活向上への支出を増やせる構えにある。

国内の経済動向

　2017年のロシア経済は、クリミア併合に対する西側の制裁（以下「制裁」）、およびその直後の原油価格急落でマイナス成長に陥っていたのを克服、第2四半期には2.5％とプラス成長を示した。その背景には、原油価格が上昇したこと、そして軍需支出が高水準で推移したことが挙げられる。

　しかし年末にかけて成長率は下落し、通年で1.5％に止まった。その原因は原油価格の再下落、そして軍需生産が年後半に減少したと見られることにある。つまりロシアでは民生用製造業が育たず、自律成長への道をつかみかねたままなのである。

　また「西側の制裁は、まったく効いていない」というのが政策形成層の口癖であるが、それは外向きの発言であり、国内向けマスコミでは「ロシアの孤立恒久化」という認識が定番化して、社会の逼塞感を高めている。

　なお、2010年代、軍事予算が急増するのと反比例して、保健、教育等の生活関連の予算は実質ベースで減少し、社会の逼塞感に拍車をかけたが、2016年からは軍事予算増加が抑制されている。

　統計上の停滞、そして貧困層が増大しつつあることとは裏腹に、モスクワを初めロシアの大都市は近代化の様相を強めている。それは交通インフラが改善していること、スマホの利便性が高いこと、小売り・飲食施設を始め西側並みの

－124－

サービスが定着したこと等による。2017年を通じて中銀が6度の利下げを行ったことで、住宅・消費者ローンの供与が増加、実質賃金水準が低下を続ける中で消費は伸び、12月の小売売上高は実質で対前年同期比3.0％増に至った。

2017年度の財政赤字はGDPの1.45％相当の1.3兆ルーブルとなった。2018年3月の大統領選を前に、支出が増えたことも大きな要因と考えられる。この中で、原油価格が高水準にあった時期に貯めた「予備基金」は使い果たされ、これからはもう一種の「国民福祉基金」（約650億ドル相当）を取り崩すことになる。

対外経済関係

2017年の貿易収支は1,153億ドルの黒字で、外貨準備は約4,000億ドル、海外での直接投資累積額は約4,300億ドルに及んでいる。つまり対外経済関係のマクロ数字は良好なのだが、問題は資金が海外に流出しがちで（石油輸出代金の大部分も海外に残る）、国内の投資に回らないことである。なお、「制裁」で最も効いているのはいくつかの銀行や企業への長期融資の禁止、および原油・天然ガス掘削最新技術供与の禁止であるが、後者の効果はいまだ明らかでなく、前者についてはロシア企業は何とかしのいでいる。

まず制裁対象となった企業は、欧州資本市場で債務の借り換えができなくなったために、国内で融資を受けて対外債務をほぼ完済するに至った。他方、融資面での「制裁」対象になっていないガスプロム、ルサール等は世界金融市場で起債、株式公開、株式交換等を行って、資金を入手しているし、ロシア政府も6月には総額30億ドルの国債を欧州市場で完売している。原油収入の裏付けがあり、低金利の西側よりはるかに高い金利がつくロシアの債券は飛ぶように売れている。

ロシアへの直接投資は「制裁」が禁じるところでなく、国内景況次第で増減している。2017年は、2014年以来の不況で生産を停止、あるいは減産していた外国の自動車企業のうちいくつかが、生産を再開、あるいは増産に至った。そしてソ連崩壊以降、のろのろと進められてきた投資環境の整備は地方によっては実を結びつつある。世界銀行は2017年発表の「ビジネス環境の現状（Doing Business 2018）」中、「ビジネスのやり易さ」でロシアの順位を2016年の40位か

－125－

ら35位に引き上げた。日本は34位、中国は78位である。

「制裁」以降、大幅に減少していた西側諸国との貿易は、回復のトレンドを見せている。EU諸国との貿易額は2017年には2,858億ドルと、対前年で17.9%の増加を見せた。ドイツの26.5%増、フランスの19.5%増が目立つ。英国も、ドイツに次ぐロシアの天然ガスの大口輸入国となっている。

ロシアは、貿易面での対米依存度は低いものの、貿易額は2017年231億ドルと、対前年15.8%の増加を見せた。「制裁」にも関わらず、科学者の交流には制限がなく、宇宙技術、原子力技術分野での協力関係の多くは続いている。

米露経済関係において、ロシアは脆弱な立場にある。米国はロシアのエネルギー資源に依存していない一方、米国の不動産等はロシアの資本家にとってはマネーロンダリングのための格好の投資案件で、これを凍結等されることは痛手となる。ロシアは2017年末現在、1,000億ドル強の米国債を保有しているが、米国の「制裁」に対抗してこれを大量に売却することもできないでいる。

中国は、ロシアの貿易相手として台頭している。2017年の貿易額は840億ドルで、対前年20.8%増であった。中国はロシアの石油や食品の大口輸入国である他、シベリアからの天然ガスパイプラインも建設途上である。「一帯一路」構想については、どの案件がこの構想に該当するのか不明であり、欧州と中国を結ぶ鉄道路の拡張がロシアで行われていることはない。また中国はシベリア、ロシア極東で投資攻勢を強めているが、その実効性および持続性は定かでない。帳簿上だけの投資もあれば、中国人が土地等を買収する動きに対して、地元のロシア人住民が反対運動を展開する例も報道されている。

ロシアは、中東諸国との関係を経済面でも強めている。サウジアラビアとは原油増産抑制で提携しているし、エジプトやトルコに対してガス田開発、あるいは原子力発電所建設に協力することで関係を強化している。

北朝鮮との経済関係は不透明である。10月にプーチン氏は、石炭輸入を禁止するとともに、核・ミサイル開発計画を推進する恐れのある科学技術協力を停止したが、その後も貨物船「万景峰号」は羅津とウラジオストック間の航行を続けたし、ロシア極東で1万名を超える北朝鮮の出稼ぎ労働者も残留している。

旧ソ連諸国との経済関係に大きな変化はない。ただし、敵対関係にあるウクラ

イナとの貿易が25.6%増加して130億ドルに至っていることが注目される。中央アジア諸国、コーカサス諸国の国民にとっては、ロシアに出稼ぎすることが大きな収入源となっているが、2014年からの経済縮小で大幅に減ったとは言っても（一部はISなどテロ組織に「転職」）、中央アジア5カ国からの出稼ぎ者は1-9月、総計約64億ドルを本国に送金している。

　日本との経済関係に大きな変化はなかった。北方領土問題解決の雰囲気醸成のため、日本政府は8項目の協力計画を進めているが、これは金額的には大きなものではない。日露貿易額は約200億ドルで、対前年21%増であった。ただし、シベリアから中国への原油パイプラインの2本目が完成し、シベリアからの原油の対日輸出がこれから激減、日本での原油消費に占める割合はこれまでの10%弱から半減すると見られている。

当面の見通し

　ロシア経済については、過度の悲観も、過度の楽観も適当でない。製造業、IT技術の面での遅れは如何ともできないが、西側技術を民生面で使いこなす点では、ロシアは西側に周回遅れでも必ずついてくる。

　当面の最大の問題は、過去の出生率低下による勤労年齢人口の急減である。2010年以降、約700万人（当時、全体で8,900万人）が減少し、これからの5年でさらに80万人の減少が見込まれている。これをロボット等の大量導入で乗り切ろうとしても、ロシアはロボットを大量に生産する力を持たない。

　西側では、ブロックチェーン技術を併用しつつデジタルマネーの普及が図られようとしており、プーチン氏はこれに多大の関心を示している。しかしその結果は、政府が双方をすべて独占し、市民の経済活動を完全に把握するとともに、不正を封ずる方向でものごとが進んでいる。コンピュータによる完全な経済計画、必要なだけモノを買うことのできるロボット経済、これは実はマルクス・エンゲルスの描いた理想の共産主義社会そのものなのだが、ロシアはロボットも輸入に依存することになるだろう。

（河東哲夫／Japan and World Trends 代表）

対外政策

　本章ではロシアの対外政策を扱うが、個々の外交政策についての紹介や説明ではなく、現在のプーチン氏のロシア外交を支えている発想や心理に主たる関心を向ける。また、その説明のための具体例としていくつかの事例を取り上げる。

ロシアの孤立と被害者意識

　大統領補佐官のウラジスラフ・スルコフ氏は2018年4月に、今日の国際社会におけるロシアの孤独について、「混血の孤独　14＋」と題する論文を発表した。スルコフ氏は2005年以来、欧米的民主主義と異なる「ロシア独自の道」を強調した新スラブ主義とも言える「主権民主主義」の理念をプーチン時代の国家理念として打ち出した人物である。この場合の「主権」の意味は、他国には内政干渉はさせないとの意味が込められている。旧ソ連諸国で一連のカラー革命（ジョージアのバラ革命、ウクライナのオレンジ革命、キルギスのチューリップ革命）が起きた時代で、プーチン氏やロシア指導部はこれらの諸革命を、米国および西側諸国の陰謀と内政干渉によって生じたものと今でも固く信じている（欧米諸国の民主化支援があったのは事実であるが）。

　今回の新たな論文は、欧州の一員でもありアジアの一員でもありながら、どちらにも受け入れられないロシアの孤立について書いたものだが、「14＋」との意味深長な表現は、もちろん2014年以後、すなわち「クリミア併合」とウクライナ東部へのロシアの介入以後、の意味である。彼は、2014年の事件については色々論じられてきたが、2014年の深い意味がわれわれすなわちロシア国民に理解できるようになったのは、ようやく今日になってからであるとしている。そして論文の最初に結論を述べている。つまり、2014年を分水嶺とする「ロシアの孤独」は、今後100年あるいはもしかすると200年、300年も続くかもしれないと。さらに彼は次のようにも述べる。歴史上のロシアの数々の勝利は、ロシアに多くの領土をもたらしたが、友人はもたらさなかった。もちろん、ロシアは各時代にそれぞれ同盟国や友邦を持ったが、ロシアは常に「他人の中の自分、味方の中の他人」にすぎなかったともいう。

－128－

第4章　ロシア

反動的なアレクサンドル3世の賞賛−プーチン政策の祖先返り

写真　kremlin.ru

　2017年11月18日、プーチン氏はロシアが事実上軍事力で併合したクリミアにアレクサンドル3世皇帝（在位1881-1894）の記念碑を建立し、その除幕式に臨んだ。
　アレクサンドル3世には、次の有名な言葉がある。

　「我々は常に次のことを忘れてはならない。つまり、我々は敵国や我々を憎んでいる国に包囲されているということ、我々ロシア人には友人はいないということだ。我々には友人も同盟国も必要ない。最良の同盟国でも我々を裏切るからだ。ロシアには信頼できる同盟者は二つしかいない。それはロシアの陸軍と海軍である。」（『独立新聞』2015.12.18）

　注目すべきは、この世界を敵国と見、軍事力しか信用できないという反動的な専制君主を、プーチンが大いに尊敬し讃えていることだ。この除幕式で、彼は次のように述べた。

　「これから偉大な国家的人物で愛国者の記念碑の序幕式を行う。彼はロシアの運命に個人的に責任を感じ、この大国の発展と強化のために、また国内外の

脅威から祖国を守るために、すべてのことを行った。現在および未来の世代は、彼の後継者として祖国の発展のために全力を尽くすと私は信じている。」(『ノーボスチ通信』2017.11.18)

　アレクサンドル3世は、農奴解放や地方自治を推進した改革派の父アレクサンドル2世の諸政策を否定した反動的な専制君主として有名だ。プーチンが「この大国の発展と強化のために、また国内外の脅威から祖国を守るために、すべてのことを行った」偉大な皇帝に自らを擬えていることは明らかだ。前述のスルコフ氏も、アレクサンドル3世の「信頼できるのはロシア軍のみ」という言葉を、地政学的に孤立した現代のロシアにとってもっとも相応しい表現だと述べている。

　ロシアの著名な政治学者A・ツィプコ氏も、ペレストロイカの時代にはロシアは欧州共同の家の一員になろうとしたが、今日西側諸国は反ロシアで団結している。その理由は、「ロシアを脅威と見、理解不能の国、何をするか分からない国と見ているからだ。……今日の世界におけるほど、ロシアに対する蔑視と無関心、冷たい見方は、これまでなかった。クリミア併合の結果がこの状況であり、もはや修正は利かない」と悲観的に述べた。ただ彼は、「ロシアの今日の孤立には、西側のロシアやその指導者への蔑視や高慢な態度にも責任がある。それが＜大国としての復讐心＞を生んだのだ」とも述べている。1990年代から2000年代初頭にかけての分析としては客観的である。そして結論として彼は、「超大国としてのロシアの復活がロシアの基本的政治路線となり、それが今日の新たな冷戦を生んだのだ」と述べている。(『独立新聞』2018.4.5)

　今日のロシアの外交政策のバックボーンとなっている発想法と精神を理解しないと、個々の政策を説明しても深い理解は出来ないと考え、これまでの説明を行った。以下、具体的な事柄について述べたい。

異例の年次教書演説−米国を仮想敵国

　2018年3月1日に、プーチンは大統領としての前年の年次教書演説を行ったが、今回はあらゆる意味で異例だった。内容に関しては、例年の2倍の演説時間の約半分を、ロシアの最新式兵器の誇示にあてた。その際、特設の大スクリーンに映

された攻撃ミサイルやフロリダの映像から、米国を仮想敵国としていることが分かる。スクリーン上には、如何なるミサイル防衛（MD）システムも突破するという新型ミサイル、原子力推進により航続距離が無制限とされるミサイルや潜水艇、その他の最強力の武器が次々と誇示され、その度に国会議員や各界代表は総立ちで拍手をした。それが全国にテレビ放映されたのだ。例年の教書演説と異なり、今回は3月の大統領選挙を意識して「強いロシア」を演出したことは明らかだ。国内政治では閉塞感が強いため、対外政策、特に大国ロシアをアピールすることで国民の支持を獲得するとともに、対外的にも軍事力を誇示したことになる。

北朝鮮の核・ミサイル問題に対する特異な見方

　プーチン氏およびロシア首脳の北朝鮮認識は特異である。2017年6月1日の記者会見でプーチン氏は次のように述べた。「（日本が米国から導入しているMDシステムに関し）イランと同様、北朝鮮の核やミサイルは単なる口実にすぎない。たとえ北朝鮮が核実験やミサイル開発の中止を宣言したとしても、米国はMDシステムの建設を続けるだろう。」

　ラブロフ外相も2018年1月18日の記者会見で次のように述べた。「日本に配備されるMDシステム（イージス・アショア）は、攻撃用ミサイルも発射できる。日本は自らこれを操作するかの如く言うが、我々は強い疑念を抱いている。というのは、地球上のどの地点であれ、米国が自国の武器を配備した国に、その操作を委ねた例を我々は知らないからだ。」

　この二人の発言要旨は以下のように纏められる。「アジア地域におけるMDシステムの配備は、欧州やアラスカのMDシステムなどと同様、ロシアを包囲するためのもので、世界の戦略的バランスを崩す。欧州のミサイル配備はイランの核・ミサイルを口実にしたが、北東アジアの場合は北朝鮮の核・ミサイルを口実にしている。」

　つまり、ロシア首脳は北朝鮮の核やミサイルそのものは深刻な問題とは受け止めておらず、それに対処する日本や米国などのMDシステムの方に強い危機感を抱いているのである。ラブロフ発言から判断すると、わが国の自衛隊が米国から導入して配備している戦闘機やそのスクランブル発進も、すべて米国がコントロールしているとロシアは見ていることになる。プーチンやラブロフ発言の背景に

-131-

は、前述のように、ロシア以外の世界を敵性世界と見て、ロシアは敵国によって包囲されているという帝政ロシア以来の伝統的な被害者意識、被包囲意識が濃厚に存在している。また、米国に対する強い不信感が見られる。

欧米諸国とロシアの外交官追放合戦

2018年3月4日に、英国で元ロシア情報機関員と娘の暗殺未遂事件が生じ、英国メイ首相は、「ロシア関与の可能性がきわめて高い」と発表し、その証拠もあるとしてロシアの外交官23人を追放、米国やドイツ、フランス、イタリア、オランダ、デンマーク、ポーランド、バルト3国などEU17カ国、さらにウクライナ、カナダ、オーストラリアを含む計30近くの国や機関がロシア外交官150人余りを追放した。EUの中では現指導部が親露的と言われるハンガリーやチェコも英国を支持し外交官追放に加わった。米国の追放は60人にのぼり、シアトルのロシア領事館の閉鎖措置もとられた。日本を除くG7諸国はすべて英国の立場を支持しロシア外交官を追放した。これに対し、ロシアも対抗措置として、相手国の外交官を追放した。6月にロシアで開催されるサッカーワールドカップには、多くの国が高官派遣を控えるという。

ロシア側は英国に同調した国々を厳しく批判した。その言い分は、事実関係の調査には数カ月要するのに、その結果も出ない内に英国や他国がこのような措置を取るのは、明らかに根拠のない挑発的な反露政治行動だというものだ。ただ、これまではロシア自身が、この自己主張に反する行動をとってきた。例を挙げると、①1997年1月の日本海での油送船ナホトカ号事件、②2000年8月のバレンツ海における原子力潜水艦クルスク号事件、③2014年2月のソチオリンピックの際のロシアの国家ぐるみのドーピング事件などである。これらの諸事件では、ロシア側はまだ具体的調査も進んでいない段階で、あるいは具体的にロシアを非とする証拠が挙がった段階でも、ロシアは直ちに自国の責任を全面的に否定した。したがって、河野外相が「事実関係の解明が先だ」と述べたのは、一般論として正しいとしても、結果的にはロシアの言い分に沿う形になった。その後、河野氏はG7外相会議で、この問題に関し、G7のロシア批判に加わった。

2018年3月18日には、ロシア大統領選挙が行われ、プーチン氏は76.7%という過去最高の得票率で当選した。これは、ロシア国内の経済や社会状況が改善された結果ではなく、外の世界を敵性世界と見る被包囲意識、被害者意識が意図的に強められた結果だ。つまり、プーチン氏が大国主義的ナショナリズムによって国民統合を強め、それによって、自らの支持率を高めた結果である。最近のロシアと欧米の関係は「新冷戦」と言われる状況にまで悪化しているが、このような国際情勢が、プーチン氏の支持率を高めたのである。

（袴田茂樹／新潟県立大学教授、平和・安全保障研究所研究委員）

アジア・極東政策

対中政策

ロシアはアジアにおいて中国を最も重視しており、中露戦略的パートナーシップの維持に努めている。その目的は米国一極支配の牽制と多極的世界（新ヤルタ体制）の構築である。中露はトランプ大統領が打ち出している「米国第一主義」に批判的だ。中露は、米国主導のMDシステムの構築や韓国への終末段階高高度地域防衛（THAAD）システムの配備などでも足並みをそろえ反対している。ロシアにとって憂慮の種は、中露戦略的パートナーシップが強大化する中国優位で進んでいることだ。プーチン氏は是正を試みている。

中露は歴史的に相互に不信感を持っているが、中露首脳は対立点をあまり強調せず、両国関係は前例のないほど良好だと主張している。2017年5月には、プーチン氏が訪中して、北京で開催された「一帯一路」サミットに出席し、保護主義が広がっていると警鐘を鳴らし、トランプ氏の経済政策を批判した。7月には、習近平国家主席が訪露し、プーチン氏と首脳会談を開催した。会談直前、北朝鮮が大陸間弾道ミサイル（ICBM）の試射実験を行った。中露は国連決議違反や国際規範違反だとして共同声明を発表して北朝鮮に抗議する一方、米国に自制を求め、米朝対立をエスカレートさせないよう要請した。プーチン氏と習近平氏は、BRICS首脳会議、APEC首脳会議などでも顔を合わせている。

ロシア外交は自国の安全の確保と経済的利益の追求を至上命題としている。

ロシアにとって主たる財源は、天然ガス、原油、兵器である。「クリミア併合」の結果、欧米から厳しい経済制裁を科せられたロシアは、2014年「シベリアの力」と命名した天然ガスパイプラインの建設工事に着工し、東シベリアから中国北東部に天然ガスを売り込む予定であった。だが、中国経済の減速や原油価格下落で中国の態度が変わって工事が遅延し、完成は遅れ2019年末以後となる。なお、ロシアは天然ガスパイプラインを建設し中国の西部にも売り込もうとしているが、中国側は話に乗ってこない。

　武器輸出について言及すると、ウクライナ危機後欧米の経済制裁に苦しむロシアは、従来の方針を転換し中国にスホイ35戦闘機や地対空ミサイルS400といった最新鋭兵器を輸出するようになった。ロシアは2015年にスホイ35戦闘機24機を中国に売却する契約を結んだ。2016年に4機が引き渡され、2018年内に残りの全機が引き渡される計画らしい。S400については、2015年4月、ロシアは6個大隊分を前払いで中国に供与する契約を結んだ。ロシアによる中国に対する最新鋭兵器の輸出に米国、日本、台湾などは懸念を強めている。

　米国や日本などと異なり、ロシアは中国の南シナ海進出に異議を唱えていない。米国の海洋覇権牽制に役立つと考えているからだ。ロシアは、ベトナムをはじめ、フィリピン、インドネシアなどに、バーター方式による決済を取り入れたりして戦闘機、潜水艦、軍用ヘリなどを輸出している。ただし、ロシアは経済負担増や中国から強く反発されるのを嫌って、東南アジアに軍事基地をつくらない方針をとっている。

　毎年のように実施されている中露合同軍事演習も、日米にとって無視しがたい。これまでに日本海、南シナ海、東シナ海、地中海などで合同軍事演習が実施された。2017年7月にはバルト海で、9月には北海道に近いオホーツク海で中露合同軍事演習をそれぞれ実施した。12月には中露はコンピュータを使って敵のミサイルを迎撃するため図上演習を実施し（モスクワ発時事）、中露連帯の顕示、米国および日米牽制などに努めている。

対日政策

　2016年12月のプーチン訪日後も、モスクワやウラジオストクなどで中国の強大

第4章　ロシア

化を背景に日露首脳会談が開催され、首脳外交が活発に推進されている。ロシアの狙いは、ロシア極東の開発を軌道に乗せるため、中国と競合させながら日本から極力経済協力を得ることである。

　ロシアは中国の強大化や北朝鮮の暴走を抑止するため、日米安保条約の維持を長年支持してきた。日米安保体制はアジア太平洋地域の平和と安定に寄与していると判断しているが、その一方で2018年1月のラブロフ外相発言から明白なように、ロシアは北朝鮮の脅威に対抗するためとして日本が米国製地上配備型迎撃ミサイル「イージス・アショア」の導入を決めたことに反発している。プーチン氏もラブロフ外相も日本の「イージス・アショア」が北朝鮮向きというのは口実で、実際はロシアを封じ込めるためのものであり、中距離核戦力（INF）全廃条約にも違反すると非難している。ロシアの対日批判は米露関係の冷え込みを反映して、近年かなり厳しくなってきている。

　日本にとって無視できないことは、ロシアが近年、北方領土問題と日米安保条約を密接に絡めてきている点である。日米安保は1960年以後存在しているにも関わらず、ロシア側は、2016年以後、米軍基地設置の可能性があるとして、北方領土返還のハードルを高くした。北方領土交渉は以前よりも複雑化している。

　北極海航路の出入り口にあり戦略的価値が高い北方領土において、ロシアは近年実効支配を強化している。ロシアは2016年11月、国後島と択捉島に新型移動式地対艦ミサイル「バスチオン」と「バル」を配備した。2018年2月、択捉島のヤースヌイ空港を軍民共用にする政令が発表された。続いてロシアは国後島とその周辺で大規模な軍事演習を実施した。

　ロシアのクリミア併合に抗議した結果、ロシアとNATOの防衛交流は中断状況にあるが、日本とロシアの間では、2017年3月日本側提案で日露外務・防衛閣僚級協議（日露2プラス2）が再開され、北朝鮮問題や北東アジア情勢や国際テロとの戦いなどを協議した。中国の反発に配慮して、中国問題は協議していない。

　2017年12月、ゲラシモフ・ロシア連邦軍参謀総長が自衛隊の河野統合幕僚長と会談した。G7の対露制裁中にも拘らず日本はゲラシモフ氏を7年ぶりに招いた。参謀総長は北朝鮮周辺で米軍が軍事訓練を行っていることに批判を加えたと報じられている。

－135－

北方領土における共同経済活動については、主権の問題が立ちふさがり、前進していない。日本は共同経済活動のため特別な法的枠組みを作ろうとしているが、ロシア側はあくまでも自国の法律のもとでの北方領土開発を主張しており、両国の立場は乖離している。北方領土へのビザなし渡航についても、2018年度は例年と異なりロシア側は年間計画に合意しようとせず、厳しい態度をとっている。

対北朝鮮政策

　ロシアの朝鮮半島政策は、朝鮮半島の平和と安定、武力紛争へ巻き込まれることの回避、南北朝鮮との友好的関係の維持、米軍の北上阻止、経済的利益の追求、大国としてのロシアの存在感の顕示などから構成される。

　ロシアは北朝鮮の核ミサイル開発を牽制するため厳しい経済制裁を加えたり、軍事力の行使を示唆したりするトランプ氏の姿勢に批判的で、北朝鮮の核・ミサイル問題はあくまでも平和的に解決すべきだと力説している。

　ロシアは日米韓が進めるMDシステムが北朝鮮に脅威を与えていると主張しつつも、同時に北朝鮮の核・ミサイル開発は国連安保理決議などに背理すると批判してきた。米国が北朝鮮の軍事的脅威を口実にしてMDシステムをアジア太平洋地域に構築し、核・ミサイルの均衡が崩れると見ているからである。

　ロシアは北朝鮮を友好国としてロシアにとって軍事的脅威と見ておらず、この点で日本や米国の対北朝鮮認識とは異なる。ただし、北朝鮮のミサイルがロシア極東に落下し事故が起きることや、武力紛争が発生し大量の難民が北朝鮮からロシア極東に押し寄せることに対しては危惧している。

　ところで、北朝鮮は2017年の7月には「火星14」の打ち上げに、11月には「火星15」の打ち上げに成功したと発表した。7月の打ち上げ当初、ロシア国防省は北朝鮮が打ち上げたのは長距離弾道弾ではなく、中距離弾頭弾であると論評していたが、2018年1月のタス通信によると、プーチン氏は北朝鮮が飛行距離約13,000キロメートルの大陸間弾道弾を持っていると発言している。

　プーチン氏は北朝鮮の金正恩朝鮮労働党委員長を「きわめて有能で、熟練した政治家」と評価したり、「彼は朝鮮半島の緊張緩和にも関心を持っている」と述べたりして、秋波を送ることで北朝鮮をロシア側に引きつけようとしている。

第4章　ロシア

　2018年3月開催の平昌冬季オリンピックにより朝鮮半島の緊張緩和ムードが広がる中、4月末に、南北首脳会談が開催され、「板門店宣言」が発表された。朝鮮半島の緊張緩和に資するものとしてロシアは歓迎している。「板門店宣言」では、休戦協定を平和協定に転換し、恒久的で強固な平和体制を構築するため米朝韓の3カ国もしくは米韓朝中の4カ国で協議するとなっているが、ロシアは朝鮮半島の非核化については従来通り6者協議の場で協議すべきだと主張している。そして、南北朝鮮の和解がロシアにとっても経済的利益をもたらすと考えている。

　プーチン氏は体制の安全が保証されない限り、北朝鮮は雑草の根を食べても核開発をやめないと発言をしたことがある。今後どのような駆け引きを米朝が行うのか、注視したい。

（斎藤元秀／元杏林大学教授）

軍事

人員充足

　従来、ロシア連邦軍の定数は100万人ちょうどであったが、2017年3月にプーチン氏が発出した大統領令第127号により、101万3,628人へと増加した。公式の理由は明らかにされていない。これに伴い、文民職員や軍属まで加えたロシア国防省全体の定数は190万2,758人となった。

　ただし、以上は定数であり、実数は明らかにされていない。毎年12月に1年間の総括として開催される国防省拡大幹部会議では、人員充足率が公表されるのが通例であり、これによって実際の兵力をある程度推し量ることが可能であったが、2017年にはこれが公表されなかった。契約軍人（徴兵とは異なり、志願制で勤務する兵士および下士官）については言及があったが、38万4,000人と前年度と同じ水準に留まったほか、徴兵は27万6,000人と例年を大きく下回るなど（将校数は不明）、定数の増加に反して実兵力はやや減少傾向を辿っている可能性がある。特に契約軍人はロシア軍のプロフェッショナル化を推進するための柱とされ、2018年までに42万6,000人を目標として毎年数万人ずつ増加していたが、

－137－

国防省拡大幹部会議の報告を信じるならばこの目標は達成できなかったことになる。プーチン氏は2017年10月、予算不足によって契約軍人の増加が計画通りに進んでいないと発言していることから、国防予算の抑制（後述）の影響を受けた可能性が高い。

装備近代化

　ロシア軍は2011年以降、「2020年までの国家装備プグラム（GPV‐2020）」に基づいて装備近代化を進めてきた。これはソ連崩壊後の装備更新の停滞を取り戻すために10年間で19兆ルーブルを投じるという大規模な計画であり、長距離弾道ミサイル（ICBMおよびSLBM合計）400発、弾道ミサイル搭載原潜（SSBN）8隻、多目的潜水艦約20隻、水上艦50隻以上、軍事衛星約100機、近代的な航空機（第5世代戦闘機含む）600機以上、ヘリコプター1,000機以上、近代的な戦車2,300両以上などを調達することを目標としていた。

　一方、前述した2017年度国防省拡大幹部会議の報告によると、2013年から2017年までの5年間に調達された装備品はICBM80発、SLBM102発、SSBN3隻、軍事衛星55機、戦車および装甲車両3,237両、航空機およびヘリコプター1,000機以上、艦船150隻、潜水艦6隻等であった。2017年に限って言えば、調達実績は以下の通りとされている。

● 戦略ロケット部隊の3個ロケット連隊がヤルス移動式ICBMへの装備更新を完了した。
● 戦略核航空部隊は3機の近代化改修型航空機を受領した。
● 陸軍では1個軍司令部および18個連合部隊が新編された。また、新型および近代化改修型装備2,055点を受領し、これによって3個連合部隊および11個部隊が装備更新を完了した。
● 航空宇宙軍においては航空輸送師団および特別任務航空輸送師団が新編された。現代的な航空機およびヘリコプター191機、防空およびミサイル防衛用兵器143点を受領したほか、統一宇宙システム（筆者注：弾道ミサイルの警戒、追尾を目的とする新型衛星システム）が12月から試験戦闘配備に就いた。

第4章　ロシア

● 海軍には艦艇および戦闘カッター計10隻、支援船舶13隻、地対艦ミサイル「バール」および「バスチョン」計4個大隊が配備された。海軍航空隊は現代的な航空機およびヘリコプター14機を受領した。北方艦隊には第14兵団司令部が新編された。
● 空挺部隊においては独立空中突撃大隊および修理改修大隊が新編された。装甲戦闘車両および自走砲計184両が配備された。
● ロシア軍全体で無人航空機199機を装備する59個コンプレクスが配備された。
● 戦術レベル統一指揮システム（ESU TZ）の配備が進み、訓練における戦闘活動の準備時間が20-30％、戦闘指揮に関する時間が3.5分の1に削減された。

　以上により、ロシア軍の装備近代化率は戦略核部隊で82％、陸軍で46％、航空宇宙軍で74％、海軍で55％となった。ロシア軍全体では61％とされている。

軍事支出

　2016年のロシア連邦予算法においては、国防予算（ここでは予算項目02「国防」に含まれるものを指し、その他の軍事関連支出は含まない）は3兆8,889億ルーブル、対GDP比は4.7％という史上空前の規模に達したが、2017年度以降は一転して抑制傾向となっている。

　2017年度連邦法における国防予算は2兆8,720億ルーブルと対前年度比で1兆ルーブル以上も削減され、2018年度から2020年度にかけてもほぼ同水準が維持される見通しである（表-1）。対GDP比も低下傾向にあり、2020年には2.5％と、2008年のグルジア戦争以前の水準となることが見込まれている。

－139－

表 - 1 2016 - 2020年におけるロシアの国防費とその内訳（単位：ルーブル）

	2016年	2017年	2018年	2019年	2020年
総額	3兆8,890億	2兆8,723億	2兆7,720億	2兆7,985億	2兆8,080億
ロシア連邦軍	2兆8,847億	2兆1,286億	2兆1,384億	2兆1,469億	2兆2,304億
動員準備、軍以外での訓練	69億	70億	71億	72億	73億
経済の動員準備	36億	34億	32億	32億	32億
核兵器コンプレクス	456億	444億	451億	463億	450億
軍事技術協力の分野における国際的義務の履行	94億	99億	97億	100億	101億
国防分野における応用科学研究	4,326億	3,641億	2,849億	2,700億	2,865億
国防分野におけるその他の諸問題	5,062億	3,148億	2,834億	3,150億	2,255億

（出典）2018年度国防予算

　このような国防費の抑制は、2014年以降に顕著となったロシア経済の減速を反映したものと見られる。特に財務省は社会保障費に次ぐ第2位の支出項目である国防費の削減を度々要求してきたことから、財政再建が優先されたものと考えられよう。表 - 1を見るとロシア軍の本体予算と科学研究予算が大きく削られていることが分かるが、人件費を極端に削減することが難しいことを考えると、主に装備品の調達および研究開発に関する予算が削減対象になっていると思われる。

　これに関連して、GPV - 2020を発展解消する形で2018年に開始された新装備更新計画「2027年までの国家装備プログラム（GPV - 2027）」では、国防省と財務省の間で激しい駆け引きが展開された。当初、国防省は約30兆ルーブルを要求したものの、財務省は、12兆ルーブル以上は支出できないとの姿勢を崩さず、最終的には19兆ルーブルに落ち着いた。これは前計画であるGPV - 2020と同水準であるが、インフレ率を考慮すると実質的な購買力は低下している可能性が高い。また、GPV - 2027では海軍への割り当てが削減され、陸軍や空挺部隊などの

第4章　ロシア

地上戦力に対する割り当てが増加すると伝えられる。したがって、GPV-2020で計画されていた新型空母や原子力駆逐艦などの外洋海軍整備計画は先送りとなり、地上戦力の近代化が優先されることになろう。

軍事活動

　2015年9月以降、ロシアはシリアにおける軍事作戦を実施している。2017年度の国防省拡大幹部会議における報告によると、シリア介入開始以来の実績は次のとおりであった。

● ロシア軍の軍人4万8,000人がシリアで貴重な実戦経験を積み、このうち1万8,000人が叙勲された。
● 作戦・戦術航空部隊の飛行要員のうち80％、陸軍航空隊の飛行要員のうち90％が100-120ソーティの飛行を実施している。
● 長距離航空軍の飛行要員は武装勢力の重要施設に対する攻撃の経験を積んだ。
● 空母「アドミラル・クズネツォフ」が初めて実戦投入され、480ソーティの空爆を行った。
● 特に重要な目標に対しては長距離精密攻撃ミサイルであるカリブルおよびKh-101、イスカンデル、トーチカ-UおよびKh-55が使用された。
● 水上艦艇および潜水艦からは100回、戦略航空機からは66回の攻撃が実施された。攻撃距離は500キロメートルから1,500キロメートルであった。
● 武装勢力指導部および戦線後方の目標に対する攻撃は特殊作戦軍が実施した。また、最新の観測および目標指示システムを使用して空爆および砲兵火力の調整も行った。
● S-400、S-300V、パンツィリ-Sの各防空システムは戦闘機部隊とともにシリア上空における我が空軍の優勢を確保した。
● タルトゥスおよびフメイミムの保安ゾーンにおいては一件たりとも侵入を許さなかった。
● パンツィリ-Sは無人機16機と多連装ロケット弾53発を撃墜した。

● 武装勢力の装甲車両およびピックアップ8,000両、武器弾薬工場718カ所を破壊した。

● 6万318人の武装勢力を殺害した。このうち819人は指導者クラスであり、2,840人はロシア連邦の出身者であった。

● ロシア空軍の活動により、武装勢力に1日300万ドル以上の収入をもたらしていた原油の密売ルートを遮断した。非合法石油採掘施設396カ所も破壊した。

● ロシア空軍の支援により、シリア政府軍はアレッポ、パルミラ、アケルバト、デリゾール、メヤディン、アブ・ケヤルを含む居住地域1,024カ所を解放し、難民130万人が帰還することができた。

　一方、ウクライナのドンバス地方においてロシアが実施している非公然の軍事介入については当然のことながら言及がない。ドンバス地方には2個旅団の地上部隊を基幹とするロシア軍が展開し、ウクライナ政府部隊との戦闘が続いているものの、そのどこまでにロシア軍が関与し、どこからが親露派武装勢力によるものであるのかが判然としない以上、全容の把握は困難である。

　2017年度国防省拡大幹部会議報告は戦闘活動を伴わない国際的な軍事プレゼンスについても言及しており、これによると2013年から2017年の5年間で戦略爆撃機による哨戒飛行は178回、海軍の艦艇による遠洋航海は672回実施された。

　訓練活動については、2017年にはロシア軍全体で約1万5,000回の各種訓練が実施され、これは2016年に比べて約20%の増加であった。なかでも大規模なものは2017年9月にベラルーシと合同で実施された西部軍管区大演習「ザーパド2017」であり、人員1万2,700人、装備品680点、航空機およびヘリコプター約70機、艦艇10隻が投入された。ただし、NATO側は実際の演習規模を数万人から10万人と見ており、兵力1万3,000人以上の演習について事前通告とオブザーバー招聘の義務を定めた欧州安保協力機構（OSCE）の信頼醸成措置協定（2011年版ウィーン文書）に違反するものであるとして非難している。

　また、軍種間訓練の頻度は16%、対抗訓練の回数は2倍増加したとしているが、これについては比較すべき2016年の数字が明らかでないために、具体的な回数は不明である。この中には計6回の大規模抜き打ち演習が含まれており、す

-142-

第4章 ロシア

べての軍管区、軍種、兵科が参加したほか、連邦政府機関や地方自治体からも参加があった。外国との間で実施された国際合同演習については、中露合同演習「海上連携」、印露合同演習「インドラ」、集団安全保障条約機構（CSTO）合同演習「戦いの絆」など35回が実施された。

（小泉悠／未来工学研究所政策調査分析政センター研究員）

コラム ソ連流「プロパガンダ」と米国流「広報」の庶子

　ソ連末期のゴルバチョフの自由化以来、ロシアは表向き米国流スタイルの「広報（public relations）」を重視する。広報というのは、対米関係なら米国のシリア攻撃、対日関係なら北方領土問題などについて、「事実（facts）」をマスコミに提供し、ロシア政府の立場をわかりやすく宣伝することを意味する。その「事実」は嘘であってはならず（都合の悪いことには言及しないが）、一見オープンで透明な風を装うことで、信頼度を高めようとする。

　しかしロシア政府の広報には、ソ連時代のプロパガンダ体質が染みついている。これは真実をできるだけ隠し、捏造した事実を流布することで自国の立場を有利にしようというものである。ロシアの広報担当者には、いかにもリベラルな風を装って西側記者の好感を誘いつつ、実はしゃあしゃあとお仕着せのプロパガンダをしゃべる者が多い。

　このような露骨なやり方は、ソ連、ロシアのマスコミの力が弱く、到底「第4の権力」と言えるようなものになっていないことで可能になっている。主要ニュースは国営テレビ局が独占し、上部からの指示に従っているし、新聞・雑誌は財政基盤がぜい弱で、政府から得る助成金その他の優遇措置に頼るものが多いからだ。

　そして、ロシアのマスコミの記者達の矜持にも問題がある。特に若手は、要人が何か発言しても、彼の口にレコーダーをつきつけて録音するだけ。それを社に持ち帰って「録音を起こさせる」と、インターネットから何か決まり文句を見つけてコピペ、要人発言の記録と合わせて記事にする。

　実地にどういうことが起こるかと言うと、2014年7月ウクライナ上空でマレーシア航空旅客機が撃墜された時。西側メディアは、ロシア系勢力の仕業だとしたが、ロシアは官民とも「それはウクライナがやったことだ」と一つ覚えで繰り返すうちに、事件は迷宮入りしてしまう。

　この「ウソは大きければ大きい程、人は信ずる」というやり方は、現代の米国にも広がっているのだ。トランプ大統領の就任式にはこれまでにない程の群衆が集まった、と報道官が発言して皆の失笑を買った。ポピュリズムが強くなると、「事実」よりプロパガンダが幅を利かす。ロシアの例は他山の石。悪癖に染まらないよう、日本も、西側諸国も気を付けよう。

河東哲夫
（Japan and World Trends 代表）

第5章　朝鮮半島

概　観

　2017年5月10日、文在寅大統領は就任宣誓式で、権威主義的な大統領権限の分散、雇用創出、平等で公正な社会実現等を表明した。また、朝鮮半島の平和のため、ワシントン、北京、東京に行き、条件が整えば平壌に行くと表明したほか、自主国防力および米韓同盟の強化、米中との交渉によるTHAAD問題の解決に言及した。

　文政権は、北朝鮮の脅威を理由に米国が求めていたTHAAD追加配備を進める一方、反発する中国に対しては、①韓国は米国のミサイル防衛に参加しない、②THAADを追加配備しない、③日米韓の安保協力は軍事同盟に発展しない、との三つの立場を表明することによって、関係回復で合意した。しかし、完全に回復したとは言い難い。

　日本とは、慰安婦問題等をめぐって対立が見られたが、シャトル外交の再開、日朝対話の実現に向けた協力等、連携が見られた。

　韓国軍は、北朝鮮の核・ミサイルに対し、「韓国型3軸体系」すなわち「キル・チェーン」「韓国型ミサイル防衛」「大量膺懲報復」の三つで対抗する方針であり、その手段である各種ミサイルおよび特殊部隊の増強で進展が見られた。

　米韓連合軍は、米国が空母3隻を日本海に派遣し、韓国海軍と訓練するなど、北朝鮮への対抗能力を誇示する活動が見られたが、2018年2月の平昌オリンピック期間中は軍事演習を実施せず、期間を短縮するなど、南北対話への配慮が見られた。

　一方の北朝鮮は、2017年から18年にかけて「ゲームチェンジ」を図った。2017年は弾道ミサイル発射を繰り返し、軍事的緊張を高める瀬戸際政策で米国に譲歩を迫ろうとしたが、軍事オプションを辞さないとするトランプ米大統領の態度を変えるには至らず、米本土に到達しうるICBM完成の一歩手前で「国家核戦力完成の歴史的大業を実現した」と宣言し、幕引きを図った。そして、2018年に入ると、一転して「対話攻勢」に乗り出し、韓国との間で第3回南北首脳会談の開催に応じたのである。さらに韓国を通じ、「朝鮮半島非核化」をカードに米国に首脳会談を打診したところ、トランプ氏が即座にこれを受諾、史上初の米朝首脳会談が開催される運びとなった。

　北朝鮮が「対話攻勢」に転じたことで、金正恩朝鮮労働党委員長の訪中が実現し、冷却化していた中朝関係は改善に向かった。また、拉致問題をめぐって膠着している日朝関係についても、金正恩氏が日本との対話の意思を示したことが伝えられるなど、転機の兆しが窺われた。

　核戦力の完成を宣言したことにより、金正恩政権は、経済と核の「並進路線」を締めくくり、経済建設に総力を挙げることを新たな戦略的路線として提示し、かつて顕著な成果を見たことのない経済建設に正面から取り組むこととなった。本格的な経済発展には韓国、中国、さらには日本からの支援や協力が不可欠であるだけに、支援や協力を取り付けるため、北朝鮮が非核化に真摯に取り組むのか否かが、改めて注目される。

韓国（大韓民国）
内政

　2017年5月10日、文在寅大統領は就任宣誓式で、権威主義的な大統領文化の排除と権限の分散、国民との対話、雇用創出、政経癒着の根絶、平等で公正な社会実現を表明した。また、朝鮮半島の平和のため、必要であれば、ワシントン、北京、東京に行き、条件が整えば平壌に行くと表明したほか、自主国防力および米韓同盟の強化、米中との交渉による終末段階高高度地域防衛（THAAD）問題の解決に言及した。

　選挙期間中、何よりもまず雇用問題に取り組むとしていた文在寅氏は6月12日、国会での施政方針演説において、雇用問題に多くを割き、失業が深刻な若者の雇用を最優先するとして、消防士、警察官、軍下士官・事務官、福祉関係の公務員等を増員する方針を打ち出した。また、文在寅氏は、11月1日の国会での施政演説で、引き続き、若者の雇用拡大に言及したほか、医療費負担軽減、児童手当導入、年金額の引き上げ、ベンチャー産業支援を進める意向を示し、2018年1月10日の新年の辞では非正規職の正規職化、賃金格差解消、労働時間の短縮に取り組むとした。

　他方、2017年3月31日の朴槿恵前大統領の逮捕に続き、李明博元大統領の側近や本人に対する捜査が徐々に本格化していった。李明博氏は2018年1月17日、「捜査は盧武鉉元大統領の死に対する政治報復」であると反発した。盧武鉉氏は、李政権時代の2009年に、不正資金疑惑に対する捜査により追いつめられる中、自殺した。文在寅氏の盟友であった。

　韓国検察は2018年3月23日、李明博氏を逮捕した。情報機関である国家情報院から領収書不要の特別活動費を上納させたり、李明博氏が実質的に所有していたとされる自動車部品会社の米国での訴訟費用をサムスン電子に負担させ、見返りにサムスン電子会長に恩赦を与えたりしたとされる。

　李明博氏逮捕の前日、韓国大統領府は、憲法改正案を発表した。憲法改正案は、大統領による恩赦の権限を審査制にすることを明記したほか、大統領の憲

-146-

第5章　朝鮮半島

法裁判所長任命権の削除、監査院の大統領からの独立等、大統領の権限を制限する内容となった。また、大統領制を現在の任期5年から、任期4年（再選1回可能）に変更した。現職の文在寅氏には適用されず、次期大統領から適用される。韓国大統領府は、改正に必要な国会議員の3分の2以上の賛成を得た後、6月13日の統一地方選挙と同時に、国民投票を実施する予定であった。しかし、野党が改憲案の評決に応じず、2018年5月24日、不成立となった。

外　交

米韓関係

　文在寅氏は2017年5月10日、就任後初の外国首脳との電話会談をトランプ大統領との間で行い、米韓同盟が「韓国の外交・安全保障政策の根幹」であり、「いつにもまして重要」になっており、「今後もそうあり続ける」と述べ、米韓同盟を重視していることを強調した。また、トランプ氏が北朝鮮問題の解決に高い優先順位を置いていることを高く評価し、早期の訪米を希望すると伝えた。

　文在寅氏は6月29日から30日、ホワイトハウスに招待され、首脳会談を開催した。両首脳は、韓国を防衛するという米韓同盟の任務を改めて確認し、トランプ氏は、核兵器を含む全軍事力による拡大抑止を提供するという米国の公約を確認した。また、朝鮮戦争以来、米軍が保有している韓国軍の戦時作戦統制権の韓国への移管が早期に実現するよう、北朝鮮の核・ミサイル等の脅威に対する韓国軍の能力を高めていくために協力していくことで合意した。北朝鮮の核問題については、北朝鮮の「完全、検証可能かつ不可逆的な非核化（CVID）」を平和的な方法で達成するため、引き続き協力していくことで合意した。韓国大統領府は、南北対話の再開と核問題の平和的な解決という文政権の北朝鮮政策をトランプ氏が支持したと強調した。文政権は、米国との関係強化によって、同盟と韓国軍独自の能力を強化しつつ、核問題の平和的解決へトランプ氏を誘導することにより、安定を確保しようとしているといえる。

　文政権は米国が求めていたTHAADの配備に関し、2017年4月26日に配備された2基に加え、9月7日に4基を追加配備した。中国や韓国内からの反発がある

−147−

一方、北朝鮮によるミサイル発射や核実験によって脅威が高まっているとして配備を進め、同盟国である米国との関係を優先した。

　文在寅氏は北朝鮮が6回目の核実験を敢行した翌2017年9月4日、トランプ氏との電話会談で、米韓「ミサイル指針」で定められていた韓国軍の弾道ミサイル重量制限を解除することを求め、合意に至った。これにより、韓国軍は、射程距離800キロメートル以内であれば、弾道ミサイルにいかなる重量の弾頭も搭載できるようになり、独自の能力強化に道を開いた。また、「戦時作戦統制権があってこそ、北朝鮮が韓国軍を恐れるようになる」（29日、国軍の日演説）との考えのもと、戦時作戦統制権の韓国軍への移管にも積極的である。

　2017年11月7日、トランプ氏は韓国を訪問した。両首脳は、米韓同盟が「包括的同盟」を越えて「偉大な同盟」であることを確認し、北朝鮮の脅威に対抗するため、米軍の戦略アセット（原子力空母、原子力潜水艦、戦略爆撃機等）の韓国およびその周辺への展開を拡大、強化することで合意した。

　一方で、文在寅氏は、南北対話の再開と核問題の平和的な解決のため、2018年1月4日のトランプ氏との電話会談で、北朝鮮が強く反発する米韓連合演習を平昌オリンピック期間中は実施しないことで合意した。そして、北朝鮮から核・ミサイル実験の中止を取り付けて、米朝首脳会談を仲介するなど、積極的な外交努力をみせた。

　経済面においては、対立がみられた。2017年6月の首脳会談でトランプ氏は、特に自動車および鉄鋼分野での貿易の不均衡について問題を提起し、一定の措置と新たな交渉の必要性を提起した。8月7日の電話会談でトランプ氏は、米国が韓国のために莫大な国防予算を投入しているにもかかわらず、莫大な貿易赤字を計上しているとし、自由貿易協定（FTA）の改定の必要性を訴えた。11月の訪韓時には、米韓FTA改定に関する早期の交渉開始で合意し、韓国側が米国の兵器等10億ドルを購入することが発表された。

　両国は2018年1月、FTA改定交渉を開始し、3月27日、妥結に至った。妥結に至るまでの間、トランプ氏は、米国が韓国で貿易、軍事両面において損害を被っているとしつつ、在韓米軍がどうなるか見てみようと発言（3月14日）し、交渉がうまくいかない場合の在韓米軍の撤退を示唆して圧力をかけた。

第5章　朝鮮半島

中韓関係

　中韓関係は、2013年6月27日の朴大統領（当時）の訪中以来、蜜月関係にあるといわれた。しかし、北朝鮮による第4回核実験が実施された2016年1月6日を境に、徐々に関係悪化の一途をたどっていた。中国の消極的な対応に失望した韓国が2月7日に、THAAD配備について米国と協議を開始すると発表し、その後、実際に配備を進め、中国が報復措置を取ったためである。

　文在寅氏は、2017年5月10日の就任宣誓式で、対立の原因となっていたTHAAD問題解決のために中国と真摯に交渉すると言及した。翌日の習近平国家主席との電話会談で両首脳は、関係の発展と北朝鮮問題について意見を交換したほか、THAAD問題について、「中国の関心と憂慮」に理解を示しつつ、協議を進める意向を伝えた。

　両首脳は7月6日、G20が開催されたドイツで初会談を行い、両国関係の発展と北朝鮮問題における協力で合意したほか、「異見がある部分」についても話し合っていくことで合意した。

　10月30日、康京和外相は国会において、11月にベトナムで開催予定のAPEC首脳会談を機に中韓首脳会談が開催されるよう推進していると述べつつ、①韓国は米国のミサイル防衛（MD）に参加しない、②THAADを追加配備しない、③日米韓の安保協力は軍事同盟に発展しないと言及した。同発言は、親中派とされる、北京での「一帯一路」サミットに政府代表団団長として参加して5月14日に習近平氏と会談した議員の質問に答えたものであり、事前調整があったのではないかとの声が出た。中国外交部は即日、韓国側の三つの立場を重視すると反応した。翌31日、両国は、最近行った協議の結果として、全分野の交流、協力を早期に回復させていくことで合意したと同時発表したほか、APECでの中韓首脳会談の開催も発表した。

　両首脳は、2017年11月11日のAPECでの首脳会談に続き、12月14日に文在寅氏が中国を訪問して習近平氏と会談し、①朝鮮半島での戦争を許さず、②朝鮮半島の非核化を堅持し、③対話と交渉によって問題を解決し、④南北関係の改善を支持する4原則に合意したことをはじめ、北朝鮮問題や経済分野等において協力していくことで一致した。

－149－

中国では12月13日に「南京大虐殺80周年」の追悼行事が行われ、文在寅氏が哀悼の意を示したことに習近平氏が感謝の意を表明した。また、習近平氏が「一帯一路」の拠点として重視する重慶市を訪れて「一帯一路」への協力姿勢を示したほか、重慶での韓国の独立運動の拠点「大韓民国臨時政府」の庁舎跡や「光復軍」の司令部の復元を話し合った。韓国では、首脳会談後、共同記者会見や共同声明もなく、国賓として訪問した文在寅氏に対する空港への出迎え者の格の低さや会食の少なさ、韓国メディアの取材陣に対する中国側警備員による暴行に批判の声が出た。

　また、これまでの首脳会談や電話会談等で要請していた習近平氏の平昌オリンピック訪問は実現しなかった。さらに、文在寅氏が再三求めているTHAAD配備に対する事実上の報復措置についても、完全に解除されておらず、文在寅氏は2018年3月30日、韓国を訪問した楊潔篪国務委員に中国人団体による韓国への観光の正常化、中国に進出している韓国企業の円滑な活動の再開を求めた。

　防衛交流に関しては、中韓国防部は2011年以降、両国の関係を国防分野戦略的協力パートナーシップ関係に格上げし、2015年12月には国防相間のホットラインも開設していた。しかし、2016年以降、THAAD問題をめぐって意見が対立し、ホットラインや防衛交流は中断した状態である。中国は2016年に予定された韓国国防長官の訪中に応じず、2011年から毎年開かれていた次官級国防戦略対話にも応じていなかった。

　2017年10月24日、フィリピンで開催されていた拡大ASEAN国防相会議（ADMMプラス）を機に、中韓国防相会談が約2年ぶりに開かれたが、意思疎通を強化することで合意するに留まった。

日韓関係

　文在寅氏は就任の翌2017年5月11日、安倍首相と電話会談を行った。韓国大統領府の発表によると、安倍氏は、2015年12月28日の日韓合意を「未来志向的な日韓関係の構築のための基盤として着実に履行していくことを期待する」と述べた。日韓は2015年、慰安婦問題の解決および市民団体が日本大使館前に設置した少女像について韓国政府が解決に向けて努力することなどで合意していた。

第5章　朝鮮半島

　これに対し、文在寅氏は「韓国国民の大多数が情緒的にその合意を受け入れられずにいるのが現実」であり、「民間の領域において起きる問題について政府が解決に立ち上がるのは限界があるため、時間が必要である」と述べた。

　韓国ギャラップの2017年2月の世論調査によると、70％が慰安婦問題について日本政府と再交渉すべきと答えており、韓国では、慰安婦への直接の謝罪、補償を求め、政府は日本と再交渉すべきという国民の強い要求がある。大統領の発言はこうした世論を反映したものとみられる。

　ただ、文在寅氏は、再交渉に言及することはなく、「歴史問題が両国関係の未来志向的発展の足を引っ張ってはならない」「歴史問題を両国が賢く克服できるようともに努力」しつつ、「北朝鮮の核・ミサイルに対する対応と日韓の未来志向的発展のためには、それと別で努力を並行していく必要がある」と述べ、日韓の安保協力と関係発展については、歴史問題と切り離す意向を明らかにした。

　以降、日韓両首脳は、首脳会談（2017年7月7日ドイツのハンブルク、9月7日ロシアのウラジオストク、18年2月9日韓国の平昌）、米国を交えた日米韓首脳会談（7月6日ドイツのハンブルク、9月21日米国のニューヨーク）のほか、北朝鮮の核実験・ミサイル発射の度に電話会談を行い、北朝鮮への圧力強化および安保協力における連携強化を図った。

　北朝鮮への対応以外では、両首脳は2017年7月7日、互いに相手国を頻繁に訪問する「シャトル外交」を再開させることで合意した。安倍氏はすでに訪韓しているが、韓国大統領の訪日は2011年12月に李明博大統領（当時）が京都を訪問して以来、途絶えており、朴槿恵元大統領は一度も訪日しなかった。2011年8月30日に韓国の憲法裁判所が慰安婦らの賠償請求をめぐって韓国政府が努力しないことは違憲であると判断したことにより、日本に対して解決を強く迫らざるをえなくなったことや、2012年8月の李明博大統領（当時）の竹島訪問等により、関係が悪化したことが背景にある。

　韓国外交部は2017年7月31日、慰安婦問題をめぐる2015年の日韓合意の検証のための作業部会を設置し、「被害者との意思疎通が相当に不足していた」とする検証結果を12月27日に発表した。2018年1月9日、康外相は、検証結果を受けた韓国政府の基本的な対応方針として、①慰安婦の名誉、尊厳の回復および心

－151－

の傷の癒しに全力を尽くすこと、②その過程で被害者中心の措置を取り、日本政府が拠出した基金10億円は韓国政府が充当し、同基金の今後の処理方法は日本側と協議すること、③2015年の日韓合意は真の問題解決にならないこと、④公式合意であったことを鑑み、再交渉は要求しないが、日本が真実を認め、被害者の名誉、尊厳の回復および心の傷の癒しのための努力を継続し、真の謝罪をすることを希望すること、⑤歴史問題を賢く解決する努力と日韓の未来志向的協力のため努力することを発表した。

これに対し、河野外相は同日、「まったく受け入れることができない」と反発した。安倍氏は2018年2月9日の平昌オリンピック開幕式の出席を取り消さなかったものの、平昌での首脳会談で、「日韓合意は国と国との約束」であり、「韓国側も、日韓合意で『最終的かつ不可逆的』な解決を確認した以上、合意の約束をすべて実行してほしい」と述べた。

また、安倍氏は南北対話を評価しつつも、「微笑外交に目を奪われてはならない」「最大限の圧力をかけるべき」「米韓軍事演習を延期する段階ではない」と述べた。これに対して、文在寅氏は「主権の問題であり、内政に関する問題である」と反論した。

以上のように、日韓は平昌オリンピックを機に、対話を進めたい韓国と圧力を継続したい日本で、意見の違いが見られた。しかし、文在寅氏は、2018年4月27日の南北首脳会談で安倍氏の求めに応じて拉致問題についての日本側の考えを金正恩氏に伝え、29日の安倍氏との電話会談で日朝対話の実現に協力すると伝えるなど、連携が見られるようになった。

文在寅氏は2018年5月9日、東京で開催された日中韓首脳会談を機に、就任後初めて日本を訪問した。韓国大統領の訪日は約6年半ぶりであった。

軍事・安全保障

韓国軍

韓国軍は、北朝鮮の核・ミサイルに対し、「韓国型3軸体系」すなわち「キル・チェーン」、「韓国型ミサイル防衛（KAMD）」、「大量膺懲報復（KMPR）」の

第5章　朝鮮半島

三つで対抗することを明らかにしている。

　第1の軸である「キル・チェーン」は、北朝鮮のミサイル攻撃の兆候が明らかな場合、30分以内にミサイルの移動式発射台や関連施設を先制攻撃して破壊するというものである。

　「キル・チェーン」を構築するため、韓国軍は、①弾道ミサイル「玄武（ヒョンム）2A」（射程300km）、「玄武2B」（同500km）、「玄武2C」（同800キロメートル）、②地対地巡航ミサイル「玄武3A」（同500km）、「玄武3B」（同1,000km）、「玄武3C」（同1,500km）、③艦対地巡航ミサイル「海星（ヘソン）2」（同1,000km）、④潜対地巡航ミサイル「海星3」（同1,000km）のほか、⑤戦闘機から発射されるSLAM‐ER、バンカーバスター、長距離空対地巡航ミサイル「タウルス」（同500キロメートル）等の増強を進めている。

　第2の軸であるKAMDは、「キル・チェーン」で破壊できずに北朝鮮から発射されたミサイルを弾道弾早期警戒レーダーや軍事衛星等で探知し、迎撃するものである。

　20‐25kmの低高度ではパトリオットミサイル（PAC‐3）および中距離地対空ミサイル（M‐SAM）「天弓（チョンクン）」（2018年実戦配備予定）が、40‐60kmの中高度では長距離地対空ミサイル（L‐SAM、2023年実戦配備予定）が、100km以上の高高度では米軍のTHAADミサイルが迎撃する。ミサイル探知のため、韓国軍は新たに軍専用の偵察衛星を2023年までに5機投入する予定である。また、北朝鮮のSLBMの脅威に対応するため、弾道弾早期警報レーダーを追加で投入する。

　第3の軸であるKMPRは、北朝鮮が核兵器で攻撃を加えた場合、北朝鮮の指導部を狙って、報復するというものである。KMPRには、「キル・チェーン」と同じく、地上、海上（海中）、空中から発射される各種ミサイル等による報復のほか、特殊部隊の投入が想定されている。

　ミサイル等による報復能力と関連して、韓国軍はミサイル発射や核実験の度に、ミサイルを発射するなどして報復能力を誇示した。2017年7月4日の北朝鮮の弾道ミサイル発射の際は、約21時間後の翌日7時、韓国軍が玄武2を、米軍が戦術弾道ミサイルATACMSを発射した。続く7月28日の北朝鮮の弾道ミサイ

－153－

ル発射の際も、約6時間後の翌29日午前5時45分に韓国軍が玄武2を、米軍が
ATACMSを発射した。韓国国防部は北朝鮮が中距離弾道ミサイルを発射した
8月29日、約3時間後にF‐15Kによる爆撃訓練を行った。9月3日の第6回核実験
後は、翌日に陸空合同のミサイル発射訓練を、9月16日には北朝鮮のミサイル発
射6分後に玄武2を発射した。11月29日の北朝鮮のミサイル発射の際は、6分後に
イージス艦から海星2を発射したのに続き、玄武2、KF‐16による空対地ミサイル
（SPICE‐2000）が発射された。

　また、北朝鮮に対する報復攻撃と関連して、ミサイルの新たな開発状況が明ら
かになった。韓国国防部は2017年7月28日、「新型弾道ミサイル」の試験発射映
像を公開した。射程等は明らかにされなかったが、国防部によると、同ミサイル
は、精密性と威力が向上し、1台の発射台から数秒以内に4発発射することがで
き、短時間で北朝鮮の核・ミサイル基地および長距離砲の坑道陣地を破壊する
ことができる。

　また、8月24日に実施された「弾頭威力が増大した新型の500キロメートル弾
道ミサイル（玄武2Bまたはその改良型と推定）と800キロメートル弾道ミサイル
（玄武2Cと推定）」の試験発射映像を29日に公開した。

　さらに韓国軍は、米韓「ミサイル指針」で定められていた弾道ミサイル重量制
限の解除を受け、「玄武4」の開発を決めた。北朝鮮指導部の司令部を破壊する
ため、バンカーバスターよりも地下貫通力が高い、弾頭重量2トン以上のミサイル
を開発する計画とされる。

　2017年12月1日、「特殊任務旅団」が創設された。同旅団は、有事の際に北朝
鮮指導部を「除去」し、戦争指揮施設を麻痺させる任務を負うとされる。

　2018年度国防予算は、北朝鮮の核・ミサイルの脅威の高まりを反映し、前年比
7%増の 43兆1,581億ウォン（GDP比2.38%）となった。

韓国の国防費

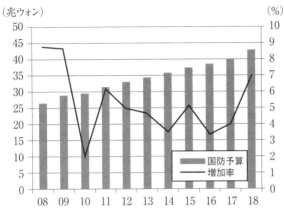

韓国『国防白書2016年版』および国防部報道資料を基に筆者作成。

在韓米軍、米韓連合軍

　米韓連合軍は2017年8月21日から31日、毎年定例の軍事演習「ウルチ・フリーダム・ガーディアン」を実施した。韓国軍5万人、米軍1万7,500人が参加した。

　また、米戦略アセットの韓国およびその周辺への展開を拡大、強化させることで合意したことを受け、米国は11月11から14日、原子力空母3隻を日本海に派遣し、11月12日に韓国海軍と訓練を実施した。また、12月4から8日の間、F‐22およびF‐35ステルス戦闘機24機やB‐1爆撃機(数不明)を含む約230機の航空機が合同訓練を実施した。

　一方、毎年3月から4月に行われる指揮所演習「キー・リゾルブ」および野外機動演習「フォール・イーグル」は、平昌オリンピック期間中は実施せず、南北対話に配慮する形で行われた。2018年4月1日開始の「フォール・イーグル」は南北首脳会談の前日26日に事実上終了した。4月23日開始の「キー・リゾルブ」は南北首脳会談当日に一時中断する形で、5月3日まで実施された。両演習には米軍1万1,500人、韓国軍30万人が参加した。F‐35Bの初参加、韓国在住の米国人非戦闘員の米本土への避難訓練実施が特徴であるが、北朝鮮への配慮から、例年より期間が短縮され、演習はほとんど公開されなかった。

　他方、南北首脳会談で平和協定の締結や軍縮が話し合われたことなどから、

在韓米軍の撤退または縮小についても議論が浮上するようになった。文在寅氏は2018年5月2日、北朝鮮との平和協定が締結されれば在韓米軍の駐留の正当化が難しくなるとの一部意見に対して、「在韓米軍は米韓同盟の問題である。平和協定締結とはいかなる関係もない」とし、在韓米軍の必要性を強調した。

（平田悟／防衛省）

北朝鮮（朝鮮民主主義人民共和国）
内政

経済と核の「並進路線」から「経済建設集中路線」へ

　2017年9月3日、朝鮮労働党は政治局常務委員会を開催し、「現下の国際情勢と朝鮮半島の軍事的緊張状態を分析、評価」した上で、「第7回党大会が提示した国家核武力完成の完結段階の目標達成の一環」として大陸間弾道ミサイル（ICBM）装着用水爆の実験を断行することを決定するとともに、「米国と敵対勢力の制裁策動を牽制し、第7回党大会が提示した部門別課題を成功裏に執行させるための具体的な方途と対策」を討議した。

　その上で、10月7日に党中央委第7期第2回全員会議を開催し、報告に立った金正恩氏が、並進路線のもと、「国家核武力完成の歴史的大業を成し遂げる」と強調するとともに、「社会主義経済強国建設で新たな高揚を起こす」と宣言した。そして、11月29日に新型大陸間弾道ミサイル「火星15」型の試験発射を行い、「国家核武力完成の歴史的大業が実現した」と宣布した。

　2018年に入り、南北首脳会談および米朝首脳会談の開催に合意したことを受けて、朝鮮労働党は4月20日、党中央委第7期第3回全員会議を開催し、並進路線の「勝利」を宣布した上で、社会主義経済建設に総力を集中することを並進路線に続く新たな戦略的路線として決定した。北朝鮮はこれまで、核開発による体制護持を名分に核・ミサイル開発に資源を投入してきたが、開発が進み、「核武力完成」を宣言したことにより、過去に最も成果の上がっていなかった経済建設にいよいよ本格的に取り組むことを公約した形である。

　決定事項の中には、「社会主義経済建設のための有利な国際的環境を準備

-156-

し、朝鮮半島と世界の平和と安定を守護するため、周辺諸国と国際社会との緊密な連携と対話を積極化していく」ことが盛り込まれており、2018年からの「対話攻勢」の背景に韓国をはじめとする国際社会から制裁緩和や経済協力を引き出す目的があることは明らかである。

金正恩「補佐体制」を整備、前面に出る「ロイヤルファミリー」

2017年10月の党中央委第7期第2回全員会議では、政治局常務委員である崔竜海党副委員長が組織指導部部長に選出された（北朝鮮は「部長」に選出したとのみ発表し、組織指導部長であることは、中国報道機関が2018年3月の金正恩訪中に随行した崔竜海氏の肩書を報じたことで判明した）。組織指導部は、各級党組織の活動を監督し、高位幹部の人事を掌握する党の中枢ポストであり、先代の金正日総書記は部長職を置かず、直接掌握していたとされる。しかし、金正恩政権は、その発足から金正日時代の非常体制の正常化を進めてきたところであり、同人事もその延長戦上にあるとみられる。

これにより、政治局常務委員会は、最高指導者である金正恩氏のほか、最高人民会議（金永南最高人民会議常任委員長）、党（崔竜海氏）、内閣（朴奉珠氏）、軍（黄炳瑞氏）の代表者と言うべき幹部で構成され、言わば各部門の責任者による金正恩「補佐体制」が完成した形となった。

ただし、同会議以後、黄炳瑞総政治局長の出現が途絶し、2018年2月の閲兵式に元人民武力部長の金正覚次帥が総政治局長として出現し、黄炳瑞氏の更迭が判明した。後任の金正覚次帥は、2018年4月の党中央委第7期第3回全員会議で政治局委員に補選されたが、常務委員には選出されなかった。軍幹部が政治局常務委員会に復帰するにはしばらく時間を要するものとみられる。

前述の党中央委第7期第2回全員会議では、金正恩氏の妹である金与正氏が政治局候補委員に選出され、後に党中央委第1副部長に就任していることが判明した（同人は2016年の第7回党大会で中央委員に選出されている）。金与正氏は、かねて金正恩氏の現地指導に随行したり、閲兵式などの行事の際に金正恩氏の背後を歩き回り、行事の運営に関与している姿が伝えられていたが、政治局候補委員選出後は、12月の党細胞委員長大会でひな壇の前列に着座した

ほか、2018年2月には金正恩特使として、韓国の文在寅氏に親書を伝達した。また、同年4月の南北首脳会談では、対韓政策担当の金英哲党統一戦線部長とともに会談に陪席した。韓国側の陪席者が徐薫国家情報委員長と任鍾晢大統領秘書室長であったことから見て、金与正氏は事実上、金正恩氏の「秘書室長」と言うべき存在となっているものとみられ、政策決定過程にも関与している可能性も考えられる。

　また、金正恩氏の夫人である李雪主氏は、かねて金正恩氏の公演観覧などの場に随行する姿が伝えられていたが、2018年3月の金正恩訪中に同行し、「ファーストレディ」の役割を務めた。また、4月には、李雪主氏が党幹部らを帯同して中国芸術団の公演観覧に訪れ、これを伝えた北朝鮮報道機関が李雪主氏を「尊敬する李雪主女史」と称した。「尊敬する」との表現は、最高指導者に就任する以前の金正恩氏に付けられていたものであり、別格な存在として宣伝する狙いがあろう。

　こうしたロイヤルファミリーの表舞台への登場は、2018年の「対話攻勢」に連動したものと言ってよく、北朝鮮指導部は、「対話攻勢」を推進する上で、引き続きロイヤルファミリーをもカードとして駆使していくとみられる。

外交

対米関係－行き詰まる瀬戸際政策、米朝対話の用意を表明

　2017年5月1日、北朝鮮外務省は、米トランプ政権が4月に発表した「最大限の圧力と関与」と呼ばれる対北朝鮮政策に対し、「我々の核戦力高度化措置は最高首脳部が決心する任意の時、任意の場所で、多発的、連発的に引き続き進行される」と主張し、瀬戸際政策で米国に対抗する姿勢を強調した。

　7月4日、北朝鮮は初のICBM「火星14型」を発射し、金正恩氏が「（米国は）独立節に我々から受ける贈物があまり気に入らないものと思えるが、これからも退屈しないように大小の贈物をしばしば送ってやろう」、「米国の対朝鮮敵視政策と核威嚇が根源的に一掃されない限り、我々はいかなる場合にも核と弾道ロケットを交渉のテーブルに置かないし、我々が選択した核戦力強化の道からたった一

－158－

寸も退かない」と述べ、引き続きICBMの開発を強行する意図を強調した（ただし、後者の発言は、敵対視政策と核の威嚇が無くなれば核とミサイルを交渉のテーブルに載せえることを暗示する北朝鮮特有の間接的表現と解しえるものであった）。

8月8日、朝鮮人民軍戦略軍は中距離弾道ミサイル「火星12型」で米領グアム島周辺への包囲射撃を断行する作戦案を8月中旬までに完成すると発表した。これに対し、米国のトランプ氏は同日、「北朝鮮はこれ以上、米国に対して脅しを見せるべきではない」、「さもなくば、北朝鮮は世界がかつて見たことのないような炎と激しい怒りに直面することになる」と強く警告した。すると北朝鮮は、8月中旬に戦略軍司令官から作戦案の報告を受けた金正恩氏が「愚かで間抜けなヤンキーの行動をもう少し見守る」と述べ、事実上、「グアム包囲射撃」の実施を見送った。北朝鮮は、同月29日に「火星12号」を発射し、金正恩氏が「グアム島を牽制するための前奏曲」だと述べたが、発射方向はグアムやハワイではなく、北海道東方の太平洋上であった。

2017年9月19日、国連総会で一般討論演説を行ったトランプ氏は、北朝鮮の一連の挑発行為を「ロケットマンが体制を守るための自殺行為」と非難しつつ、「米国は大きな力と忍耐を備えているが、自国や同盟国の防衛を迫られれば、北朝鮮を完全に破壊せざるをえない」と表明した。これに対し、北朝鮮は9月21日に、金正恩氏が国務委員長声明を発表し、「トランプが世界の面前で私と国家の存在自体を否定し、侮辱し、我が共和国をなくすという歴代最も暴悪な宣戦布告をした以上、我々もそれに相応する史上最高の超強硬対応措置の断行を慎重に考慮する」と表明した。

ところが、国連総会に出席していた北朝鮮の李容浩外相は、同声明を受けて記者団を集め、「個人的な考え」とした上で、「おそらく歴代最大級の水爆の地上実験を太平洋上で行うことになるのではないか」と述べた。これは一見、米国に対する威嚇ではあるものの、従前の弾道ミサイル発射実験の延長線上に想定されうるものであって、トランプ氏の「完全に破壊」発言に対する「超強硬対応措置」としては釣り合いが取れておらず、むしろ米朝間の緊張を過度に高めないよう調節するための発言であったとも考えられる。

北朝鮮はその後、11月29日に新型大陸間弾道ミサイル「火星15型」を発射した

が、それは「太平洋上の水爆実験」ではなく、日本海に落下させるロフテッド軌道による発射であった。北朝鮮は、通常発射による核弾頭の再突入技術を実証することなく「国家核戦力の完成」を宣言し、以後、弾道ミサイルの発射を中止した。

そして、金正恩氏は、2018年3月5日、訪朝した韓国の特使団との間で南北首脳会談の4月開催に合意するとともに、特使団に対し、「北朝鮮に対する軍事的威嚇が解消され、体制の安全が保証されるならば、核を保有する理由がない」とし、「非核化問題の協議および朝米関係正常化のために米国と虚心坦懐に対話を行う用意がある」と表明したのである。

北朝鮮の一連の瀬戸際政策は、北朝鮮政策にトランプ氏の関心を引きつける上では奏功したものの、軍事オプションの行使を厭わずとするトランプ政権の譲歩を引き出すことはできず、むしろ北朝鮮は米国との軍事衝突を回避するために慎重に対応せざるを得なかった。その間に国連安保理が四つの対北制裁決議（UNSC2356、2371、2375、2397）を採択し、北朝鮮の対外貿易のほとんどが禁止または制限された。中国からの原油輸入にも制限が及ぶようになり、更なるミサイル発射や核実験を強行すれば、中国が北朝鮮への原油供給をストップする可能性も否定できなくなってきた。

一方で、平昌オリンピックを控え、朝鮮半島における軍事的緊張を何としても回避したい韓国がオリンピック期間中の米韓合同軍事演習の延期を働き掛け、対話局面の環境作りを本格化させていた。このような状況とタイミングの中で、北朝鮮は韓国との関係改善を通じて米国に接近し、これまでに積み上げた核・ミサイル資産をカードに米国との交渉に臨むことを決意したと考えられる。

トランプ氏は、2018年3月8日、訪米した韓国特使団から北朝鮮側の立場を聴取し、その場で金正恩氏との会談を受諾した。史上初の米朝首脳会談は同年6月初旬に開催されることになった。トランプという特異な個性を持つ大統領によって、北朝鮮の前に、長らく求めてきた米国との本格的交渉の千載一遇の機会が突如訪れた。北朝鮮は、4月の党中央委第3回全員会議において、先手を打って核実験と大陸間弾道ミサイル試験発射の中止、および核実験場の廃棄を決定した。そこには米朝首脳会談の開催を確実なものにしたいとする北朝鮮指導部の思いがうかがわれた。

第5章　朝鮮半島

対中関係 - 金正恩朝鮮労働党委員長が中国を非公式訪問

　2018年3月25日から28日の間、金正恩氏が習近平氏の招請で中国を非公式訪問した。金正恩氏の外国訪問は、政権発足後、これが初めてとみられる。

　中国側の発表によれば、金正恩氏は、26日に北京での中朝首脳会談において、金日成と金正日の「遺訓」に基づいて朝鮮半島の非核化に力を尽くすことは北朝鮮の一貫した立場であると表明した上で、南北首脳会談および米朝首脳会談を行うことを中国側に通報し、「韓国と米国が善意を持ってわれわれの努力に応じ、平和と安定の雰囲気を作り出し、平和実現のために段階的で同時並行的な措置をとるならば、半島の非核化問題は解決に至ることが可能になる」としつつ、「このプロセスにおいて、われわれは中国側と戦略的な意思疎通を強め、交渉と対話の流れと半島の平和と安全をともに守りたい」と表明し、中国の関与を歓迎する意思を表明した。

　2018年3月の訪中に際し、中朝両国は、金正恩氏が特別列車で北京入りすることによって、金日成・金正日時代と同様の中朝間の伝統的な友好関係の回復を想起させた。また、李雪主夫人が帯同し、習近平夫妻と夫妻で交流する様子を公開することによって、両首脳間の親密な関係を内外にアピールした。

　金正恩氏が4月の南北首脳会談およびその後の米朝首脳会談を控えたタイミングで訪中したのは、韓国との関係改善と米国との非核化をめぐる交渉を前に、後ろ盾となる中国との関係を修復するためであったと見てよい。特に、南北間の経済協力を本格的に進めるために必要な安保理制裁の緩和を図る上で、中国の支持に期待しているものとみられる。2000年6月の初の南北首脳会談の際、金正日総書記が直前の5月に中国を訪問し、1992年の中韓国交樹立で冷却化した中朝関係を改善したが、今回の訪中もそれと同じ構図と言える。

　北朝鮮にとって、2017年の中朝関係は、中国が国連安保理の制裁決議に基づく貿易制限を着実に実施するようになるなど、中国の対米接近に懸念を強めた一年であった。しかし、中国との関係改善に乗り出して以降、北朝鮮の中国に対する配慮は徹底したものであった。金正恩訪中に続く2018年4月には、中国芸術団の引率の形で訪朝した宋濤対外連絡部長に対し、金正恩氏が前年とは打って変わり、2回にわたって接見するなど盛大に歓待し、中朝独特の「党対党」の関

—161—

係の回復に努めた。また、北朝鮮で発生した中国人観光団の交通事故に際し、金正恩氏自ら中国大使館や病院を慰問し、死傷者を後送する特別列車の出発にも立ち会った。さらに、金正恩氏は、5月7日から8日かけて再び訪中し習近平氏との二度目の首脳会談を行ったのである。

対日関係 - 対話路線への転換で転機の兆しか

日朝関係は、2017年以降も依然としてこう着状態が続いている。

日本は、安倍氏がG7首脳会議や国連総会をはじめとする様々な機会を捉え、弾道ミサイルの発射を繰り返す北朝鮮に対する制裁強化の必要性を訴えた。これに対し、北朝鮮は、「日本があくまで米国に追従して敵対的な行動に出るなら、我が方（の弾道ミサイル）の標的は変わる」（5月、外務省代弁人談話）、「有事の際には米国より先に日本列島が焦土化されかねない」（6月、平和擁護全国民族委代弁人声明）などと指摘したのに続き、8月29日に北海道上空を通過する弾道ミサイル「火星12型」を発射し、この日が日韓併合条約（1910年）公布日に当たることを殊更強調して暗に日本を威嚇した。また、拉致問題についても「解決済み」との主張を繰り返した。北朝鮮としては、米国のトランプ新大統領といち早く関係を深め、トランプ政権の対北制裁強化方針を積極的に後押しする安倍政権に苛立ちを強めたものとみられる。

しかし、2018年に入り、北朝鮮が韓国、米国との対話路線に舵を切ると、安倍氏は平昌オリンピックの開会式に出席した機会に、北朝鮮の金永南最高人民会議常任委員長と接触し、拉致・核・ミサイルの包括的解決を求める日本側の立場を伝達した。また、安倍氏は、4月11日の衆院予算委員会において、「不幸な過去を清算し、そして国交正常化を目指すという考え方」に変わりはなく、「国交正常化が実現すればこの平壌宣言にのっとって経済協力を行うことも、これは明記されている」と答弁した。安倍氏は、その後も過去清算に基づく国交正常化に言及し、北朝鮮との対話の可能性を示唆した。これに対し、文在寅氏が4月29日の安倍氏との電話会談で伝えたところによれば、金正恩氏が南北首脳会談で「日本と対話する用意がある」と表明したとされる。

軍事・安全保障

大陸間弾道ミサイル（ICBM）完成を前に「核戦力完成」を宣言

　2017年3月から4月にかけての北朝鮮の相次ぐミサイル発射と米空母打撃群の朝鮮半島派遣による軍事的緊張が終息して以降も、北朝鮮は弾道ミサイルの発射を繰り返した。特に、液体燃料エンジンの「火星」系列の長射程化に開発の焦点を絞り込み、米本土に到達するICBMの開発に注力した。

　5月14日、北朝鮮は、新開発の「地対地長距離戦略弾道ミサイル」とする「火星12型」の発射実験を行ったと発表した。同発射は通常より高角度で打ち上げる、いわゆる「ロフテッド軌道」と呼ばれるもので、ミサイルは日本海に落下したが、その後、8月29日と9月15日の2回にわたって「火星12型」を通常軌道で発射し、北海道上空を通過して襟裳岬東方の太平洋上に落下させた。北朝鮮はまた、7月4日および同28日、今度は「大陸間弾道ロケット」とする「火星14型」をロフテッド軌道で発射し、発射に立ち会った金正恩氏が「米本土全域が我々の射程圏内にあるということがはっきり立証された」と主張した。

　このような中、北朝鮮は9月3日、咸鏡北道吉州郡プンゲ里の核実験場で通算6回目となる地下核実験を実施した。核爆発に伴う地震の規模はマグニチュード6.1（CTBTO）で、ここから推定される爆発の規模は、広島に投下された核爆弾の約10倍に当たる約160キロトン（防衛省）とされる。

　そして、2017年11月29日、北朝鮮は、新型の大陸間弾道ロケット「火星15型」を高度4,000キロメートル超のロフテッド軌道で発射し、青森県西方の日本のEEZ内に落下させた。同発射を通常軌道で行った場合の飛翔距離は1万から1万3,000キロメートルと推定されており、北朝鮮の弾道ミサイルがワシントンを含む米国本土に到達する可能性を示すこととなった。北朝鮮は同日、政府声明を発表し、発射に立ち会った金正恩氏が「今日ついに国家核武力完成の歴史的大業が実現した」と宣布したことを明らかにした。

　北朝鮮はその後、「火星」系列はもとより、固体燃料を使用する「北極星」系列のミサイルについても地上、水中とも発射実験を行わず、さらに2018年4月の

党中央委第7期第3回全員会議において、核実験と大陸間弾道ロケット試験発射の中止、および北部核実験場の廃棄を決定した。金正恩氏は、「核開発の全工程が科学的に、順次的にすべて進行され、運搬打撃手段等の開発事業もまた科学的に進行されて、核兵器兵器化完結が検証された条件において、今や我々にいかなる核実験と中長距離、大陸間弾道ロケット試験発射も必要なくなり、北部核実験場も自己の使命を終えた」と述べた。しかし、3回のICBM発射はいずれもロフテッド軌道での発射であり、通常軌道における核弾頭の大気圏再突入技術を実証したとは言いがたいものであった。

　ここから、北朝鮮の「国家核戦力完成」宣言は、米国に対しては、米本土に到達するICBMを完成させないとのメッセージを送って対米交渉の環境を整える思惑が、国内に対しては、抑止力の完成をアピールすることによって並進路線から経済集中路線への転換を正当化する狙いがあったと考えられる。

表：「火星型」弾道ミサイルの発射（2017年）

月日	種類	最高高度	飛翔距離	備考
5月14日	火星12	2,000km超	約800km	ロフテッド軌道
7月4日	火星14	2,500km超	約900km	ロフテッド軌道
7月28日	火星14	3,500km超	約1,000km	ロフテッド軌道
8月29日	火星12	約550km	約2,700km	
9月15日	火星12	約800km	約3,700km	
11月29日	火星15	4,000km超	約1,000km	ロフテッド軌道

※各種報道等に基づき筆者作成

南北朝鮮関係

韓国新政権が北朝鮮に対話再開を呼び掛け

　2017年5月、韓国で盧武鉉元大統領の南北和解政策の継承を掲げる文在寅政権が発足した。文在寅氏は、就任演説において、米韓同盟の強化を確認する一方、「条件が整えば平壌にも行く」、「朝鮮半島の平和定着のためならば、自分がなし得るすべてのことをする」と表明し、朝鮮半島の緊張緩和に向けて南北対

話の再開に取り組む姿勢を強調した。

　さらに、文在寅氏は7月にベルリンで行った演説において、①朝鮮半島における平和を追求し、吸収統一を推進しない、②北朝鮮の体制の安全を保証する朝鮮半島非核化を追求し、北朝鮮の核の完全廃棄と平和体制構築、北朝鮮の安保と経済的憂慮の解消、米朝および日朝関係改善などの懸案を包括的に解決する、③恒久的な平和体制の構築に向けて、完全な非核化とともに朝鮮戦争の終結および関連国が参加する平和協定の締結を推進する、④南北経済共同体を形成し、鉄道の連結やロシアとのガスパイプライン事業を推進する、⑤離散家族再会など非政治的協力事業を一貫して推進する、との5項目の北朝鮮政策の方向性を提示した。その上で、北朝鮮に対し、①2007年の10.4南北首脳宣言10周年に際した離散家族再会および相互墓参の実施、②2018年2月の平昌オリンピックへの北朝鮮の参加、③軍事境界線における敵対行為の中断、④南北間の接触と対話の再開、を提案した。

　一方、北朝鮮は、文在寅氏の当選に際して「第19代大統領」と報じ、正統な大統領として受け入れる姿勢を示唆したものの、「自主か外部勢力依存か、我が民族同士か米韓同盟かという重大な岐路で正しい決心を下すべき」（5月、祖国平和統一委員会）と主張し、「米韓合同軍事演習を中止する決断を下せるのか」「核問題に言及せずに南北対話に臨む準備はあるのか」（6月、民族和解協議会）と問いかけるなど、慎重な姿勢を示した。そして、文在寅氏のベルリン演説を受けて韓国政府が南北軍事会談と南北赤十字会談の開催を提案したのに対し、北朝鮮はこれに回答を与えず、開催を見送ったのである。当時の北朝鮮は、米本土に到達するICBMの開発に集中し、瀬戸際戦術で米国との交渉実現を目指していたところであり、韓国新政権に対しては、対米自主性を有するのか否か、つまり、南北対話に対する韓国の「本気度」を見極めようとしていたと考えられる。

　これに対し、文在寅氏は、その後も対話への意欲を一貫して表明した。北朝鮮がICBMの試験発射を繰り返し、米朝間の緊張が再び高まるなかで行われた2017年8月15日の光復節記念式典において、文在寅氏は、朝鮮半島における軍事行動は韓国だけが決定できるとし、「すべてを賭して戦争だけは防ぐ」と平和

的解決の原則を表明し、北朝鮮の「崩壊を望まない」と強調した。また、核・ミサイルの挑発を中断すれば対話の条件が揃うとし、平昌オリンピックを南北対話の機会にすべきと呼び掛けた。

その後に北朝鮮が6回目の核実験や「火星12型」の発射を強行したにもかかわらず、文在寅氏は、9月27日の10.4首脳宣言10周年記念式典において、「北朝鮮にも依然として機会は開かれている」「北朝鮮が無謀な選択を中断するならば対話と交渉のテーブルは常に開かれている」と表明したのである。

こうした文在寅氏の姿勢は、北朝鮮をして行き詰まりつつあった対米瀬戸際政策を転換する上での選択肢を提供したと考えられる。さらに文在寅氏が12月、平昌オリンピック期間中の米韓合同軍事演習「キー・リゾルブ」および「フォール・イーグル」の延期を米国に提案した（1月4日の米韓首脳電話会談で延期に合意）ことは、北朝鮮にとって文在寅氏の対米「自主性」を認定し得るものであり、さらには米国との対話に乗り出す名分を与えるものであったと言えるだろう。

北朝鮮が平昌オリンピックに参加

2018年1月1日、金正恩氏は年頭の「新年辞」において、2018年に北朝鮮では政権樹立70周年慶祝行事が、韓国では平昌オリンピックが開催されることを名分として南北関係改善の必要性を強調し、平昌オリンピック参加に向けた南北当局会談に応じる用意があると表明した。また、同3日には板門店の南北連絡チャンネルを約2年ぶりに再開した。これを評価した韓国側の提案により、北朝鮮と韓国は同9日、板門店で南北高位級会談を開催し、北朝鮮が平昌オリンピックに選手、役員団のほか、高位級代表団や応援団、芸術団などを派遣することで合意した。

2月9日、平昌オリンピックの開会式が挙行され、北朝鮮と韓国の選手団が統一旗を掲げて合同入場を果たした。北朝鮮からは、金永南最高人民会議常任委員長とともに、金正恩氏の妹である金与正党第1副部長が開会式に出席し、金与正氏は、翌10日の文在寅氏との会見において、「（金正恩）国務委員長の特命を受けて来た」と言明した上で、金正恩氏の「親書」を手交し、「文在寅氏と早期に

会う用意がある。都合の良い時期の訪朝を要請する」との金正恩氏の口頭メッセージを伝達した。

韓国は、北朝鮮が金正恩の特使を派遣したことの答礼として、2018年3月5日、鄭義溶青瓦台国家安保室長や徐薫国家情報院長らの特使団を訪朝させた。特使団は、金正恩氏との会見や金英哲党統一戦線部長との協議を終えて6日に帰朝した後、記者会見し、第3回南北首脳会談を4月末に板門店で開催すること、南北首脳間にホットラインを開設することで合意したと発表した。北朝鮮と韓国はその後、3月29日に閣僚級会談を開催し、南北首脳会談を4月27日、板門店の韓国側施設「平和の家」で開催することなどに合意した。

文在寅氏は、1月10日の年頭会見において、「条件が整い、展望が開けるのであれば、いつでも（南北）首脳会談に応じる」と表明していた。北朝鮮は、南北首脳会談に対する文在寅氏の意欲を見て、訪朝要請という手を打ったのである。金与正氏を「カード」として切ったことも、北朝鮮の「ロイヤルファミリー」が初めて韓国を訪問することの宣伝効果を計算した上で、南北関係改善に対する文在寅氏の積極姿勢をさらに引き出す狙いがあったと考えられ、同時に、南北関係改善にかける北朝鮮の期待の大きさをうかがわせるものと言ってよい。

前述のとおり、北朝鮮はこの後「経済集中路線」を打ち出し、経済建設に正面から取り組むことになるが、経済発展の展望を開くためには韓国との長期的な経済協力が不可欠である。そのためには文在寅政権の基盤が強固であることが望ましい。北朝鮮の「大盤振る舞い」には、6月の統一地方選挙における与党勝利とその後の政界再編への思惑が込められていたと考えられる。

第3回南北首脳会談を板門店で開催

こうして、金正恩氏と文在寅氏は、2018年4月27日、板門店の軍事境界線で初の対面を果たし、韓国側施設「平和の家」において、第3回となる南北首脳会談を行い、「朝鮮半島（韓半島）の平和と繁栄、統一のための板門店宣言」に署名した。北朝鮮の最高指導者が軍事境界線付近とは言え、韓国側を公式に訪れたのは初めてのことである。両首脳の対面と会談、植樹行事や二人きりによる散策、宣言文への署名および記者会見、夫人を交えた夕食会や歓送迎の様子に至

-167-

るまでの一連の動向がテレビ中継され、南北の劇的な関係改善振りを内外に印象づけた。

　「板門店宣言」は、「南北関係改善」、「朝鮮半島における軍事的緊張の緩和」、「朝鮮半島の平和体制構築」の3項目からなり、このうち、第一の「南北関係改善」の項目では、過去2回の首脳宣言を始め、すべての合意を履行することを確認し、当局間対話や民間交流の円滑化のため、開城に南北共同連絡事務所を設置することで合意した。また、8月15日の解放記念日を契機とする離散家族再会行事、各種の南北共同行事や2018年のアジア競技大会等の国際競技への共同参加などに取り組むことで合意した。さらに、2007年の10.4首脳宣言で合意した経済協力事業のうち、南北間の鉄道、道路の連結に第一次的に取り組むことを明記した。これは、かねてシベリア鉄道と朝鮮半島鉄道の連結に関心を寄せるロシアを念頭に置いたものとみられ、今後の国連安保理における制裁緩和論議へのロシアの支持を期待したものとみられる。

　第二の「軍事的緊張緩和」の項目では、陸海空などすべての空間における一切の敵対行為を全面中止することとし、5月1日から軍事境界線付近における拡声器放送とビラ散布を中止することで合意した。また、かねて漁船の操業をめぐって軍の艦艇同士の銃撃がたびたび発生している黄海の北方限界線（NLL）一帯を平和水域とするための対策を講じることで合意し、南北軍事当局者会談を頻繁に開催することでも合意をみた。

　第三の「平和体制構築」の項目では、朝鮮戦争休戦協定締結から65年となる2018年中に終戦を宣言し、休戦協定を平和協定に転換するなど恒久的な平和体制を構築するため、「北・南・米」の3者、または「北・南・中・米」の4者会談の開催を積極的に推し進めていくことで合意した。これまで、恒久的平和体制構築の当事者については、「直接的な当事国」（第4回6者協議共同声明、2005年9月19日）、「直接に関係する3カ国または4カ国」（「南北関係発展と平和繁栄のための宣言［10.4宣言］」、2007年10月4日）となっていたが、「板門店宣言」では当事国が明記された。休戦協定の署名者でない韓国の当事者性を確認するとともに、南北が米中の関与を受け入れることを明示することによって、両国の関与を説得する思惑があるとみられる。

第5章　朝鮮半島

　北朝鮮の核問題については、第三項目の中で、「完全な非核化を通じて核なき朝鮮半島を実現するという共同の目標を確認した」と明記し、朝鮮半島の非核化に向けて南北ともに「自己の責任と役割を果たす」と表明した。核問題は宣言の最後の小項目に位置付けられ、金正恩氏は署名後の記者会見で非核化には言及しなかった。北朝鮮としては、核問題はあくまで米国が交渉相手であると位置づけており、南北の合意文に非核化実現への言及を受け入れたのは、米朝の仲介役を任じる文在寅氏の役割に対する期待とともに、北朝鮮にとって「朝鮮半島非核化」は「韓国の非核化」をも意味しているためであると考えられる。

　北朝鮮は、2016年7月6日付け政府代弁人声明において、朝鮮半島非核化は金日成、金正日の「遺訓」であるとした上で、米国と韓国に対する「原則的要求」として、①韓国内における米軍の核兵器の公開、撤廃、検証、②朝鮮半島および周辺に核戦力を投入しないことの担保、③北朝鮮に対する核不使用の確約、④在韓米軍撤収の宣布、を求め、これの「安全の保証」が得られれば「朝鮮半島非核化の実現に画期的な突破口が開かれる」と表明したことがある。また、「板門店宣言」の北朝鮮側英訳は、「完全な非核化を通じて朝鮮半島を非核地帯（a nuclear - free zone）に転換する」ことを南北共同の目標とするとしている。北朝鮮には、今後の交渉において、「朝鮮半島の完全な非核化」の合意を盾に、韓国に対し米国の「核の傘」からの脱却を求める思惑が秘められていると考えるべきであろう。

　「板門店宣言」は最後に、南北両首脳が定期的な会談や電話会談を行うこととし、当面、文在寅氏が2018年秋に平壌を訪問することを明記した。同年9月の北朝鮮の政権樹立70周年を念頭に置いているものとみられる。

　「板門店宣言」は、その内容の多くが2007年10月の第2回南北首脳会談における首脳宣言（10.4宣言）を下敷きにしたことをうかがわせるものであるが、経済協力については、合意内容の推進を確認するに止まった。国際社会の強力な制裁のもとで本格的な経済協力が困難なことは自明であり、北朝鮮としては、南北首脳会談を成功させ、関係改善の流れを定着させることによって、韓国を通じて安保理および国際社会に制裁緩和を働き掛け、その上で韓国から本格的な経済協力を引き出していくことを想定しているものとみられる。

—169—

このように、北朝鮮は、韓国との関係改善に踏み切ってから急ピッチで南北首脳会談まで実現させた。その背景には、過去2回の南北首脳会談の「教訓」があったと考えられる。韓国の金大中、盧武鉉両大統領が政権発足当初から北朝鮮への関与政策を掲げたにもかかわらず、北朝鮮は韓国の「対米従属」観念を払拭できず、首脳会談の実現が政権の後半期や末期にずれ込んだ結果、経済協力を本格化させる前に政権の任期が切れ、合意に批判的な保守政権に交代したことによって関係改善が頓挫してしまったのである。それだけに北朝鮮指導部は、文在寅政権が発足した当初から早期の南北対話実現のシナリオ（当初は「プランB（代替案）」であったとみられるが）を有していたものとみられる。

　盧武鉉元大統領の側近であった文在寅氏も思いは同じであったとみられる。文在寅氏は、首脳会談前の金正恩氏との懇談で、「過去の失敗を教訓にしっかりやる。過去は政権の半ばや末期に遅れて合意し、政権が交代したことで実現できなかった。私は（大統領を）始めて1年目だ」と述べ、任期中は首脳会談実現までの早い速度を維持する意欲を示した。思惑が一致した南北は、今後、関係改善に向けた議論を本格化させていくとみられる。2018年5月26日には、早くもこの年二回目の南北首脳会談が開催された。

（瀬下政行／公安調査庁）

第5章　朝鮮半島

コラム　南北首脳会談とメディア

　韓国のメディアと政府当局の関係は、「権力を監視する」という機能面と、官公庁を中心に記者クラブを運営する制度面の両方で日本と似ている。「権力の監視」は、政財界の不正に対する調査報道が代表的だ。ここに大統領も例外でないことは、2017年に朴槿恵前大統領が罷免されるに至った権力乱用に関する報道でも示された。韓国の場合、外交関係では大統領府と外務省に記者クラブがあるが、韓国ならではの記者クラブがもう一つある。北朝鮮問題を担当する統一省の記者クラブだ。いずれの記者クラブも定例ブリーフィングを含め、外国メディアにもオープンだ。

　韓国メディアと当局の取材人脈は、出身大学よりも高校での繋がりがより濃厚な傾向がある。ソウルで取材していると、出身高校をたずね合う韓国メディアと当局のやりとりを耳にすることが多い。いくら韓国通の外国メディアであっても、韓国の地方高校の事情まではさすがに詳しくないので、何となく疎外感を味わうことになってしまう。大学は全国区だが、高校は地縁血縁の空間であり、いわゆる出身地が同じという親近感が、取材関係にも投影されやすいのだろう。

　4月27日に板門店韓国側区域で行われた南北首脳会談では、平壌で過去2回行われた首脳会談とは異なり、韓国メディアの代表取材に加え、外国メディアにも代表取材が可能となった。韓国の文在寅大統領と北朝鮮の金正恩朝鮮労働党委員長が、軍事境界線を短時間ながら行き来する場面が象徴したように、平和共存への流れを写真と映像で国際社会に向けてアピールしたいとの当局の意向がうかがえた。南北首脳会談に至る文在寅氏の北朝鮮への融和姿勢については、「利用されるだけ」といった批判が少なくなかった。こうした否定的見解を払拭し、韓国が朝鮮半島をめぐる外交戦を主導しているとのイメージづくりに、内外メディアを活用したともいえる。この南北首脳会談で目を引いたのは、北朝鮮メディアの振る舞いだ。金正恩氏を中心に撮影するという北朝鮮では普段通りの取材手法が、韓国メディアや外国メディアとの摩擦を生んだ。他メディアの位置を気にせず撮影しようとするため、代表取材陣と押し合いへし合いする場面もあった。メディアスクラムを避けるための代表取材のシステムは、北朝鮮メディアの前では効果を発揮できなかった。

磐村和哉
（共同通信社編集委員）

—171—

第6章　東南アジア

概　観

　東南アジア諸国連合（ASEAN）は2017年に設立50周年を迎え、域内の経済的な結びつきはいっそう強まっている。一方、中国が人工島を建設して軍事拠点化を進める南シナ海の問題をはじめとした安全保障上の諸問題をめぐる合意形成は困難をきわめている。近年のASEAN関連首脳会議の声明では、中国の行動に対する関係国の懸念は明文化されず、中国‐ASEAN関係への配慮が随所にみられる。米国は「航行の自由」作戦を実施してこの海域への関与を表明し続けているが、2017年も中国による各種拠点の建設は進行した。

　5月、フィリピンのミンダナオでは「イスラム国（IS）」への忠誠を誓うグループが蜂起し、域内外の防衛協力の方向性にも影響を与えた。フィリピン国軍は5カ月におよぶ戦闘の中で米軍やオーストラリア軍に装備品やインテリジェンスを依存し、ドゥテルテ政権は米国に対する姿勢を軟化させた

　かつては欧米から防衛装備品を調達し、日本、米国、EUから多額の経済援助を得てきた東南アジア諸国は、近年、投資や経済政策のみならず安全保障面においても、中国から大きな影響を受けている。中国政府による資金援助や官民を巻き込んだメガプロジェクトはアジア各地で進展し、経済成長や労働市場拡大の機会を提供する。強権的な薬物取締を続けるフィリピン、4年以上も軍政が続くタイ、野党に解党命令が出されたカンボジアなどは、民主化や人権状況に対して欧米諸国から苦言を呈されると、米国やEUと外交的な距離を置く傾向にある。ミャンマー政府はロヒンギャへの弾圧作戦について、国際社会から批判を浴びている。このような国々にとって、中国は「寛大なドナー」として魅力的に映る。米軍の圧倒的な軍事力の恩恵を受けつつも、中国からの経済協力、防衛協力を現実的な選択肢と捉えているのが、現在の東南アジア諸国の姿である。

　2017年には、ASEANの10カ国中7カ国が前年を上回る経済成長率を記録した。投資の受け入れや自由貿易協定を含め、ASEAN域内の協力、そして域外大国との関係はますます緊密化、複雑化していくことが予想される。環太平洋パートナーシップ（TPP）協定や東アジア地域包括的経済連携（RCEP）を通じ、水準の高い公正な投資ルールをめぐる議論を続けていく必要性も高まっている。堅調に経済発展を達成しつつ、安全保障上のリスクに対応するために、ASEAN主要国が米国、中国、日本などに何を求めていくか、そしてASEANという地域機構をどう活用できるかが課題となっている。

国内治安の脅威

　ベトナム戦争以後、東南アジア諸国が大国の戦争に巻き込まれたことはなく、域内国家間での戦争も起こっていない。南シナ海においても、国家の安全保障を根底から揺さぶるような深刻な紛争は発生していない。しかし、今日の東南アジア諸国は、南シナ海における紛争のような伝統的脅威と、非伝統的で多元的な脅威の両面に直面している。フィリピンのある専門家は、フィリピンにとっての安全保障上の脅威を「第一に薬物、第二にテロリズム、第三に共産主義、第四に軍や警察など治安部門の能力不足、第五に南シナ海問題を含む海洋安全保障」と表現する。これらは、従来、西側諸国が想定してきた脅威とは少し異なっている。

　東南アジア諸国には、国内治安上の脅威が根強く残っている。ミャンマー、タイ、フィリピン、インドネシアには依然として、正当性のない過激派武装集団、私兵、少数民族武装集団、共産主義ゲリラなどが存在し、暴力事件を起こしたり、違法ビジネスを助長したりして、国家の安全保障を脅かし、国家予算を逼迫している。さらに、大規模災害、過激派組織の活動、違法薬物や武器の密輸入、移民・難民問題への対応は、いまや、一国の問題を超えて、地域の安全保障上も大きな課題となっている。

テロリズムの動向

　2017年は、イスタンブールでの銃乱射テロを皮切りに、世界各地で「イスラム国（IS）」関連のテロが連続した。米国、オーストラリア、オランダなどに拠点を置く安全保障シンクタンクによる「グローバル・テロリズム指標2017」では、フィリピンはテロリズムの危険のある国として世界12位に位置付けられ、リビア、エジプト、コンゴ民主共和国、南スーダンと並ぶリスクの高さを指摘されている。タイは16位、ミャンマーが37位、インドネシアは42位に入っている。アジア太平洋地域における2017年のテロ攻撃総数は246件に上り、特にフィリピンに集中している。米国務省の指定するテロリストリストには、東南アジアの4組織が指定されており、うち3団体がフィリピンを拠点としている。

−173−

一方、2016年に発生したテロ事案を被害の甚大さの順に並べると、東南アジアは50位までに入っていない。この地域に目立つのは小規模の事件である。米国、英国、スペイン、スウェーデンなどで見られる車両を使ったテロも、東南アジアではほとんど見受けられない。

ミンダナオ、マラウィの戦闘

　フィリピン政府は二大イスラム勢力であるモロ民族解放戦線（MNLF）、モロ・イスラム解放戦線（MILF）とすでに和平合意を締結している。しかし、これらの反主流派やアブ・サヤフ・グループなどの過激派勢力は、無差別爆弾テロ、恐喝、誘拐などを行い、国内治安を脅かしてきた。ISの影響を受けたグループもあるとの指摘はあったが、アキノ3世前大統領はフィリピンにおけるISの存在を否定しており、2016年6月に就任したドゥテルテ大統領も、ミンダナオの過激派組織は貧困の産物であるとして対話の意図を示していた。

　しかし、同年9月にドゥテルテ氏の故郷であるダバオ市のナイトマーケットの爆破事件が起こり、それがISに忠誠を誓うオマル・マウテ氏とアブドゥラー・マウテ氏の兄弟をリーダーとする「マウテ・グループ」の犯行であることが指摘されると、テロリズムとの徹底抗戦を明言し、のちにISの関与を認めた。

　2017年5月23日、フィリピン国軍が、アブ・サヤフ・グループの一員でありISに忠誠を誓うイスニロン・ハピロン氏の身柄を確保すると、ハピロン氏を匿っていた「マウテ・グループ」とみられるスナイパーが応戦し、同グループは同日のうちに、南ラナオ州のラナオ湖の北側に位置する人口約20万人の地方都市、マラウィ市を占拠した。ロシア滞在中のドゥテルテ氏は戒厳令を布告し、プーチン大統領との会談日程を前倒しして帰国した。「マウテ・グループ」は市庁舎や刑務所、大学、病院などで市民を人質にとって抵抗を続け、市街戦の経験を持たないフィリピン国軍は苦戦し、インテリジェンスと哨戒機などの装備品を米軍とオーストラリア軍に依存した。

　10月16日、ロレンザーナ国防相がハピロン氏の死亡を確認したと発表し、ドゥテルテ氏はマラウィの解放と戦争の終結を宣言した。国軍と警察側から165名、各種武装勢力側から897名の死者があり、長期化する市街戦の影響で40万人以

−174−

上が国内避難民としての生活を余儀なくされた。

国境を超えるテロリズムと地域間協力

　マラウィでの戦闘には、インドネシア、マレーシアの戦闘員のほか、サウジアラビア、パキスタン、モロッコといった遠方からの外国人戦闘員も参加していたことが明らかになっている。また、彼らの多くがマレーシアのサバ州から入国したとされる。

　ISが東南アジアを無差別テロのターゲットとしていることは、2016年1月にジャカルタのショッピングセンターで発生した爆破テロの際にも指摘された。マラウィで蜂起した「マウテ・グループ」がインターネットを駆使してISの指導部と連絡を取っていたこと、戦闘の様子がシリアから世界中に動画配信されていたことなどが明らかになり、インターネットを通じた国際的な組織力と動員力の現状が見せつけられる形となった。

　また、東南アジアの地域テロ組織であるジェマ・イスラミーヤ（JI）もフィリピン南部に拠点を有し、軍事訓練やテロ活動を行っているとされており、メンバーと「マウテ・グループ」などとの交流も明らかになっている。さらにインドネシアでは、JIやIS関連組織の容疑者らが拘置所、刑務所で薬物密輸犯や他の凶悪犯罪者とネットワークを築き、メンバーを獲得していることがしばしば指摘されている。

　こうした状況を踏まえ、マレーシア政府は、フィリピン領のスールー諸島とサバ州の間で活動する過激勢力アブ・サヤフに対抗するため、不法流入者やテロその他の犯罪の取り締まりを強化している。マラウィでの事件を受け、6月にはフィリピン、インドネシア、マレーシアの3カ国が共同海上警備を開始し、シンガポールとブルネイもオブザーバーとして参加した。10月には、フィリピン、インドネシア、マレーシアの3カ国が航空機を互いに使用して海洋警備を実施する共同警戒活動も開始された。マレーシアはシンガポール、インドネシア、それにタイなどとはかねてよりマラッカ海峡における海賊・武装強盗対処をめぐって10年以上も合同警備を実施しており、対テロ活動においても比較的スムーズな協力が実現している。

−175−

残存する国内武装組織とミャンマーのロヒンギャ問題

　フィリピン、インドネシア、タイ、ミャンマーには、ゲリラ組織、私兵組織、犯罪集団など、さまざまな武装組織が残存している。中央政府による統治が十分に及んでいないミンダナオでは、地元の有力者が勢力圏を安定化させるために私兵集団を組織化、雇用しており、ドゥテルテ氏もダバオ市長時代に私兵集団を活用していた。ミャンマーは、少数民族武装組織と政府との対話や停戦合意に応じてきたが、徹底抗戦の構えをみせるグループも存在している。

　このような武装組織への対応に国家の安全保障上のリソースを費やすことは、中長期的な安全保障政策を策定する上での大きな障害となる。さらに、武装勢力の鎮圧、和解後には、復興と社会復帰支援のために莫大な国家予算が必要となる。2017年には、フィリピン政府とMILFとの最終和平合意の産物としての「バンサモロ基本法」が議会で審議された。同法の可決後、武装勢力のすみやかな社会復帰が実現するかどうかが注目される。

　2016年に発足したミャンマーの国民民主同盟（NLD）政権は少数民族武装勢力との和平交渉を最優先に掲げてきたが、交渉は難航している。加えて、ミャンマー政府はラカイン州のムスリム住民（ロヒンギャ）を自国民とは認めない立場を維持しており、8月に「アラカン・ロヒンギャ救世軍」が治安部隊に対する攻撃を行ったことを契機に、国軍がロヒンギャの掃討作戦を開始した。国際人権団体などの報告によると、現地では虐殺や大規模放火、暴行などが相次ぎ、65万人以上が難民となってバングラデシュなどに逃れた。ロヒンギャ難民の置かれている状況は、アジアにおける近年最大の人道危機であると指摘される。

　国連安全保障理事会は、11月6日に議長声明を発出して治安部隊の攻撃を非難し、人権状況への懸念を表明した。米国のティラーソン国務長官も非難を表明し、治安作戦を指揮していた国軍幹部の米国内の資産凍結を実施した。西側諸国からだけでなく、多くのイスラム教徒を抱える近隣のインドネシアやマレーシアもミャンマー政府を批判した。

　今後の状況によっては、2011年3月の「民政移管」以降、ゆるやかに進展してきた米国からミャンマーへの防衛協力や欧米諸国からの投資や援助が滞る可能性もあり、新興国ミャンマーの安全保障能力を大きく左右する。また、少数民族問

—176—

第6章　東南アジア

題が長引けば長引くほど、政府の軍事上のリソースがその対応に割かれ、本来は産業育成や教育にかけるべき公的資金が圧縮されてしまうリスクもある。

テロリズム以外の政治リスク

　東南アジアにおいては、イスラム過激派や共産主義など長年にわたって政府と対峙してきたテロリスト以外にも、政情によっては、過激な野党や反政府勢力が反旗を翻し、国家の安全保障を脅かしてきた経緯がある。例えばタイではタクシン元首相派と反タクシン派による大規模な路上示威行為が定期的に起こっており（2005-2006年、2009-2010年、2013-2014年）、デモ会場における爆破事件も発生している。なお、2017年には大きな集会は起こっていない。マレーシアでは選挙によって民主的な政権交代が実現したが、新興民主主義国におけるリスクには引き続き注意が必要である。

　インドネシアでは2016年に、キリスト教徒の華人であるジャカルタ首都特別州のバスキ・プルナマ知事が、「コーランに惑わされているから私に投票しないのだ」と発言したことがイスラム教徒への冒涜とされ、1998年の民主化以降最大規模といわれる10万人規模の集会がジャカルタで開催された。集会は穏便に開催され、知事の政策に不満をもつ貧困層も多く参加していた。この事件は、必ずしも穏健なイスラムの急進化を示すものではないが、インドネシア政治におけるイスラム教徒の多様性と重要性を改めて見せつけた。なお、2019年の大統領選挙を見越して事態を早期に収束させたいジョコ大統領はみずから集会に参加し、市民を早い段階で満足させた。2017年4月19日の州知事選挙では、バスキ知事は対立候補アニス・バスウェンダン氏に敗北し、5月9日に禁錮刑2年の実刑判決を下されている。

　タイでは、2014年のクーデタ以降、元陸軍司令であるプラユット・チャンオーチャ首相による軍政が敷かれており、民政復帰の見通しが立たない上に、たとえ総選挙が実施されたとしても国内治安が不安定化するリスクが残っている。タイの直近の総選挙は2014年に実施されたものの、憲法裁判所がこれを無効と判断したため、有効な総選挙としては、2011年まで遡る。プラユット氏は当初、早期の民政移管を約束していたが、新憲法の策定の遅れ、2017年のプミポン国王の

—177—

崩御、新国王による憲法案裁可、国民への周知期間の必要性などを理由に何度も延期され、2019年2月までにはようやく総選挙が実施されるとの見通しが示されている。

　軍政下では路上集会や政党活動が長らく禁じられてきたが、クーデタによって政権を追われたタクシン・チナワット元首相と妹のインラック前首相を支持するグループを中心に、総選挙の早期実施を求める運動も起こっている。選挙では再びタクシン派と反タクシン派が対立する可能性が高い。さらに、新憲法では非議員でも首相に就任することが可能になっており、下院選挙が問題なく実施されても、下院多数派が選ぶ首相候補ではなく、官選の度合いが強まっている上院の意向を受けた人物が首相に就任することも想定される。すると、選挙を経て構成された下院多数派と、反タクシン色の強い官選上院勢力が対立し、過去のようなタクシン派と反タクシン派との間の激しい対立や街頭示威行動が再び活発化する恐れもある。

　マレーシアでは、2018年5月の総選挙で、元首相のマハティールビン・モハマド氏率いる野党連合が政府系投資会社をめぐるナジブ・ラザク首相夫妻の汚職疑惑を追及して票を集め、1957年の独立以来、初めての政権交代となった。早期の幕引きを図ろうとするナジブ首相の姿勢には多くの国民が納得せず、政党や各種団体が真相究明を求める集会を行ってきたが、超法規的・暴力的な手段ではなく民主的な選挙で政権交代が実現したことが、国際社会からも大きく注目された。

国際関係

　米国は、中国が領有権を主張する南シナ海の問題については引き続き関与の姿勢をみせているが、「一帯一路」構想を掲げる中国の東南アジア諸国への影響力は増大する一方である。中国政府は2017年も積極的にトップ外交を展開した。これに対し、米国の東南アジアでの影響力の低下が懸念されている。

　8月にフィリピンで開催された拡大ASEAN外相会議、ASEAN地域フォーラム（ARF）閣僚会議にはティラーソン国務次官が出席し、ASEAN、中国、ロシア

−178−

第6章　東南アジア

などと相次いで外相会談を実施したが、会談後、外国メディアに対する記者会見は行われず、米国の発信力の乏しさが目立った。中国の王毅外相やロシアのラブロフ外相が記者団に自国の立場を説明したのと対照的であった。

　2017年11月、トランプ大統領は就任後初めて東南アジアを訪問した。移動を含め12日間におよぶアジア5カ国（日本、韓国、中国、ベトナム、フィリピン）の歴訪は、ホワイトハウスによると「過去25年間で最長」であった。トランプ氏はベトナムではAPEC首脳会議、フィリピンではASEAN首脳会議と東アジア首脳会議（EAS）の合間の時間帯を活用して各国首相と二国間会談を行ったが、最終日程であるEASについては、開始時間が遅れたことを理由に出席を取りやめて帰路についた。この地域における米国のプレゼンスの低下に対する懸念は払拭されない結果となった。

南シナ海問題

　南シナ海では従来、中国が係争中の海洋上に埋め立てを行い、海洋および岩礁の上に大規模な拠点を構築し、軍事目的での利用を伺わせる活動を実施してきた。2013年、南シナ海で中国と領有権を争う国のうちの一つであるフィリピンが中国を国際仲裁裁判所に提訴し、2016年7月に、フィリピンの主張がほぼ全面的に認められる判決が下った。しかし、中国は全面的にこれを無視しており、ドゥテルテ氏も同判決について二国間、多国間の場で言及することを控えている。

　2017年にも、中国民間航空機の南沙（スプラトリー）諸島での試験飛行、スカボロー礁上空での爆撃機のパトロール飛行、ウッディー島への地対空ミサイル配備、中国の空母による航行などが実施された。ウッディー島の滑走路では、電子偵察機能を持つ可能性があるY8輸送機が複数駐機しているのが確認されており、ウッディー島と同様の規模の大型格納庫がある南沙諸島の航空基地にも同輸送機が配備される可能性がある。米国のシンクタンクが衛星写真の分析に基づいて12月に公表した報告書によると、中国が2017年中に完成させるか着工した地下貯蔵庫や大型レーダーやセンサー群などの恒久施設の総面積は約29万平方メートルに及ぶ。もっとも建設作業が進行しているのは南沙諸島のファイアリー・クロス礁で、滑走路横の大型格納庫や、弾薬の貯蔵用とみられる大規

－179－

模な地下施設が完成し、高周波レーダー群とみられる施設が建設されたとみられる。スビ礁では円形ケージ型アンテナとみられる大型施設やレーダードームなど、電子情報収集用の施設の整備が加速化した。

米国は南シナ海へのコミットメントを続けている。マティス国防長官は6月のシンガポールでのアジア安全保障会議（シャングリラ・ダイアローグ）で演説した際、法に基づく秩序を揺るがすような海洋での行動は認められないと述べ、南シナ海問題への関与継続を約束した。また、米国海軍は5月24日、南沙諸島のミスチーフ礁でトランプ政権下では初となる「航行の自由」作戦を実施したのをはじめ、2017年内に計4回、ミサイル駆逐艦で南シナ海を航行した。

米国海軍「航行の自由」作戦
2015年10月　ミサイル駆逐艦「ラッセン」、南沙諸島
2016年 1月　ミサイル駆逐艦「カーティス・ウィルバー」、西沙諸島
2016年 5月　ミサイル駆逐艦「ウィリアム・P・ローレンス」、南沙諸島
2016年10月　ミサイル駆逐艦「ディケーター」、西沙諸島
2017年 5月　ミサイル駆逐艦「デューイ」、ミスチーフ礁
2017年 7月　ミサイル駆逐艦「ステザム」、パラセル諸島
2017年 8月　ミサイル駆逐艦「ジョン・マケイン」、ミスチーフ礁
2017年10月　ミサイル駆逐艦「チェイフィー」、パラセル諸島近く
2018年 1月　ミサイル駆逐艦「ホッパー」、スカボロー礁

トランプ氏は11月のベトナムでのAPEC首脳会議で、「自由で開かれたインド太平洋」をアジア政策の方向性として提示した。その際に実施されたトランプ氏とベトナムのチャン・ダイ・クアン国家主席との首脳会談では、南シナ海問題に関する仲裁および共同で抑止の行動をとることも提案したとされており、2018年の米国空母「カール・ビンソン」の歴史的なダナン寄港の実現にも繋がったとみられる。

APEC首脳会議では、フィリピンのドゥテルテ氏が中国の習近平国家主席との会談において南シナ海における中国の軍事化への懸念を伝えた。中国側は、航行の自由に支障はないと応じたとされている。習近平氏は同日、ベトナムのグエ

ン・スアン・フック首相とも会談し、ベトナム側は南シナ海問題の平和的解決を訴えたと報じられている。

　後述のように、ASEAN首脳会議、外相会議の各種声明は、南シナ海問題について中国を名指しで批判することを避け、「懸念」の文言も盛り込まれていない。

　ASEANが南シナ海での中国との紛争を回避するために当事国の行動を法的に規制する「行動規範（COC）」についても、目立った進展はみられない。2016年8月に開催されたASEAN・中国高級事務レベル会合では、翌年中頃までには法的拘束力のあるCOCの草案を完成させることに合意をみた。2017年5月にはCOC策定に向けたASEANと中国の高官協議が中国貴州省貴陽で開催され、枠組み草案についての協議が完了し、8月のASEAN・中国外相会議で承認された。その内容は公表されていないが、COCは「領有権問題を解決する手段ではない」とされ、法的拘束力の有無やCOC締結の時期についての言及はなかったとされる。11月のASEAN・中国首脳会議の議長声明では、ASEAN諸国と中国が正式にCOCの文言についての実質協議に着手すると述べられたが、具体的な進捗はみられない。

米国 - フィリピン関係の改善

　フィリピンのドゥテルテ氏は2016年の大統領就任直後から、オバマ大統領（当時）を威嚇、侮辱するような発言や、米国との軍事同盟を批判するような発言を繰り返してきたが、2017年は大幅にトーンダウンした。そもそも一連の発言は、米国を敵視しているというよりも、自らの目玉政策である違法薬物取締に対して、欧米から人権侵害であるとの批判を受けたことへの反発に基づくところが大きかった。2017年はトランプ氏の就任に伴い、米国政府の高官がフィリピン人権状況について言及する機会が減少したことで、ドゥテルテ氏の不満は沈静化したとみられる。さらに、先述のように、5月にミンダナオのマラウィで発生した戦闘では、フィリピンは装備品やインテリジェンスなどを米軍に実質的に依存している実態が明らかになり、米国との合同軍事演習や米比相互防衛委員会および安全保障委員会は2017年度も前年通り実施された。ドゥテルテ氏が就任直後から公言してきた「米国に依存しない独立した外交政策」については、何も具体案は示

－181－

されていない。

　ドゥテルテ氏は11月にAPEC首脳会議の場でトランプ氏と初めて対面し、その後、ASEAN 首脳会議の折に両者は初の二国間首脳会談を行った。共同声明では米フィリピン相互防衛協定と比米防衛協力強化協定（EDCA）の重要性を確認し、防衛協力の進展に合意した。ドゥテルテ氏は薬物取締政策について米軍に理解を求めた。

　同時に、中国とフィリピンとの関係も協力的なものに変化してきた。ドゥテルテ政権が対中姿勢を大幅に軟化させたことで、少なくともスカボロー礁の埋め立てや漁民への迫害は止まり、フィリピンは、緊張の緩和と漁業活動の安全確保、経済支援や投資の増加という目に見える恩恵を享受している。5月、ドゥテルテ氏は「一帯一路」サミットに出席するため中国を訪問し、1,400万ドル相当の装備品と、約5億ドルの経済開発融資を持ち掛けられた。カエタノ外相は6月、王毅外相の招きで北京を訪問した。7月には王毅外相がフィリピンを訪問し、戦闘中であったマラウィの復興のために300万ドルの支援を申し出た。ドゥテルテ氏はまた、中国の国有企業から南シナ海での共同でのエネルギー資源探査と採掘について打診されていることを国民に明らかにしており「両国が所有権者になるようなものだ。戦うよりましだと思う」とも発言している。

米国 - ベトナムの防衛協力の歴史的な進展

　米越安全保障協力は、年々強化されている。2018年3月には、米軍の原子力空母「カール・ビンソン」が5日、ベトナム中部ダナンに入港した。米空母のベトナム寄港は、1975年にベトナム戦争が終結して以来初めてとなる。南シナ海に面した港湾都市ダナンは、北ベトナムと米軍との激しい戦闘が繰り広げられた場所であり、米国とベトナムとの関係改善を示す歴史的な訪問となった。寄港中には、乗組員らが地元の住民と交流し、養老院や孤児院を訪問した。クリテンブリック駐越米国大使は、「この空母訪問は米国、ベトナム両国が近年果たしてきた二国間関係の劇的な前進を誇示しています。両国は平和と繁栄、そしてこの地域の諸国が依存する商業や航行の自由を保つという願望を共有しています」と述べ、南シナ海問題を念頭に置いている点を強調した。また、ベトナム外務省報道官は、

−182−

「カール・ビンソン」の寄港について「地域の平和と安定、治安、協力、発展に貢献する」と述べた。

米国 - タイ防衛協力の正常化

　タイでは、2014年の軍事クーデタ以降、米国との要人往来や軍の高官レベルの交流がほぼ停止していた。民主的な選挙が実施されるまでは、米国からの無償の国際軍事教育訓練計画も中断されてきた。しかし、2017年には両国の関係はほぼ正常化した。2月にはハリス米太平洋軍司令官が多国間共同訓練「コブラ・ゴールド」に出席し、6月にブラウン米太平洋陸軍司令官がタイを訪問した。また、プラユット首相は4月にトランプ氏と初めての電話会談を行い、10月にはホワイトハウスを訪問した。首脳会談では、タイ側がボーイングや石炭のほか、F - 16戦闘機やハープーンミサイルなどの防衛装備品を米国から調達する可能性に言及した。

　一方で、タイと中国との防衛協力も進展している。9月にはプラユット氏が廈門において習近平氏と首脳会談を実施した。5月には房峰輝中国人民解放軍統合参謀長がタイを訪問し、プラユット氏やスラポン・スワナアッズ国軍司令官らと会談した。

装備品協力

　装備品の調達においても、東南アジアがより多様な国への発注を視野に入れていることが際立っている。

　2017年、インドネシアが2011年に韓国の大宇造船海洋に発注していた1,400トン級の潜水艦3隻のうち、1隻目の「NAGAPASA」が韓国の造船所でインドネシア側に引き渡された。同潜水艦は定員40名で、途中で寄港することなく1万カイリ（1万8,520キロメートル）を往復運航することができ、8本の発射管と最新武器体系を備えている。

　2014年に潜水艦部隊を新設したタイ海軍の中国からの潜水艦購入は3月に承認され、約430億円が2017年度国家予算に計上された。タイ国軍が中国製の装備品のメンテナンスの拠点を国内に建設する計画もあるとされている。日本の防衛省

も、航空自衛隊の地上防空レーダーのタイへの輸出に向けた入札に参加した。タイは従来、欧米から装備品を購入してきており、新しい入札国が、メンテナンスや運用面も含めたアフターサービスをどれだけ提供できるのかが鍵となっている。

　ドゥテルテ氏は5月にロシアを訪問した際に防衛産業協力についても協議したとされている。実際にフィリピンがロシアから装備品を調達するのかどうかは定かではないが、米中や日本だけでなく各国が、東南アジアを新たな市場として注視していることは確かである。

中国から東南アジアへのインフラ支援の拡大

　中国が推進する広域経済圏構想「一帯一路」は、安全保障上の勢力圏拡大も視野に入れた国家戦略である。華東師範大学の報告書によると、中国は現在、約70カ国と政府間で「一帯一路」の協力関係を結んでいる。2017年に中国から投資を受けた企業数を国別で比較すると、多い順に、ロシア、ベトナム、インドネシア、ラオス、タイの順となっており、東南アジアへの投資が目立っている。また、2013年の10月のAPEC首脳会談で中国の習近平氏によって提唱され、2015年に正式に設立されたアジアインフラ投資銀行（AIIB）には、ASEANの全加盟国が参加を表明している。

　日本のインフラ輸出が円借款を通じて実施されているのに対し、中国は各国にトップセールスを行い、援助ではなく、受け手国からの政府保証も求めず、大規模インフラと地域開発を一手に引き受ける「コンセッション方式」によって支持を獲得している。中国が現地の企業と合弁を組み、線路や車両の生産拠点を現地に建設することで、現地に労働を生む一方、中国企業の人材が現地に入り込み、完工後の運営および管理についても影響力を行使することができる。

　中国は、昆明からラオスを通ってタイのバンコクまで伸びる鉄道事業の受注をかねてより構想してきた。鉄道車両や軌道を統一することで、商業製品だけでなく、人や装備品もラオスやタイに容易に運搬することが可能となる。2017年の年末には中国が協力するタイの高速鉄道プロジェクトが起工式を迎えた。同鉄道はラオスの鉄道と接続し、最終的には中国まで延長される。また、中国からラオスの首都ビエンチャンをつなぐ高速鉄道の建設も進展している。

第6章　東南アジア

　バンコクを南下してマレー半島を通過し、首都クアラルンプールとシンガポールを結んでマラッカ海峡に通じる高速鉄道計画の入札は2018年末に始まると言われており、マレーシア新政権の動向が注目される。マレーシアは南シナ海で中国との領有権問題を抱えるにもかかわらず、ナジブ前政権は政府系ファンドの巨額債務の返済のため、2015年に傘下の発電所などを中国企業に売却し、「一帯一路」関連事業の受注を進めてきた。これに批判的なマハティール氏は総選挙直後の記者会見で早くも、「前政権の決定した事業がマレーシアの経済や戦略的利益に結び付くのかどうかを見直し、今後の中国との関係を考える」と発言した。同政権が、まずは基盤を固めるためにマレーシア国内の産業の保護を優先するのか、中国以外の国にインフラ事業を発注する方針をとるのかは定かではないが、中国とマレーシアとの関係は転換することが予想される。世界の石油供給量の約3分の1、日本の輸入原油の8割以上が通航しているマラッカ海峡をめぐる中国・マレーシア関係は、日本および他の東アジア諸国にとっても大きな関心事項である。

　これと並行して、中国にマラッカ海峡を通過せずともインド洋や中近東、アフリカから原油を運ぶことを可能とする計画も進んでいる。ミャンマー西部チャオピューと昆明とを結ぶ原油パイプラインはすでに稼働している。

　「一帯一路」の重要拠点であるメコン川流域についても、中国は多くの協力を申し出ている。2018年1月には、「中国・メコン5カ国首脳会議」がカンボジアのプノンペンで開催され、李克強首相およびメコン5カ国（タイ、カンボジア、ミャンマー、ラオス、ベトナム）の首相が、メコン流域各国の連結性やインフラ開発や人材育成にかかる協力について協議した。

カンボジアの「米国離れ」

　33年間にわたって権力の座についているフン・セン首相による野党第一党の解党は、カンボジアの欧米離れと中国への接近をもたらした。6月の地方選挙で、野党第一党の救国党は議席の43％を獲得したが、その3カ月後に、救国党の指導者の1人であるケム・ソカ氏が国家転覆を企てたとして逮捕され、11月16日には最高裁判所が同党の解党と指導者118人の5年間の政治活動の禁止を命じた。

－185－

政権によるメディアやNGOへの言論弾圧も指摘されている。

　近年のカンボジアの民主主義の後退や人権状況を懸念する欧米諸国に対し、フン・セン政権は、内政干渉であるとして不信感を露わにしている。カンボジアと米国との合同軍事演習「アンコール・センチネル」は少なくとも2019年まで延期されており、カンボジアは国内で人道支援活動を行ってきた米海軍の建設工兵の撤退を求めた。さらに、2017年に予定されていたオーストラリアとの対テロ演習「ダウン・コープレイ」も延期した。一方で中国とは2016年12月、災害救援・人道支援を目的とした初めての演習「ドラゴン・ゴールド」を実施している。一連の因果関係は明らかになっていないが、カンボジアが西側諸国から離れる一方で、安全保障面でもより中国と緊密な関係を築きつつあることが窺える。中国は2016年末より、カンボジア国家選挙委員会に対して、日本やEUを上回る規模での物資援助も実施している。

日本の対東南アジア安全保障協力

　2016年11月16日にラオスのビエンチャンにて開催された第2回日・ASEAN防衛担当相会合において、稲田防衛相（当時）は日本のASEANに対する防衛協力の方針としての「ビエンチャン・ビジョン」を発表した。その中では、日本は、「法の支配」の定着や海洋、上空の情報収集、警戒監視、捜索救難といった分野でASEAN全体の能力向上に資する協力を推進するため、国際法の実施に向けた認識の共有、人道支援・災害救援やPKOに加え、サイバーセキュリティなどの新たな分野を含む能力構築支援、装備品・技術移転および防衛装備・技術協力に係る人材育成などの多国間共同訓練、オピニオンリーダーの招聘などを通じた人材育成・学術交流などを実施していくとされている。

　同ビジョンを基に、2017年も具体的な防衛協力が進展した。

ハイレベルでの安全保障対話

　安倍首相は1月にフィリピン、インドネシアおよびベトナムを訪問し、東南アジア主要国との連携強化を働きかけた。11月のASEANプラス3首脳会議では、安全

保障のみならず「質の高い環境インフラの普及」などへの協力をアピールし、EAS
では「テロに屈しない強靱なアジア」に向け、フィリピン南部およびスールー・セレ
ベス海の治安改善のために2年間で150億円規模の支援を着実に実施すると述
べ、海上安全、人道支援・災害救援、PKO分野での協力拡充を表明した。

　稲田氏は6月のシャングリラ・ダイアローグにおいて、シンガポール、マレーシア
の国防相と二国間会談を行った。小野寺防衛相は10月、フィリピンで開催された
拡大ASEAN国防相会議（ADMMプラス）に参加し、北朝鮮による核実験の強
行や相次ぐ弾道ミサイルの発射は脅威であり、国際社会が一致団結して北朝鮮
に最大限の圧力をかける必要があると述べた。また、日本は南シナ海を自由で
開かれた海にすべく、米国および関係国と協力していることを説明した。

能力構築支援

　日本政府は2012年より、防衛省・自衛隊による他国軍への能力構築支援を、
特に東南アジアで重点的に行ってきた。人道支援・災害救援、防衛医療、建築
技術などの分野で、自衛官を派遣してセミナーを実施したり、相手国軍関係者を
日本に招聘して教育、訓練の機会を提供したりするものである。

　8月に米国ワシントンDCで開催された日米安全保障協議委員会（日米2プラス
2）でも、能力構築支援における日米協力が確認された。4大臣は、南シナ海情勢
については、航行の自由を支える各々の活動、共同訓練および演習、能力構築支
援など、日米の継続的な関与が重要であること、韓国、オーストラリア、インド、東
南アジア諸国との安全保障、防衛協力をこれまで以上に推進していくことで一
致し、その一環として河野外相が、日本はインド太平洋地域の沿岸国の能力構
築支援に今後3年間で約5億ドルを支援する旨を表明した。

　日本は2017年には、インドネシア（海洋学、国際法）、フィリピン（艦船整備、
衛生）、ベトナム（サイバーセキュリティ、航空医学、航空救難、航空医学）、マ
レーシア（人道支援・災害救援）、タイ（飛行安全）、ブルネイ（人道支援・災害
救援、捜索救難）、カンボジア（工兵活動）、ミャンマー（人道支援・災害救援、
国際航空法、航空気象）、ラオス（人道支援・災害救援）、東ティモール（工兵活
動、車両整備）など、シンガポールを除くすべての東南アジア諸国に対して能力

—187—

構築支援を実施した。

日本から東南アジア諸国への装備品協力

2014年に策定された「防衛装備移転三原則」では、日本が装備や技術を輸出できる条件が整理され、友好国の安全保障、防衛協力の強化に資するものであって、相手国の「監視」や「警戒」に係る能力の向上に寄与する装備については輸出が可能となった。

2016年、安倍氏とドゥテルテ氏が、海上自衛隊練習機TC-90とそれに関係する器材、技術情報のフィリピンへの移転に合意したことは、日本の装備品協力の先行事例となった。その際、自衛隊によるフィリピン海軍のパイロットへの教育や整備要員に対する支援も開始された。

なお従来は、装備品を含めた自国財産は他国には売却か貸与に限定されていたが、2017年の法改正で無償譲渡が可能となった。これを受け、2017年10月のADMMプラスにあわせて実施された日比防衛相会談において、小野寺防衛相とロレンザーナ国防相は、貸付中の5機のTC-90を無償譲渡に変更することに合意した。

日本の装備品が他国の製品に比べて高額であることなどから、潜水艦などの大型装備品の移転実績はまだない。防衛装備庁は6月、千葉市で防衛装備・技術協力に関する初の多国間会合を開いた。インドネシア、シンガポール、タイ、フィリピン、ベトナムの国防当局者が参加し、日本からは渡辺防衛装備庁長官が出席した。これは、同時期に幕張メッセで開催された「MAST Asia 2017 海上防衛技術国際会議／展示会」にあわせた非公開会合であり、南シナ海問題など地域の安全保障の諸問題について意見交換が行われ、防衛装備協力をめぐる各国のニーズも協議されたとされる。

合同演習、防衛交流など

2017年も、日本はラオス、インドネシア、タイ、マレーシアの間で部隊間交流を実施した。また、米国とタイが開催する「コブラ・ゴールド」への参加、米国とフィリピンが開催するバリカタンにも例年通り参加した。

第6章　東南アジア

　海上自衛隊は近年、護衛艦を東南アジア地域での複数のミッションに参加さ
せながら、関係各国との合同演習、防衛交流、能力構築支援を同時並行的に実
施している。米国海軍が主催する「パシフィック・パートナーシップ」などの演習
に参加する前後に艦上で事業を実施し、東南アジアでのプレゼンスを高めようと
している。

　2017年は、ヘリ搭載型護衛艦「いずも」が南シナ海を含む各地の海域で米
国、オーストラリア、カナダ、東南アジア諸国と共同訓練を行った。ベトナムの要
衝カムラン湾に寄港し、捜索救助のセミナーなどを開催したほか、フィリピンの
海軍基地があるスービック港にも寄港し、ドゥテルテ氏を艦上に招いた。ドゥテ
ルテ氏は「いずも」の人道支援・災害救援対処能力の高さを称賛し、河井内閣総
理大臣補佐官との間で、日本とフィリピンの二国間関係や国際情勢について意見
交換を行った。この後、「いずも」は、2017年から開始された「日・ASEAN乗艦
協力プログラム」として、ASEAN10カ国の士官などとASEAN事務局の事務局
員など11人を艦上に招いて、海洋法と人道支援・災害援助などに関する研修を
実施した。同プログラムは2018年にも継続され、インドネシア海軍がロンボク島
周辺海域で実施した多国間共同訓練「コモド2018」に参加した「おおすみ」の艦
上で、ASEANの士官らに対する海洋法に関する研修が実施された。

経済協力およびインフラ支援

　東南アジア地域に対する中国の大規模なインフラ支援に対する日本の経済協
力の比較優位にも注目される。

　日本は「質の高いインフラの普及」のための投資を推進するとともに、ハードと
ソフト両面における東南アジア地域の連結性向上に対する取り組みを実施してい
る。安倍氏は11月のEASで、インフラの開放性、透明性、経済性、被援助国の
財政健全性の確保といった国際スタンダードを強調し、制度改善や人材育成を
通じて「生きた連結性」を各国、各機関とも連携して推進すると表明した。また、
時を同じくして開催された日・メコン首脳会議の場でも、今後、さらにソフト面で
の取組を加速させることが確認された。

　AIIBが本格的なスタートを切るなか、安倍氏は2016年10月下旬のドゥテルテ

-189-

氏との首脳会談にて、フィリピンの都市と地方の両方でインフラ支援を継続することを表明した。安倍氏は2017年1月にもドゥテルテ氏とフィリピンで会談し、今後5年間で政府開発援助（ODA）および民間投資を含めた1兆円規模の支援を打ち出した。また日本は現政権の麻薬対策に一定の理解を示し、違法薬物使用者の更生のための技術協力を検討しているほか、麻薬依存症治療施設の整備や関連医療に関する人材育成支援も約束した。

ASEAN関連の地域協力枠組みの課題

ASEANを中心とした一連の地域協力会合では、安全保障面において目立った動きはなかった。設立50周年にあたる2017年に議長国を務めたフィリピンは、南シナ海問題に関する常設仲裁裁判所の裁定に議長声明で言及することもなく、ASEANとしての対中配慮が浮き彫りになった。トランプ米大統領のTPP離脱宣言により注目を集めるRCEPも、合意には至っていない。

ASEAN

2017年は、ASEANの設立50周年にあたる年であった。1967年にインドネシア、マレーシア、フィリピン、シンガポール、タイの5カ国で結成されたASEANは、ベトナム戦争や当初の域内の紛争に対して統一の立場をとることなく、内政不干渉の原則と全会一致方式を貫いてきた。2015年に経済共同体、政治・安全保障共同体、社会・文化共同体の三つの柱から成るASEAN共同体の設立に合意し、2016年末には経済共同体（AEC）が発足した。

政治・安全保障分野においては、ASEANは、人道支援・災害救援、海洋安全保障、テロ対策といった非伝統的安全保障分野での協力を推進してきた。2006年以降は、ASEAN国防相会議（ADMM）および2010年の拡大ASEAN国防相会議（ADMMプラス）も定期的に開催され、実務的な協力が進展してきた。

しかし、全会一致制をとるASEANは、地域の安全保障環境の劇的な変化にもかかわらず、2012年以降、その首脳会議、外相会議では、域内の安全保障問題について統一の見解を表明することができないままである。

第6章　東南アジア

2017年4月末のASEAN首脳会議で採択された議長声明は、前年7月の常設仲裁裁判所の裁定には触れておらず、前年の声明に記載されていた「埋め立てや軍事拠点化」という文言も削除された。11月のASEAN首脳会議でもその姿勢が受け継がれ、議長声明でこれまで使われていた「懸念」の言葉が消え、「ASEANと中国の関係が改善していることに留意」というフレーズが追加された。2018年4月末にシンガポールを議長国として開催されたASEAN首脳会議の声明では、「埋め立てなどの行動に関して、複数の首脳が表明した懸念に留意する」という文言が復活したが、中国を名指しで批判することを避ける態度は踏襲された。

内政干渉を避けるというASEANの原則も、安全保障協力の阻害要因となっている。ASEAN外相会議・首脳会議は、加盟国であるミャンマーの政府によるロヒンギャ迫害や、各国の人権状況については一切言及しないなど、国境を超える地域の共通課題についての議論が忌避されているという課題がある。

ASEAN地域フォーラム（ARF）

ASEAN地域フォーラム（ARF）は、1994年より開始されたアジア太平洋地域における政治・安全保障分野を対象とする全域的な対話のフォーラムであり、ASEANを中心に、北朝鮮を含む26カ国とEUが参加している。毎年1回の外相会合をはじめ、外交当局と国防・軍事当局の双方の代表による対話と協力を通じ、地域の安全保障環境を向上させることを目的とする。現在、多くの国が、ARFは加盟国同士の信頼醸成を深めるのみならず、テロリズム、難民、気候変動といった非伝統的な脅威について率直な意見交換を行うフォーラムと位置付けている。

2017年の第24回ARF閣僚会合はフィリピンで開催され、日本からは河野外相が出席した。会合では、北朝鮮による弾道ミサイル発射などの挑発行為や、南シナ海問題などをめぐる意見交換が行われ、大多数の国々が北朝鮮の核・ミサイル開発は国連安保理決議などに違反するものとして懸念を示し、北朝鮮は従来の北朝鮮独自の主張を述べた。議長声明では、「外相らは、朝鮮による大陸間弾道ミサイル実験やその前の弾道ミサイルの発射、昨年の二度の核実験を含め

−191−

た緊張の高まりに深刻な憂慮を示し」、「国連安保理決議上のすべての義務を即刻かつ完全に遵守することを北朝鮮に求めた」とされている。また、外相声明では、「一部の外相らは平和的方法による朝鮮半島の『完全かつ検証可能で不可逆的な非核化（CVID）』を支持しており、朝鮮半島の緊張の緩和に向けた対話に有利な環境づくりが重要であることを強調した」とされている。

東アジア首脳会議（EAS）

EASは，地域および国際社会の重要な問題について首脳間で率直な対話を行うことを目的に2005年に発足した会議体であり、ASEANの10カ国に加え、日本、米国、中国、韓国、オーストラリア、ニュージーランド、インド、ロシアが参加している。

11月14日にフィリピンのマニラで開催されたEAS首脳会議では、安倍首相がインド太平洋の法の支配に基づく自由で開かれた海洋秩序を維持、強化することの重要性を説明した。ほぼすべての首脳が北朝鮮情勢を取り上げ、核兵器および弾道ミサイル開発に対する懸念を表明した。議長声明では、南シナ海問題については「懸念」の文言が維持され、朝鮮半島情勢については、「何人かの首脳が、核・ミサイル開発を続ける北朝鮮を非難した」と言及し、批判の調子を強めた。ただし、「化学兵器」や「大量破壊兵器開発」についての文言はなかった。

ASEANと対話国

現在、ASEANは日本、中国、韓国、オーストラリア、カナダ、EU、インド、ニュージーランド、米国、ロシアの10の国と組織を「対話国」と位置付けている。このうち、日本、中国、韓国についてはASEANプラス3という枠組みがあり、これにオーストラリア、インド、ニュージーランド、米国を加えてEASが開催されている。

近年、トルコがASEANに接近する姿勢を見せている。トルコはイスラム諸国会議機構（OIC）の議長国を務めており、世界最大のムスリム人口を抱えるインドネシアをはじめ、マレーシア、ブルネイにも広くネットワークを有している。EUの前進の欧州経済共同体（EEC）時代から50年近くEU加盟を希望してきたが、2010年より在インドネシア・トルコ大使をASEAN大使として兼任させており、2013年

からは毎年、ASEAN外相会議に初めて議長賓客として招待されている。

　2017年10月には、トルコ外務省がアンカラでASEANとトルコの経済協力に関する有識者会議を開催した。首都アンカラには、ASEAN加盟の全10カ国が大使館を開設している。トルコは一気にASEAN加盟を希望しているわけではなく、対話国の前段階である「分野別対話国」という現在の立場を「対話国」に格上げし、ASEANとの自由貿易交渉などより高度な協力を模索していくとみられている。

アジア太平洋経済協力会議（APEC）、環太平洋パートナーシップ（TPP）協定、東アジア地域包括的経済連携（RCEP）

　APECは、米国、中国、日本、ロシア、カナダ、オーストラリア、メキシコなどを含む21の国と地域で構成されていている。2016年にペルーのリマで開かれたAPEC首脳会議では、TPPとRCEPの二つを土台としつつアジア太平洋自由貿易圏（FTAAP）構想を実現することが確認された。

　2017年の11月のAPEC首脳会議と同時に開催されたTPP閣僚会合では、オーストラリア、ブルネイ、カナダ、チリ、日本、マレーシア、メキシコ、ニュージーランド、ペルー、シンガポール、ベトナムの11カ国が、TPP11協定（環太平洋パートナーシップに関する包括的および先進的な協定）に大筋合意した。

　RCEPでは、物品貿易に加え、サービス、電子商取引、政府調達など18分野の交渉が行われており、アジアの広域ルールの策定という意味でも注目されている。11月に開催されたRCEP交渉の閣僚会合および首脳会議には日本や中国、インド、ASEANなどの16カ国が参加し、共同首脳声明で、「貿易の開放性と地域経済統合がもたらす有益な貢献が、不安定な世界のマクロ経済環境から我々の地域を守り、強靭な経済の維持に繋がること」に言及し、自由貿易推進のメッセージを打ち出した。交渉参加国は2017年中の合意を目指していたが、貿易自由化の水準などをめぐって各国の主張に隔たりがあり、今後の交渉方針について合意するに留まった。

（木場紗綾／公立小松大学准教授）

コラム 各国で強まる報道への圧力／東南アジア

　東南アジアの外交の舞台といえば東南アジア諸国連合（ASEAN）である。年に2度の首脳会議に加えて大小1300にも及ぶ会議が毎年開催されている。しかしこれらを取材するASEAN各国の記者は多くない。域外の大国が参加する東アジアサミットや26の国や地域が同席するARF（地域フォーラム）に駆け付けるのは、開催国の記者を除けば圧倒的に日本のメディアである（日本メディアが各種国際会議に殺到するのは、アジア地域に限らない。G7やG20でもそうである。ただASEANの場合、欧米メディアの記者がぐっと少ないので日本勢がなおさら目立つのだ）。

　なぜASEANの記者はASEANを取材しないのか。

　金がない。これが最大の理由だ。外国に記者を派遣して国際会議を取材させる資金力のあるメディアはこの地域にほとんどない。ASEANの会議や首脳の外遊に随行する各国記者もいないではないが、ほとんどは政府からの顎足つきである。だから政府の批判などすることはない。そんな記事に読みごたえがあるわけもない。読者の関心もけして高くはない。専門記者も数えるほどしかいない。

　インドシナ紛争と冷戦が終結した後の東南アジアの各国政府にとっては、対外的な安全保障より国内治安問題が、多国間外交より内政が重要である。

　その内政・国内治安の課題が国際問題化するきっかけとなる報道には各国政府とも神経をとがらせている。多くの政権は国内のメディアはもとより、目の上のたんこぶである外国系メディアへの締め付けを強めている。

　少数派イスラム教徒ロヒンギャへの弾圧で批判されるミャンマー政府は、この問題を報じようとしたロイター通信の記者を逮捕した。最大野党を解党するなど独裁色を強めるカンボジアのフン・セン体制は英字紙『カンボジア・デイリー』に巨額の税納付を命じて廃刊に追い込んだ。クーデタが繰り返されるタイでは「不敬」を理由に英『エコノミスト』誌がたびたび発禁となっている。

　かつて共産主義のドミノが喧伝された東南アジアではいま、民主化や人権問題に無頓着なトランプ政権の登場、中国の経済的な膨張を背景に、権威主義のドミノ倒しが起きている。報道への圧迫も強まるばかりだ。国際NGO「国境なき記者団」（本部・パリ）が発表した2018年の「報道の自由度ランキング」では、ASEANトップのインドネシアでも180カ国・地域中124位。フィリピン、タイ、マレーシア、カンボジアなどは近年、軒並み大幅に順位を下げている。

柴田直治
（近畿大学教授）

第7章　南アジア

概　観

　インドのナレンドラ・モディ政権は、依然として国民の一定の支持を維持しながら、2019年の連邦下院選挙に向けて準備を進めている。一方パキスタンはパナマ文書など一連のスキャンダルで首相をはじめ閣僚、野党の閣僚経験者までも辞任に追い込まれるなど、混乱が続いている。2018年7月の国民議会選挙でどこまで民主主義の定着が図れるかが問われている。アフガニスタンでも汚職が問題となっており、政府の正統性が問われている。ネパールでは、親中派と目されるマオイストを含む左派連合政権が成立し、モルディブでは親中派と親印派が争いを続けて混乱している。ミャンマーで起きたロヒンギャの難民問題は隣国バングラデシュをはじめインドにも影響を与えている。

　治安情勢は、インドではカシミールが相変わらず騒然としている他、ダージリンの分離運動、マオイストの奇襲攻撃などが起きているが、北東部の治安は改善され、連邦政府は北東諸州の一部を軍特別権限法（AFSPA）の適用地域から除外した。パキスタンの国内治安もわずかずつではあるが、数年来改善されてきている。一方アフガニスタンの治安状況は依然として悪い。

　国際関係では、印パ関係は緊張が高まった。水面下で安全保障顧問の話し合いが持たれているが、関係改善の兆しは見えてこない。また、この地域を舞台に中国とインドの対抗、対立が続いている。2017年夏、インドがその安全保障を担うブータンと中国の国境をめぐる争いの場、ドグラム高地に、中印両国軍が2カ月半にわたって対峙するという緊張が続いた。最終的に大事にはならずにおさまったが、中印国境問題は解決しておらず、時折衝突が起きる状態は続いている。モルディブでも親印の前政権と親中の現政権の対立を契機に両国がインド洋に艦艇を展開した。こういった中国との対立を背景に、インドは米国、フランス、オマーン、セイシェルなどがインド洋に有する港へのアクセス権を獲得した。

　米国は2017年8月にアフガン戦略を無期限の米軍のアフガニスタン駐留継続へ転換させた。その理由の一つとして、それまでのパキスタンのテロとの戦いでの非協力をあげ、パキスタンへの援助停止を含む厳しい姿勢を示した。さらにアフガン政策ではインドの役割を重視して、インドへの傾斜を一層高めた。反発を強めたパキスタンは中国への依存度を高めた。

　中国は「一帯一路」構想の要の一つと位置付ける「中国・パキスタン経済回廊（CPEC）」に力を入れ、各地でプロジェクトが動き出した。今やパキスタンはこの経済回廊に国の命運をかけている有様である。一方インドが支援してきたイランのチャバハール港が12月に開港し、インドとしては同港を拠点とする産業回廊を実現することに意欲を示している。経済活動を通じても、印パ対立の構図が表れている。

−195−

インド

モディ政権、与党の好調は揺るがず

　2014年に発足したナレンドラ・モディ政権は、国民の高い支持を維持したまま2019年前半に予定される総選挙に突入しそうである。2017年度中に実施された各種の世論調査はいずれも、モディ首相と与党、インド人民党（BJP）の優位を示した。国民の間には、物価上昇や雇用対策については不満もあるものの、インドの経済情勢全般、汚職・テロ対策、外交・安全保障政策に関しては、現政権に対して、おおむね高い評価を与えている。

　モディ政権が発足時から導入を目指してきた物品・サービス税（GST）は、関連法が2017年4月に連邦議会で可決、成立し、各州議会での承認を得て、7月にようやく複雑な間接税の一本化が実現した。しかし土地収用法と労働法の改正については、連邦上院で多数を占める野党の反対が強く、手つかずのままとなっている。7月の大統領・副大統領選挙は、与野党の候補が激突するかたちとなり、いずれも与党候補が勝利を収めた。モディ氏は、9月の内閣改造で国防相に女性のシタラマン氏を起用するなど、来る総選挙を睨んだ政府と党の態勢作りを本格化させている。

　2017年度後半に相次いで実施された州議会選挙は、いずれもBJPが好調ぶりを発揮した。BJPは2017年12月、ヒマーチャル・プラデーシュ州で国民会議派から政権を奪還し、グジャラート州では政権維持に成功した。2018年3月には、北東部の3州で選挙結果が発表され、BJPは、四半世紀にわたって、左翼の牙城であったトリプラ州で圧勝したのをはじめ、ナガランド州、メガーラヤ州でも地域政党とともに連立政権を形成した。

　対照的に、前回の総選挙で歴史的敗北を喫し、下野した国民会議派は党勢の回復どころか、州議会選挙でも退潮が続いた。会議派は、2017年12月、ソニア総裁の後継として、長男のラフル・ガンディー氏を新総裁として選出したものの、国民の人気ではモディ氏に大きく水をあけられている。

　とはいえ、与党側にとって気がかりな動向もある。地域政党のなかに、対BJP

第7章　南アジア

で連携する動きが見られはじめている点である。2017年12月のウッタル・プラデーシュ州での連邦下院補欠選挙では、伝統的にライバル関係にあったはずの地域政党が選挙協力し、与党候補を破った。他方、連立与党の一角を占めていたアーンドラ・プラデーシュ州の地域政党、テルグ・デーサムは、同州の特別カテゴリーとしての地位が認められないことを理由に、2018年3月、連立から離脱した。今後も2019年総選挙を前に、各政党の合従連衡が続くと思われるが、野党連合が国民会議派を巻き込むような展開になれば、与党側も安穏とはしていられなくなるであろう。

治安情勢

　ジャンムー・カシミール（J&K）州情勢は、2017年も前年同様、夏の時期に悪化した。前年の騒乱はイスラム分離武装組織、ヒズブル・ムジャヒディーン幹部の死が発端となった。5月、その後継者と目される青年が治安部隊により射殺されると、州内で抗議活動が活発化し、死傷者の出る事態となった。7月にも、ヒンドゥー巡礼者のバスがラシュカレ・イ・タイバ（LeT）とみられる武装組織に襲撃され、8名が死亡した。こうしたJ&K州の分離勢力とパキスタンとの繋がりは以前から指摘されてきたが、5月にパキスタンからの資金提供を裏付ける「自白」のインタビューが報じられると、インド国家捜査局は本格的な捜査を開始し、10名を逮捕、拘束した。

　西ベンガル州ダージリン丘陵部では、2017年6月、学校教育におけるベンガル語の義務化に対する抗議運動が暴徒化し、同州からの分離を求める運動が広がった。他方、北東部諸州においては、2017年の反政府勢力による事案数がこの20年間で最少となるなど、治安状況の改善がみられる。これを受け、連邦政府は2018年4月、メガーラヤ州全域とアルナーチャル・プラデーシュ州の一部をAFSPAの適用地域から除外した。なお、ミャンマーのロヒンギャ問題が深刻化するにつれ、国境を接する北東部諸州は流入を阻止すべく、国境警備を強化した。

　分離運動以外では、2017年5月にウッタル・プラデーシュ州でカースト間の衝突と暴動が続いたほか、8月には、ハリヤナ州でデーラーと呼ばれる新興宗教団体による暴動が起き、38名が死亡した。また極左武装組織、マオイスト（ナクサライ

-197-

ト）の活動も、2017年4月にチャッティスガール州で中央警察予備隊（CRPF）が
奇襲を受け、25名が死亡する事案が起きるなど、根絶にはほど遠い。マオイスト
はマハラシュトラ州東部でも活動が確認されるようになっており、政府の掃討作
戦を逃れ、活動の範囲を西方に広げている。

暗礁に乗り上げた「近隣第一政策」

　モディ政権は、中国の影響力拡大が進むインド近隣諸国との関係強化を主要
な外交課題に掲げてきた。しかし政権発足当初は順調にみえた「近隣第一政策」
も、行き詰まりが顕著になっている。

　2016年に2度の大規模な「越境テロ」と、その報復としての「局部攻撃」で悪化し
たパキスタンとの関係は、膠着状態が続いた。2017年4月、パキスタン軍事法廷
は、諜報活動の容疑により拘束された元インド海軍幹部に対し、死刑判決を下
し、インド側は反発を強めた。パキスタンは12月に「人道的措置」として、同元幹
部への母親と夫人の面会を認めたものの、その際の処遇等をめぐり、両国の対
立はかえって深まった。9月の国連総会でも、印パはテロと人権侵害をめぐって激
しい非難合戦を繰り広げた。2018年3月には、双方の首都に駐在する外交官へ
のハラスメント行為がエスカレートし、パキスタン側がいったん自国の大使を帰
任させる措置をとる事態にまで発展した。印パ間では国家安全保障顧問協議が
12月にバンコクで行われたほか、水面下での接触はあるものの、首脳間の接触は
途絶えている。

　緊密化が進んできたはずのバングラデシュとの関係にも暗雲が垂れ込めた。
2017年4月、訪印したハシナ首相に対し、モディ政権は、防衛装備品向けを含む
50億ドルの融資枠を供与した。しかし懸案の河川共同利用協定は、西ベンガル
州の同意が依然得られず、バングラデシュ側は不満を募らせた。さらにロヒン
ギャ問題という新たな障壁が両国関係に立ちはだかる。ミャンマーで8月末以
降、治安部隊とロヒンギャの衝突が激化するなか、9月にミャンマーを訪問した
モディ氏は、アウン・サン・スー・チー国家最高顧問との首脳会談で、ロヒンギャ
情勢をもっぱら過激主義者によるテロ問題とみなし、難民問題には一切言及し
ない共同声明を発表した。インド国内でも、4万人いるとされるロヒンギャについ

第7章　南アジア

て、彼らを違法移民とみなす発言が与党や政府要人から相次いだ。これに対し、80万人以上のロヒンギャ難民を抱えるバングラデシュは強く反発し、インド側に抗議した。慌てたモディ政権は、難民問題を懸念するとの声明や支援物資供与を発表するなど、対応に苦慮した。

　近隣国の国内政治の展開も、インドにとって好ましくない動向が続いた。ネパールでは2017年11-12月の総選挙の結果、親中派と目されるマオイストを含む左派連合政権が成立した。モルディブでも、2017年12月に中国との自由貿易協定（FTA）締結に踏み切ったヤーミン大統領が、2018年2月には、非常事態宣言を発表して、インドとの関係を重視する野党指導者らを拘束するとともに、その活動を規制した。

域外周辺地域との関係強化

　南アジアの外側の周辺地域、いわゆる「拡大近隣地域」との関係は良好であり、より大胆な接近がみられる。2017年6月、カザフスタンで開催された上海協力機構（SCO）首脳会議において、インドとパキスタンの正式加盟が発表され、モディ氏は中央アジアとのエネルギー協力、対テロ協力に強い意欲を示した。イランでは、インドが「アフガニスタンと中央アジアへのゲートウェイ」と位置づけ、支援してきたチャバハール港が12月に開港した。モディ氏は、2018年2月に訪印したイランのローハニ大統領と、同港を拠点とする産業回廊を実現することに意欲を示した。

　ASEANとの間では、2017年11月にフィリピンで印ASEAN年次首脳会談が開かれたのに引き続き、モディ氏は、2018年1月の共和国記念日式典の主賓としてASEAN全首脳をデリーに招き、あわせて首脳会談を開催した。

　同じく積極的な首脳外交が展開されたのが、イスラエル、パレスチナとの関係である。インドは冷戦期の非同盟運動の経緯から、パレスチナに同情的な立場を示す一方、近年は特に兵器取引において、イスラエルとの関係を深めていた。しかし両者の対立関係に鑑み、インドはこれまで首脳訪問を躊躇してきた。そうしたなかで、モディ政権はまず、2017年5月にパレスチナのアッバース大統領をデリーに招いて厚遇することで配慮を示した。そのうえで、7月にモディ氏がインド首相としてイスラエルを初訪問し、「戦略的パートナーシップ」関係の樹立を宣言

－199－

した。半年後の2018年1月、その返礼としてイスラエルのネタニヤフ首相が訪印すると、翌2月には、モディ氏がこちらもインド首相としては初めて、パレスチナを公式訪問した。モディ氏の訪問はイスラエルとパレスチナを同じ旅程のなかには組み込まず、しかしいずれにも足を運ぶことで、双方との関係を個別に強化していく姿勢を示すものであった。

軍事対峙に発展した中国との対立

中国との間では、モディ政権の目指す原子力供給国グループ（NSG）加盟、ならびにパキスタンのテロ組織、ジャイシュ・エ・ムハンマド（JeM）創設者、アズハルの国連制裁指定という二つの外交目標を中国が依然として阻止し続け、インド側は不満を募らせた。これに対し、2017年4月、インド亡命中のダライ・ラマがアルナーチャル・プラデーシュ州を訪問し、中国側の反発を招いた。5月、モディ政権は北京での「一帯一路」サミットについて、会議前日、中国のプロジェクトが主権を無視し、開放性および透明性を欠いているなどとしてボイコットを表明した。

こうしたなか、中国は6月に入ると、インドとともに同サミットを欠席したブータンが領有権を主張するドクラム高地において、人民解放軍による道路建設作業を開始した。「一方的現状変更」に対し、インド側がただちに部隊を現地に派遣して作業を妨害し、印中の部隊が睨み合う事態に発展した。インドとしては、ブータンへの影響力保持の観点からも、シッキム州に近く、戦略的に重要なドクラム高地の現状維持の観点からも、道路建設を認めるわけにはいかなかったのである。

結局、2カ月半に及んだ軍事対峙は、中国のアモイでのBRICS首脳会議直前の8月末に、インド側部隊の「離脱」と中国側建設作業の一時中断により収束した。しかし、その後もインド国内では、中国が作業を再開しているとの報道が相次ぎ、2018年1月なると、インド政府もその事実を認めたほか、アルナーチャル・プラデーシュ州でも中国人作業員による道路建設の動きが明らかになった。いずれについても、モディ政権は「解決された」とし、事態沈静化に努めてはいるものの、今後も同様の事案が起きる可能性は高いとみられている。

第7章　南アジア

米欧との緊密化

　対米関係は、トランプ政権発足後も緊密化が進んでいる。2017年6月に訪米したモディ氏は、トランプ大統領と初会談し、パキスタンからの「越境テロ」問題での協力を要請するとともに、中国を念頭に、「インド太平洋地域の責任ある管理者」としての印米協力推進を盛り込んだ共同声明に合意した。首脳会談後の8月、トランプ氏は、パキスタンが「テロのエージェントに隠れ家を提供している」と明言する一方、インドにより積極的な役割を期待するとのアフガニスタン戦略を発表した。トランプ政権は、9月にマティス国防長官、10月にティラーソン国務長官を相次いで訪印させ、インドとの関係を重視していることを示した。

　12月にトランプ政権が発表した国家安全保障戦略（NSS）は、インドについて、「指導的グローバルパワー、より強力な戦略・防衛パートナーとしての台頭を歓迎する」とし、安全保障、政治、経済のすべての領域において、日豪とともに米国の重要なパートナーと位置づけた。特に南・中央アジア、インド太平洋では、「修正主義勢力」としての中国の影響力拡大に対抗するためのパートナーとしてインドの役割に期待が記された。2018年1月には、トランプ氏の指示に基づいて、国務省がパキスタンへの援助停止を発表した。インド政府は、こうした米国の動きを高く評価する一方、トランプ政権が中国やパキスタンに対して、NSSに記されたような一貫した政策を実際に続けるかどうかを注視している。

　その他の欧州諸国に関しても、活発な首脳外交が続いている。2017年5月から6月にかけ、モディ氏はロシア、ドイツ、フランス、オランダ、スペイン、ポルトガルを歴訪した。この中で特に伝統的友好国であるロシアとの間では、原発増設から陸海空三軍の参加する二国間共同演習開催、対テロ協力など広範な合意がみられた。また2018年3月には、フランスのマクロン大統領が訪印し、インド洋地域での海洋協力を進めることで合意するとともに、「兵站交換協定」が結ばれ、インド洋に多くの海軍基地を有するフランスとの海軍協力が進展する可能性が開かれた。

日印関係の進展

　モディ政権が対中警戒を強めるなか、日印の連携は一層強化された。2017年5月、インドが「一帯一路」サミットをボイコットした直後、アフリカ開発銀行総会

－201－

で演説したモディ氏は、安倍首相の名を出して、アジアとアフリカの成長とコネクティヴィティ（連結性）強化のために「インドは日本と協力していく」と宣言した。日印のシンクタンクからは、「アジア・アフリカ成長回廊構想」という文書が発表された。日本国内では6月、2016年に締結されたインドとの民生用原子力協力協定が国会で承認され、7月についに発効に至った。国会審議では、インドの戦略的重要性が、核拡散防止条約（NPT）非加盟国との協力に否定的な声を上回る結果となった。

　日印の年次首脳会談は、2017年9月にモディ氏が、地元、グジャラート州のアーメダバードに安倍氏を迎えるかたちで開催された。両首脳は、日本の新幹線システム採用が決まったアーメダバード・ムンバイ間の高速鉄道起工式に出席した後、郊外のガンディナガルで首脳会談を行った。共同声明には、従来、インド側がほとんど関心を示してこなかった北朝鮮問題について、「北朝鮮の核兵器および弾道ミサイル開発計画の継続を最も強い言葉で非難」し、「北朝鮮に対する圧力を最大化させるため、関連する国連安保理決議を厳格かつ完全に履行することを国際社会に要請する」という異例の文言が盛り込まれた。また、中国の「一帯一路」に対する前述の「アジア・アフリカ成長回廊構想」を念頭に、開放性、透明性、非排他性のある「コネクティヴィティ・インフラ」をインド国内のみならず、アフリカを含むインド太平洋地域に広げていくべく協働するとの宣言もあった。特にインドと東南アジアとのコネクティヴィティ強化の鍵となるインド北東部の開発に関しては、「日印アクト・イースト・フォーラム」の設立が発表された。このほか、パキスタンに端を発するテロ問題について、LeT、JeMを名指しし、これらテロ組織の脅威に対する協力を強化することも合意された。このように、北朝鮮、パキスタン、中国という脅威要因が日印を一層接近させている。

　新たな具体的安保協力としては、人道支援・災害救援、平和維持活動（PKO）、テロ対策などを念頭に、陸上自衛隊とインド陸軍の共同訓練を2018年に実施する可能性を模索することになったほか、無人車両やロボティクスといった分野での防衛協力について協議を進めることも決まった。他方、数年来交渉の続く日本の救難飛行艇US‐2輸出問題については、進展はみられなかった。

　安倍氏とモディ氏は年次首脳会談以外にも、2017年7月のG20、11月の

ASEAN首脳会議といった多国間会議の機会に個別会談を重ねており、個人的な信頼関係を深めている。首脳間だけでなく、その他政府要人の往来も活発であり、2018年3月には第9回日印外相間戦略対話が東京で開催された。実務者間協議としては、2017年8月にデリーで第2回サイバー協議が、11月に東京で第5回テロ対策協議が開催されるなど、安保当局間の協議と協力が進んでいる。

日印を含む多国間枠組みでは、日米印の間で2017年7月にチェンナイ沖で、「マラバール2017」海上演習、9月にはニューヨークで外相会合が行われた。日印豪の間でも、2017年4月にキャンベラで、12月にデリーで外務次官協議が開催されている。加えて、2017年11月には、日米豪印4カ国の間で外務局長級会合がマニラで開催された。日米豪印の4カ国協議は、第1期安倍政権時の2007年に、同じマニラで開催されて以来10年振りとなった。当時は、直後に4カ国にシンガポールを加えた大規模な海上演習も実施され、中国の強い反発を招いた。モディ政権は、今回の4カ国協議は「同盟」ではないとの立場を表明しており、共同演習にまで発展させることに慎重な姿勢を取っている。他方で、2018年1月には、デリーでの国際会議、ライシナ対話には4カ国の軍・自衛隊トップを招くなど、戦略対話を推進することには前向きである。これら多国間枠組みのいずれにおいても、「自由で開かれたインド太平洋」の重要性が強調されている。

（伊藤融／防衛大学校准教授）

軍事情勢

①全般軍事情勢

インド軍は、昨今の国際情勢の変化と自らの国力の増大に適合するため、戦略の転換の最中にある。ただ、その変化の一つは、インドがパキスタンよりも中国を脅威と捉える傾向が強まっていることである。そして、そのような傾向に強い影響を与えたのが、2017年6-8月におきたドグラム危機と、2018年初頭のモルディブの政情不安である。

前述のドグラム高地における印中対立はドグラム高地に留まらず、4,000キロメートルの印中国境（実効支配線含む）全域にわたり両軍は戦闘準備態勢に入り、8月には、カシミールで両軍が石を投げあって負傷者もだした。

−203−

モルディブにおいても、2018年初頭に政情不安が高まり、中国の支援を受ける現大統領派と、インドの支援を模索する前大統領派が対立、印中両国の争いの様相を示した。結果、中国側がインド洋に14隻の艦艇を展開させると、インド側もインド洋における大演習を開始して、対抗した。結局、中国の艦艇は、インド海軍の艦艇に遭遇後、引き上げたようである。

　このように、インドと中国との間ではブータンやモルディブへの影響力をめぐり、軍事的な対立が高まっていることから、インドは周辺国においてインドの存在感を示し、インド離れ、中国への接近を防ごうとしている。インド洋におけるインド海軍の動きはそのような努力の一環である。インド海軍は、過去1年だけで米国、フランス、オマーン、セイシェルなどがインド洋に有する港へのアクセス権を獲得した。その上で、2017年10月には「任務ベースの配備」を開始した。これはソマリアの海賊対策からマラッカ海峡周辺のパトロールに至る七つの任務に基づいて、それぞれの任務に参加する艦艇に3カ月ずつの航海をさせ、インド洋の沿岸国をまわって存在感を示すものである。

　さらに、ドグラム危機は、インドがベトナムや日本との協力関係を強めるきっかけともなった。ドグラム危機の最中、インドはベトナムへ、中国を攻撃可能なブラモス巡航ミサイルの輸出で合意した。また、日本はドグラム危機の最中にヘリ空母「いずも」をインドに派遣し、駐印大使がインド支持を示す発言をした唯一の主要国ともなっており、ドグラム危機直後に実施されたインド国防相の訪日、安倍氏の訪印ではインド側から感謝が示された。そのため、日印間の共同声明には多くの防衛関連合意が明記され、その中には対潜水艦戦のノウハウ共有、無人車両の共同開発、軍民両用技術における協力が含まれている。

②総兵力

　総兵力に大きな変化はない。総兵力140万人弱。内、陸軍が120万、海軍が約6万人、空軍が約13万人、沿岸警備隊が約1万人である。予備役は115万人強有し、内、陸軍が96万人、海軍が5.5万人、空軍が14万人である。それ以外に、首相府、国防省、内務省などに属する準軍隊が18組織140万人規模で存在し、これも有事の際は予備戦力になる。つまりインドは、100万人を超える規模の正規軍、予備役、準軍隊の三つを有する大規模な軍事力を有している。

③国防費

2018年1月にインド国会において発表された2018 - 2019年度の国防費は2兆9,551億1,410万インドルピー（約442億米ドル）で、国家総予算の約12%であり、前年に比べ約7.8%の伸び。内、新装備購入に充てる予算が国防費全体の約33%、残りが人件費や維持管理費。陸海空の配分は陸55%、海15%、空23%（他、研究開発などに7%）である。この国防費には莫大な額に上る退役軍人の年金は含まれていない。

④核戦力

現在の与党BJPのマニフェストには核ドクトリンの見直しが明記され、核実験の再開などが予想されたが、2018年4月現在、見直しの動きはない。保有弾頭は昨年より10増の130でパキスタンより少ない。運搬手段は、射程700 - 5,500kmの弾道ミサイル・アグニ、戦闘機、戦略ミサイル原潜を有する。射程700キロメートルでパキスタン全土、3,500キロメートルで北京、5,000キロメートルで中国全土が射程に収まる。指揮は戦略軍コマンドでとるが、弾道ミサイルだけ指揮下にあり、戦闘機、原潜は指揮下にない。ミサイル防衛は、国産のPAD、AADを配備。ロシア製S - 400輸入について交渉中である。

⑤宇宙

インドは過去1年で大型の衛星6機の打ち上げに成功し、インド版GPSに当たるインド地域航法衛星システム（IRNSS）用に8機、通信用にGSAT11機、地球観測用に13機（偵察用のRISATを2機、Cartosat5機を含む）計40機運用しているものとみられる。

⑥通常軍備

陸軍：六つの陸軍管区司令部（北部、西部、南西部、中部、南部、東部）と訓練司令部を保有している。部隊を印中国境へ再配置しつつある。チベットへの攻撃能力保有を目指す第17軍団の装備として、米国より超軽量砲M777の購入に向け試験中である。

海軍：インド海軍は現在140隻程度だが、増加中。2020年代に200隻を超えるものとみられる。対潜水艦戦の装備が不足しており、米国製対潜哨戒機、国産原潜、ロシア製原潜リース、フランス製潜水艦などの導入加速、

保有潜水艦延命など対策を急いでいる。

空軍：空軍は、老朽化したミグ21、27戦闘機の退役に伴い、戦闘機の飛行隊数が31まで減少している。実際には42必要とされているため、フランス製ラファール戦闘機36機の購入と同時に、米国およびスウェーデン製の戦闘機の追加購入を検討している。また、チベット攻撃能力を企図する陸軍第17軍団を支援するため、米国から大型輸送機、攻撃ヘリ、大型輸送ヘリの購入計画を進めている。

（長尾賢／ハドソン研究所研究員）

パキスタン

スキャンダルに揺れる政界

　2017年7月28日、ナワーズ・シャリフ首相が辞任した。最高裁判所が同日、資産隠しの疑惑で、シャリフ氏の下院議員資格を無効とする判決を下したためである。シャリフ氏の汚職疑惑は以前から取りざたされていたが、今回パナマ文書によってそれが表面化したことになる。さらに深刻なのは、軍の関与が取りざたされていることである。4月に最高裁が文民と軍からなる合同チームに、シャリフ家の資産の流れの調査を行うよう命じていたが、そのチームに三軍統合情報部（ISI）が加わっていた。シャリフ氏はこれまでに3回政権を担当しているが、今回を含めいずれも任期満了前に解任されている。そこには軍が直接および間接に関与していると指摘される。今回は特にシャリフ氏が2013年の民主的な選挙で圧勝していただけに、国民の圧倒的支持を受けた首相の辞任ということで、資産隠しと同時に、パキスタンの民主政治の危機が懸念される。

　シャリフ氏は与党「パキスタン・ムスリム連盟（ナワーズ・シャリフ派）〔PML(N)〕」の会合を開き、実弟のシャバス・シャリフ・パンジャーブ州首相を後継指名した。しかし、憲法規程により首相は下院議員でなければならないため、暫定首相としてナワーズの側近のアバシ前石油・天然資源相を指名した。なお2018年2月、最高裁はナワーズ・シャリフ氏のPML(N)の党首としての資格も無効との判決を下した。それを受けてPML(N)は正式にシャバスを党首に指名し

第7章　南アジア

た。さらに困惑させたことには、ナワーズの右腕でアバシ内閣でも財務大臣を務めたイシャク・ダール氏も、汚職の疑惑が持ち上がり、裁判にかけられたため、11月に辞任した。加えて、2017年11月に国際調査報道ジャーナリスト連合（ICIJ）によって公表されたタックス・ヘイブンに関するパラダイス文書にはショウカト・アジズ元首相の名前が挙がっている。攻撃の手は野党にもおよび、公正党のジャハンギール・タリーン元連邦投資大臣までも最高裁によって議員資格を無効とされた。一連の疑惑はパキスタン政界を混乱に陥れている。

　パキスタンでは2018年7月に国民議会選挙が行われることになっており、各政党が選挙活動を始めているが、選挙管理委員会が立候補資格を認めないケースもかなり出ることが予想される。大票田のパンジャーブ州の首相を務めたシャバスが党首になった与党、PML(N)に有利との見方もある。また宗教政党が再び連合を結成する動きがあるなど、まだ事態は動きそうである。政治家の資質が向上、公正な選挙が行われ、その結果が尊重されて初めてこの国に民主主義が定着する。

治安状況

　テロに関する治安状況は、ここ数年来わずかずつではあるが、改善されてきている。暴力事件の件数では、2017年は950件で前年より41%減、死者では同様に1,395人で25%減、負傷者だけは2%増の1,965人となった(PICSS, Journal for Conflict and Security Studies)。同様の結果は「グローバルテロリズム指標（GTI) 2017」にも述べられている。GTIによれば、テロの影響を最も強く受けた国の中で、パキスタンは過去10年の間、常に4位以内に位置づけていたが、初めて5位になったという。ちなみに、パキスタンより上位は上から、イラク、アフガニスタン、ナイジェリア、シリアとなっている。

　暴力事件で最も多いのは、ミリタントによる攻撃で、420件（前年比18%減）である。死者は民間人が585人と最も多いが、治安部隊も561人の犠牲を出している。多くは自爆テロである。地域別にみるならば、西部のバローチスタンが最も多く、ミリタントによる攻撃の43%の183件となっている。続いて連邦直轄部族地帯（FATA) と、西部の治安が相変わらず悪い。一方パンジャーブやシンドなどの

−207−

東部地区は治安が改善されてきており、経済活動も活気を取り戻しつつある。

　これらの報告書は、治安状況の改善はパキスタン軍が2014年から行ってきたザールブ・アズブ（Zarb‐e‐Azb）作戦が奏功したためと分析している。同作戦は、北ワジリスタンに隠れている外国人テロリストおよび地元の過激派両方を追い払う包括的な作戦で、最大時には3万人のパキスタン兵が関与していたとされる。また当局は、ミリタントと密接な関係があると思われる一般犯罪者の取締り作戦も強化している。そういった努力の成果もあってか、パキスタン・タリバン運動（TTP）の勢いがここにきて弱まってきているとみられる。TTPは2000年以来多くのテロ事件を引き起こし、4,500人、すなわちテロの犠牲者の約半数の命を奪ってきたとされる組織である。

悪化の一途をたどる対米関係

　トランプ政権は2017年8月アフガニスタン戦略の転換を発表した。新戦略は、期限を切らない米軍のアフガニスタン駐留継続である。アフガン問題が解決しない要因のひとつにパキスタンの協力の欠如が挙げられている。「パキスタンがテロリストをかくまっている」と非難し、パキスタンにテロ組織への姿勢を改めるように迫った。米国は2001年以降テロとの戦いなどでパキスタンにすでに300億ドルを拠出、先端軍事技術も提供してきている。ティラーソン米国務長官は、もしパキスタンが根本姿勢を改めないのであれば、経済・軍事援助を停止し、NATO非同盟国の主要同盟国待遇を取り消すとまで述べた。この米国の新戦略に対し、パキスタン国会は8月31日、これを拒絶する全会一致決議を採択した。

　さらにトランプ政権は、アフガニスタン問題に関して、パキスタンの宿敵であるインドの役割を期待するとした。パキスタンの反発は必至である。そもそもパキスタンの対アフガン政策は対印戦略の一環であり、インドに対して「戦略的深さ」を確保するためにアフガニスタンに親パキスタン政権を作ることが必要との認識でタリバン政策も行ってきた。テロ掃討作戦を徹底させ、アフガニスタン政策でインドにより大きな役割をという米国の新戦略は到底パキスタンが受け入れられるものではなかった。パキスタンは強く反発し、「われわれは自国の国益のために行動するのであって、多国の利益のためではない」、「そもそもこの地域にテロリ

ストが生まれたのは米国の誤った政策のためだ」と非難した。その後も米高官が次々とイスラマバードへ赴き、圧力をかけ続けたが、パキスタンは反発を強める一方であった。

すでに米国はパキスタンへの支援を縮小してきており、7月には予定の支援金5,000万ドルの拠出を止めた。トランプ氏は2018年1月1日の年頭のツイートで、「パキスタンは嘘と欺瞞しかわれわれによこさないのに」「その見返りにわれわれは過去15年の間に330億ドルもの援助を与えた」と批判した。米国務省は4日に対パキスタン軍事援助を凍結すると発表した。凍結額は最大で年13億ドルに上る可能性があるという。パキスタン側は、「これまでも自国でテロとの戦いはほとんど賄っており、米国の援助は必要ない」と反発した。関係改善の兆しは見えてこない。

「中国・パキスタン経済回廊（CPEC）」にかけるパキスタン

米国との関係が悪化している分、パキスタンは中国への傾斜を一層強めている。特に中国が「一帯一路」構想の要の一つと位置付ける「中国・パキスタン経済回廊（CPEC）」が動き始め、パキスタンは活気づいている。この総合インフラ開発計画は、パキスタン南西部のグワダル港からほぼパキスタンを縦断し、パキスタン管理下のカシミールを通って中国のカシュガルに通じるルートに発電所や港湾、高速道路などを整備しようというもので、630億ドルの巨大プロジェクトである。

すでに動き出しているもので重要なプロジェクトは、グワダル港とタール炭鉱開発である。前者は小さな漁村を開発して一大商工業拠点を作ろうという意欲的なプロジェクトで、約4.1億ドルを投資した第1期工事では総延長660メートルのコンテナ・ターミナルが完成し、貿易ゾーンの工事が急ピッチで進んでいる。オフィスや税関などの建設も進む。現在中国人500人を含む1,000人が働いているという。中国港控（COPHC）が建設、運営を担っている。さらに物流センターなども計画されている。

中国はここに5億ドルの無償援助をつぎ込んで、新たな空港や病院、学校などを建設する計画という。中国が無償援助を出すことは珍しく、中国自身は否定し

—209—

ているものの、米国やインドは中国がこの港を将来軍事拠点として利用する可能性があるとして警戒を強めている。

タール炭鉱はインドとの国境から50キロメートルの地点に中パの合弁会社が開発を進めている炭鉱である。3.5キロメートル先には火力発電所を建設中で、発電容量は当初の640メガワットから、将来的には11基、3,630メガワットを計画している。

こうしたプロジェクトのおかげもあって、パキスタン経済は回復基調にある。目標としていた5.7%にはとどかなかったが、17年6月期の成長率は5.3%を記録した。外国投資も増えているが、その背景には治安の回復があるとみられる。中国への依存度を益々高めるパキスタンである。

その他の外交関係

アフガニスタンとの関係は相変らず緊張を孕んでいる。2017年5月には両国の国境沿いで銃撃戦があり、双方に数十人の犠牲が出た。また同月末にアフガニスタンで起きた自爆テロの背後にパキスタンの3軍統合情報部（ISI）がいるとアフガニスタンが非難したことに対し、パキスタンが、根拠がないと応酬する場面もあった。さらに両国は国境問題をめぐって以前から対立を続けているが、最近ではテロをかくまっているとしてアフガニスタンがパキスタンを非難することが多い。一方、パキスタンはバローチスタン州の反政府運動をインドがアフガニスタン領内から支援しているために解決ができないと主張している。

2017年6月にカザフスタンで開催されたSCO首脳会議において、インドとパキスタンの正式加盟が発表された。インドが積極的であるのに比して、パキスタンは、テロとの戦いを大きな柱の1本とするSCOに対してやや消極的である。とは言え、パキスタンと中国、それにインドとロシアの二つの軸がSCOには見られることになったとの指摘もある。しかし、パキスタンは9月、ロシアと対テロ作戦の合同演習を2週間にわたって行った。

パキスタンの外交は米国離れ、中国接近であることには変わりないが、その状況下でもロシアや中央アジア、中東諸国との関係維持、強化の跡がみられる。

（広瀬崇子／専修大学教授、平和・安全保障研究所理事）

第7章　南アジア

軍事情勢

①全般軍事情勢

　パキスタンは、インドに比べ国防費が7分の1、GDPが5分の1、地形的にも不利
である。そのため、パキスタンにとって米中との軍事協力は国防の柱になってき
た。しかし2010年をピークに米国からの援助が減少、中国の存在感が急速に増
しつつある。特にトランプ政権成立後の米国は、インドをほめパキスタンを非難
する傾向が顕著で、2018年1月、対パ援助を差し止めた。

　一方で、パキスタンにとって中国の存在感は増している。パキスタンは「一帯一
路」構想に関わる多額の投資を受けており、米国のグローバル開発センターによ
ると、「一帯一路」構想で危機に瀕する世界8カ国のうちの一つである。

　結果、パキスタンの軍事力の構造も、米中との関係を直接的に受けた動きと
なっている。パキスタン陸軍は「一帯一路」関連事業を守るための15,000人規模
のセキュリティ師団を創設し、2個目の師団の編成に着手している。パキスタン空
軍の主力戦闘機も、長年主力の座にあった米国製F-16から、中パ共同開発のJF
-17戦闘機の存在感が増している。

②総兵力

　総兵力は前年と同じ65万人、準軍隊28万人。

③国防費

　4月末に発表された2018-2019年度の国防費は11,000億パキスタンルピー
（92.5億米ドル）、2017-2018年度は9,980億パキスタンルピーよりも10％伸びた
ことになる。予算の内訳は、陸軍が全体の48％、海軍11％、空軍21％で、残りは
装備品の生産部門などである。

④核戦力

　インドを上回る140個の核弾頭を保有している。弾道ミサイル・ハトフ1-6（射
程100-2,000キロメートル）、巡航ミサイル・ハトフ7-9（射程60-750キロメート
ル）を保有している。射程60キロメートルのハトフ9については、インドの限定的
な攻撃に備えた戦術核。戦闘機にも核兵器運搬能力がある。指揮は国家戦略
総司令部で行う。中国から導入したLY-80地対空ミサイルには弾道ミサイル防
衛能力がある。

－211－

⑤通常軍備

陸軍：人員規模は変化なく56万人である。九つの軍団、一つの地域コマンド、二つの特殊作戦群などを有する。CPECを警護するためのセキュリティ師団（9,000人の軍人と6,000名の準軍隊隊員）新設により、今後、人員が増加する可能性がある。

海軍：23,800人である（海兵隊3,200人、沿岸警備隊2,000人を含む）。潜水艦8隻、フリゲート艦10隻を含む海軍を保有。しだいに中国艦艇が増加傾向にある。

空軍：7万人、15飛行隊である。中パ共同開発のJF-17戦闘機の数が増えつつある。

（長尾賢）

アフガニスタン

安定しない国内治安

アフガニスタンの首都カブールで2017年5月31日、自動車爆弾による大規模な自爆テロがあり、93人が死亡、450人余りが負傷した。

2001年の対テロ戦争開始後、ヨーロッパに逃れたアフガン難民の数は30万人近くと見積もられているが、豊かな生活を夢見て、戦乱が続く貧しいアフガニスタンやシリアなどからヨーロッパ諸国に難民申請を行うようになった。この5月末のテロの現場に近いところに大使館を置くドイツに難民申請したアフガニスタン人のうち17年1月から4月の間に3万2,000人が申請を却下されたが、テロはドイツにある種のメッセージを送った可能性もある。

アフガニスタン、特に首都カブールの治安が安定しない。アフガニスタンの首都カブールで武装集団が2018年1月20日、インターコンチネンタルホテルを襲撃し、少なくとも22人が死亡した。続いて1月27日には爆弾を積んだ救急車がカブールの警備された地区の検問を通過し、人混みで爆発し、95人が死亡、158人が負傷した。3月21日には、カブール大学近くのシーア派の宗教施設でイラン暦の新年を祝う人々に対するISによる自爆テロが発生し、31人が犠牲となった。

第7章 南アジア

　さらに、2018年4月22日にはカブール西部のダシュテ・バルチ地区で有権者登録のために並んでいた人々が攻撃の標的となり、少なくとも57人が死亡した。さらに4月30日には自爆テロや銃撃が相次ぎ、記者10人を含む31人が犠牲になった。30日の事件は米国大使館やアフガン政府の関連施設が集まる地区で発生し、記者たちが駆けつけると、二度目の爆破が起こった。爆弾テロの常套手段である。いずれのテロもISが犯行声明を出しているが、シーア派住民たちを狙ったものだった。

　ISはイスラムのスンニ派に属すがシーア派を異端視し、スンニ派とシーア派の衝突を煽り、現在のアフガニスタンの政治、社会を混乱に陥れるために、テロを行っている。

タリバンにてこずる米軍

　米国の対テロ戦争の一環としてのアフガン駐留は、2001年10月に始まったが、アフガニスタンはなかなか安定しそうにない。米国はトランプ政権になって2017年の下半期だけでオバマ政権の2015年と2016年を合わせた回数を上回るおよそ2,000回の空爆を繰り返した。2017年8月、トランプ氏はツイッターで「殺し屋（タリバンやISを指す）どもに隠れ場所はない、どこにいようとも米国の力は及ぶ」と述べている。

　しかし、こうしたトランプ政権の方針にもかかわらず、タリバンの勢いは衰えそうにもなく、米国自身もタリバンがアフガン国土の半分を実効支配していると考えている。

　10代の若者たちを中心に構成されるタリバン軍の兵士たちはアフガニスタンの麻薬の流通で得られる月300ドル程度の俸給で戦っていて、それが貧困層をタリバンに引きつける大きな要因になっている。ケシの栽培農地は2017年には前年比で63％も増加した。2014年に国際治安支援部隊（ISAF）の大部分が撤退すると、2015年以降ケシの栽培は増加の一途をたどり、さらに主に中国製の太陽光パネルによる電力で、栽培のための水をくみ上げるポンプの稼働が安価にできるようになった。

　アフガニスタン駐留米軍のジョン・ニコルソン司令官はロシアがタリバンに武

-213-

器を供与していると批判するようになった。(『Foreign Policy』2018.4.2) トラ
ンプ氏は、新たなアフガン戦略の目的を「アフガニスタンの国家建設をするので
はなく、テロリストを殺害することにある」と無責任ともとれる発言をしている。
アフガニスタンで国家建設がきっちり行われなければテロリストたちが続々と生
まれるに違いない。

　アフガニスタンの歴史をひも解くと、アフガニスタンに侵攻した国や勢力によっ
て国家の元首に据えられた人物はすべて悲劇的な末路に終わっている。第一次
アフガン戦争で英国が復位させたシャー・シュージャ (在位1839年 - 42年) は、
1842年4月にカブールの英国軍が劣勢にさらされると暗殺された。第二次アフガ
ン戦争でも英国は1879年にモハンマド・ヤクーブを統治者 (当時は「エミール」
の称号) に据えてアフガニスタンの外交権をすべて英国に委任させる条約を結ん
だが、アフガニスタン人の反発が強く、彼は翌年廃位させられた。1979年にソ連
軍が侵攻して強化しようとした共産党政権も1989年のソ連軍撤退の3年後に崩
壊した。

　米国が対テロ戦争でタリバン政権を打倒した後につくった現体制も米国の軍
事的後盾がなければあっという間に崩壊しそうな様子である。

　米国からの対外援助の受領額では、2015年にアフガニスタンが55億ドルで第
一位、続いてイスラエルが31億ドル、イラクが18億ドル、エジプトが15億ドル、ヨ
ルダンが11億ドルという順になっていて、200カ国余りが米国からの経済援助を
受ける中で、これらの5カ国で25％余りを構成し突出している。アフガニスタンは
そのうちの37億ドルが安全保障関連である。(James McBride, "How Does
the U.S. Spend Its Foreign Aid?," *Council on Foreign Relations,* April
11, 2017)

アフガニスタン人を警戒するトランプ政権

　2017年7月中旬、米国のワシントンＤＣで開催されるロボットの国際競技大会
「ファースト・グローバル・チャレンジ」に参加予定だったアフガニスタンとガンビ
アの代表チームがビザを却下された。アフガニスタン、ガンビアともにイスラム教
徒が多数を占める国である。6月26日に米国の連邦高裁はトランプ氏が3月に署

名した大統領令の一部執行を認める判断を下した。大統領令は米国内でのテロを防ぐという目的でイラン、シリア、リビア、イエメン、スーダン、ソマリアの6カ国からの入国を90日間、難民の受け入れを120日間停止するというものだったが、連邦高裁の判断によって、イスラム系6カ国のうち米国内の企業や団体と強い関係をもたない者たちが入国禁止となった。

　アフガニスタンとガンビアは「6カ国」以外の国だが、トランプ政権の誕生によってイスラム教徒（ムスリム）たちの入国審査が厳格になったことは確かだろう。

　アフガニスタンのヘラートからのチームは女子学生ばかりで、首都カブールの米国大使館にビザの申請に行ったが、却下された。しかし、ロボコンの主催者は彼女たちの参加を認めており、カブールの米国大使館の措置は連邦高裁の判断とも合致しなかった。

　住民の多数がペルシア語を話すヘラートは、パシュトゥン人（言語はパシュトゥン語）のタリバンの影響も少なく、彼女たちがタリバンやＩＳの影響を受けているとは考えにくい。

国家建設に失敗するアフガニスタン

　NGOのトランスペアレンシー・インターナショナルの2017年の「腐敗認識指数」の指標では、アフガニスタンは調査された180カ国のうちでソマリア、南スーダン、シリアに次いで世界ワースト4位だった。アフガニスタンでも腐敗、ネポティズム（縁故主義）が深刻となり、国の契約は政府高官たちと親しい関係にある企業にばかりに与えられ、またゴースト企業にも契約金が支払われて、それが政府高官やそれに近い人物らに還流する構図となっている。

　タリバン復活の背景には蔓延する腐敗によって国民の政府への信頼が著しく欠如しているという問題もある。アフガニスタン政府が腐敗を改善し、国際社会からの支援金を教育や福利の整備、さらには農業の近代化など産業の振興に有効に使わなければ、国際社会のアフガニスタンへの関心は低下し、またタリバンやＩＳが求心力を高め、アフガニスタンの治安は安定することはない。

　対テロ戦争の最初の舞台となったアフガニスタンは国際社会から忘れられた感もあるが、2014年9月に成立したガニ大統領とアブドッラー行政長官の国民統

一政府（NUG）は、アフガニスタンの治安維持や国民の社会経済状態の改善に成功せず、アフガニスタンには100万人以上の国内難民がいて、国外に逃れた難民は数百万人とも見積もられている。2017年7月に第一副大統領で、旧軍閥のラシード・ドスタム氏らが中心になってトルコで反政府の「アフガニスタン救済連合」が結成され、また7月中旬にはカブールでやはり反政府組織である「アフガニスタン人民の枢軸」が創設された。アフガニスタンの現政権を支持する勢力では、現職の閣僚であるドスタム氏らが反政府的行動をとり、またドスタム氏がかつてアフガニスタンの混乱をもたらした軍閥の長であったことなどを問題視するが、アフガニスタンでは政府の中に別の政府ができた格好となり、政権内部からも混乱するようになった。

なおある民間の平和構築の動き

　治安の悪化や政府の腐敗がある中で、アフガニスタンでケシに代わる換金作物として注目されているのが、市場価格が高く、また灌漑用水が少なくて済むサフランだ。2013年11月には、アフガニスタンにおけるサフランの栽培と流通促進を目指した会議が開催されたが、その後もサフランの栽培は注目されているようだ。

　米国の元軍人で、起業家のキンバリー・ジュン氏は、アフガニスタンで地雷除去作業をしているうちに現地のサフラン農家と親しくなり、アフガニスタンの永続する平和構築のためには地元農家と協力するビジネスモデルを模索すべきと考えるに至ったという。

　ジュン氏が起した「ルーミー・スパイス」は17年に創業3年目ながら、アフガニスタンで90の農家と380人の女性を雇用し、アフガニスタンでもっとも多くの女性を採用する会社となるまでに成長した。（『WIRED』2017.6.19）

中村哲医師にアフガニスタン政府から叙勲

　アフガニスタンで灌漑事業、医療・農業支援に取り組むペシャワール会の中村哲医師にアフガニスタン政府から勲章が贈られた。

　叙勲理由は保健、農業の分野でアフガニスタンに多大な貢献をしたことだが、

—216—

叙勲式の場でアフガニスタンのガニ大統領は、ペシャワール会の灌漑方式がアフガニスタン復興のカギであり、かねてから中村医師に会いたかったと述べた。

中村医師は「長年の仕事が地元で評価され、私たちの声が為政の中枢に届いた。この叙勲が、アフガンの官民を問わず、敵味方を問わず、さらに大きく協力の輪を広げる動きであることを祈ります」とのコメントを出した。

ペシャワール会は2003年から「緑の大地計画」でアフガニスタンの砂漠の緑化に取り組み、近年では灌漑のノウハウをアフガニスタン政府や国連食糧農業機関（FAO）、国際協力機構（JICA）とも協力し、広くアフガニスタンの後世の人々に伝えようとしている。

2017年夏の時点で中村医師の灌漑事業の恩恵を受ける農地は16,000ヘクタール、60万人が生活できるようになり、2020年までに65万人に増やす計画でいる。2018年4月に、日本の灌漑工法を教える学校も完成し、日本の伝統的な灌漑方法がアフガニスタンの人々の民生の安定や、平和と安全に貢献することを目指している。

（宮田律／現代イスラム研究センター理事長、平和・安全保障研究所研究委員）

コラム インド外交とメディア

インドは早くから質の高いITソフトウェア技術者を数多く輩出するIT大国として知られるが、外交でもマスメディアよりもSNSを駆使して広報活動を行っている。そこにはモディ首相の意向が大きく働いているとみられる。

最近でこそ選挙キャンペーンにSNSを利用する政治家が増えてきたが、モディ氏は早くからその効用に気付き、力を入れてきた。彼は2001年にグジャラート州首相に任命された直後に、党や政治とは無関係の広告・宣伝、PRのプロに仕事を委託し、州首相の任期中はフルに活用した。独自のYouTubeの制作も依頼した。現在モディ氏のYouTube公式チャンネルは登録者数が806,405人、動画が7,900本である。

モディ氏は世界の「SNSの番長」である。彼のフェイスブックのフォロワーは4,000万人でトランプ米大統領の約2倍、ツイッターのフォロワーは2,900万人、インスタグラム680万人など（2017年4月現在）、SNSのフォロワー数は、世界の指導者の中でトップである。

そのモディ氏は、政権樹立後間もなく世界中のインド大使館にSNSを使って広報活動を行うよう指示を出した。在日インド大使館のフェイスブックのフォロワー数は2万8,000人（2018年5月現在）だが、駐米、駐英インド大使館はそれぞれ14万人余りである。モンゴル、ジンバブエ、ポーランド、カザフスタンなどでも1万を超えている。

これらのフェイスブックなどに掲載された大使館からのメッセージは、インド政府や大使館がそれぞれの国でどのような活動をしているか、何を重視しているかを例示している。日本では、鉄道セクターへの投資を呼びかけるセミナーなど経済活動に関するものが多い。また、文化活動の案内にも積極的で、ヨガ、オディッシーダンスのイベントなどが紹介されている。モディ氏はプラグマティックなナショナリストである。プラグマティスト・モディが投資セミナーに力を入れるなら、ナショナリスト・モディはインド文化の伝播に熱心である。さらに、参加者個人から各種イベント、宗教行事などが紹介される他、各種メッセージも送られてくる。ホスト国での受賞など、インド人の活躍ぶりが誇らしげに表現されている。こうしてインド人コミュニティの結束が強まる。首相訪問の際のディアスポラの動員にも有用である。もはや外交は国家の独占物ではなくなってきた。

広瀬崇子
（専修大学教授／平和・安全保障研究所理事）

第8章　中央アジア

概　観

　中央アジア諸国の安全にとって最大の懸念であり続けるのは、イスラムに訴える武装集団の活動であることに変化がない。特に2017年にイラクとシリアで「イスラム国（IS）」が支配地域を喪失し、これら2国で弱体化すると、その戦闘員が出身国などに戻り世界各地にテロを拡散することが危惧されるようになった。2017年は中央アジア出身者のテロが目立った年でもあった。

　中央アジアの若者たちにはロシアのサンクトペテルブルクやモスクワに出稼ぎ労働に出かけるケースが少なくないが、そこで差別を受け、疎外感を覚えるようになる。本国では雇用機会の少なさに対する不満は権威主義的な手法によって抑圧される。政治に対する不満を強権的に封じても、その不満は国外で表現され、爆発することになる。ウズベキスタンの反体制組織である「ウズベキスタン・イスラム運動（IMU）」は2014年にISに対する忠誠を誓い、根強く活動を行っている。

　中国は中央アジアからアフガニスタンやパキスタン部族地域、シリアやイラクで活動していた中国からの分離独立を唱えるウイグルの武装集団のメンバーたちが帰還することを恐れるようになった。

　2017年11月15日、国連薬物犯罪事務所（UNODC）とアフガニスタン麻薬対策当局はアフガニスタンでの2017年のアヘン生産量が、これまでで最大規模となる推計9,000トンに達したことを明らかにした。これは前年比87％の急増で周辺に位置する中央アジア諸国やロシアの懸念が広がっている。日本はアフガニスタン産の麻薬の脅威を深刻に受け止めるロシアとの間で中央アジア諸国やアフガニスタンの麻薬取締官たちに、麻薬捜査の知識などの教化や訓練を12月にロシアで行った。

　2017年6月にカザフスタンのアスタナで上海協力機構（SCO）の首脳会議が開かれたが、インドとパキスタンが正式加盟国となり、SCOは世界のGDPの約20％を占める巨大機構となった。SCO域内の協力も活発に行われ、2018年4月19日、ロシアで石油企業としては2番目の大手であるルクオイルは、34億ドルの資金を拠出してガス精製施設をウズベキスタンのカンディムのガス田に建設することを明らかにしたが、ここで精製されたガスの輸出は中国に向けられたものだ。

　SCOは2018年4月24日に上海で外相会議を開催し、4月中旬に行われた英米仏によるシリア攻撃、米中の貿易摩擦、さらにイランの核問題などについて協議した。SCOの活動は欧米諸国に対する政治的、経済的な対抗軸として定着している。

テロ対策に力を入れ、拡大する上海協力機構 (SCO)

　2017年6月8日から9日にかけて、中央アジア諸国、ロシア、中国が参加するSCOのサミットがカザフスタンのアスタナで開催され、オブザーバー参加だったインドとパキスタンが正式に加盟国となり、これによってSCOは世界人口の40%の人々を抱えることになった。ロシアのプーチン大統領は機構が強化されたことを誇り、また中国が推進する広域経済圏構想である「一帯一路」構想が高く評価され、中央アジア諸国が中国の経済力をいっそう重視する姿勢が鮮明にされた。インドとパキスタンの参加については、オブザーバー参加国であるベラルーシのカシェンコ大統領が印パ両国間の問題を解決する責任がSCOにはあると述べた。

　SCOは、8月にロシアのヤロスラヴリ州で対テロの合同訓練を行ったが、目的はSCO域内へのテロリストの侵入をくい止めるというものだった。さらに、加盟国の中の二国間関係でも対テロ訓練は進められている。2016年8月にキルギスのビシケクの中国大使館をねらったウイグル人の自爆テロが発生したが、中国が特に警戒するのは、中国からの分離独立を唱える運動があるウイグル人の中央アジアでの動静だ。現在中国のウイグルの人口の2割から4割が「再教育キャンプ」に強制収容され、「愛国主義教育」と「漢語使用」を強要されている。中国とキルギスは2017年6月に中国の新疆ウイグル自治区のクズルス・キルギス自治州で合同演習を行い、両国から700人の警察官が参加し、装甲車も交えての訓練が実施された。この訓練は、キルギスからテロリストが武器をもち込んで中国に進入することを防ぐことを想定して行われた。中国政府関係者は、訓練がテロ、分離独立主義、過激主義に対抗するSCO加盟国の固い総意の表れだと説明した。

　SCOは、2017年12月にも中国福建省の厦門で、ネットテロの対策に関する情報を共有する合同訓練を行った。テロ組織メンバーの流した宣伝、煽動情報を迅速に発見するとともに、それぞれの国の法令に基づいて情報に対する調査や分析など適切な措置を行い、テロ組織メンバーの身元と活動地点を明らかにするとともに、容疑者を逮捕して、テロの脅威を排除するという目的のものである。

キルギス大統領選挙と域内協力の発展

　ISのシリア側の首都ラッカは、クルド人を主体とする「シリア民主軍」の地上攻

撃や米軍の空爆や砲撃などで、2017年10月に陥落し、ISはほぼすべての支配地域を失った。しかし、9月末にISの指導者のバグダーディー容疑者は「あらゆる場所で敵を襲え」という声明を出すなど、ISのテロに対する脅威は根強く残っている。米国の情報企業「ソウファン・グループ」によれば、ISに加わった外国人戦闘員4万人超のうち少なくとも5,600人が出身国に帰還したと推定されている。

キルギスでは、10月15日にアタムバエフ大統領の任期満了に伴う大統領選があり、アタムバエフ氏が強く推したジェエンベコフ前首相が当選した。ジェエンベコフ政権は、前政権の路線を継承し、ロシア重視の外交政策をとるものと見られているが、キルギスもまたISへの若者たちの参加が確認される国であり、新政権にとっても過激派対策が重要な課題であり続けるだろう。

テロ対策ではSCOに加えて中央アジア諸国独自の動きもある。2017年11月10日、ウズベキスタンのミルジヨーエフ大統領は歴史都市サマルカンドで安全保障会議を開き、中央アジア5カ国による定期的な安全保障に関する首脳会議の開催を提案した。2018年に初めての首脳会談が催される見通しだ。ウズベキスタンのカリーモフ前大統領は中央アジア諸国の協力関係に消極的で、キルギスやタジキスタンとは国境や水資源をめぐる係争があった。ミルジヨーエフ現大統領は周辺諸国との関係改善を考え、2017年9月にキルギスをウズベキスタンの大統領として17年ぶりに公式訪問した。ウズベキスタンは、同国の人権問題を指摘する欧米諸国との関係改善も視野に入れて、政治犯の一部を釈放し、ミルジヨーエフ氏も2017年9月に訪米するなど、ロシア、中国だけでない、全方位外交を目指している。

中央アジアをめぐって中国に対抗するインド

2017年12月3日、インドの資金援助によるイラン南東部のチャーバハール港の改修完成式典が行われた。インドはこの港湾の整備に5億ドルを拠出し、この港湾によってインドは競合するパキスタンを経ることなく、中央アジアやアフガニスタンへの通商ルートを確立することになった。チャーバハール港からアフガニスタンとの国境に近いザーヘダーンまでの約500キロメートルの鉄道も敷設される予定である。中央アジアやアフガニスタンは地下資源も豊富で、インドはさらなる経済発展に必要なエネルギーやレアメタルなどの地下資源にもアクセスできるこ

-221-

とになった。インドが意識するのは中央アジアや南アジアに影響力を伸ばす中国の存在だ。中国は「中国・パキスタン経済回廊（CPEC）」構想に基づきパキスタンのグワダル港の整備を行った。オマーン湾にあるチャーバハール港は、インドからのアクセスも容易で、陸に閉ざされた中央アジア諸国やアフガニスタンにとっても物流を活発にするものだ。

2015年のイランと国連常任理事国、ドイツの核合意の成立によってインドにはイランに投資しやすい環境が生まれた。チャーバハール港を通じて、インドは中央アジア5カ国とアフガニスタンとの新たな経済関係が生まれることになったが、港湾の整備以前は中央アジアやアフガニスタンはインドにとって経済的パートナーといえる状態ではなく、インドの貿易額のわずかに1％を占めるにすぎなかった。

中国が整備を進めたグワダル港はチャーバハール港から72キロメートルと至近な距離にあるが、インドには東西に延びる中国の「一帯一路」構想に対抗する「南北輸送回廊（INSTC）」構想があり、これはインドのムンバイとロシアのモスクワを船や鉄道、道路で結ぶ全長7,200キロメートルの複合輸送網だが、中央アジアを巻き込んだ世界の地戦略におけるインドと中国の競合に日本も注目してよいだろう。

ニューヨーク・テロの容疑者はウズベキスタン出身

10月31日に米国ニューヨーク市マンハッタンで小型トラックが暴走し8人が犠牲となる事件が発生した。サイフロ・サイポフ容疑者（29）はウズベキスタン出身で、2010年に抽選で永住権が得られる「移民多様化ビザ」で渡米した。2017年にウズベキスタン出身者が起した国外でのテロは2017年に1月のトルコのイスタンブールのナイトクラブで起きた銃乱射事件、4月のロシアのサンクトペテルブルクの地下鉄爆破テロ、4月のスウェーデンのストックホルムの暴走トラック事件と4件発生した。

ウズベキスタンでは、宗教活動は政府の強い統制下に置かれ、聖職者の思想、信条は調査され、またメッカへの巡礼も厳格な資格審査を受け、ラマダン期間中一日の断食が終わってムスリムたちが会食をするイフタールや、ラマダン明けの祝祭「イード・アル・フィトル」は禁じられてきた。また、18歳以下の若者がモスクで礼拝など宗教活動を行うことも禁止されている。

政府はイスラムに強く傾倒して危険と見なす人物たちの「ブラックリスト」も作

第8章　中央アジア

成し、リストに名前のある人物は雇用や移動にも大幅な制限が加えられた。人権団体の「ヒューマン・ライツ・ウォッチ」によれば、2017年8月にミルジヨーエフ現大統領が名簿の人数を減らすまで、18,000人の名前が記載されていたという。

　ウズベキスタンの反政府武装集団IMUはイスラム法（シャリーア）のウズベキスタンにおける施行を唱えるが、カリーモフ前政権によって弾圧され、タジキスタン、アフガニスタン、またパキスタンの「連邦直轄地域（FATA）」など周辺諸国や地域に流出していった。2014年11月にシリアのウズベク人武装グループはISへの忠誠を誓ったが、米国のソウファングループによれば、ウズベキスタンからシリアやイラクのISに参加した若者の数はおよそ1,500人だという。2017年10月にはISに物質的支援を行ったとして、ウズベキスタン出身の人物が15年の禁固刑の判決をニューヨーク地裁から受けた。

　ウズベキスタン人が国外でテロに走るのは、ウズベキスタンではイスラムの慣行に対する制限があったり、カリーモフ一族など政府の腐敗が見られたりするからだ。強権的なウズベキスタン政府の手法は暴力の抑制に役立ったというよりもむしろテロ助長の要因となっていて、シリアやイラクでISの支配地域が消滅した現在、過激なウズベキスタン人たちは他の活動の舞台を求めていくことだろう。

　英国王立防衛安全保障研究所は2018年4月27日に中央アジアの過激派に関する分析調査結果を明らかにした。この調査はロシアの13都市においてウズベキスタン、キルギス、タジキスタン出身の200人余りを対象に行われたが、過激な集団での活動に参加する動機とすれば、宗教というよりも、金銭的な動機のほうが強いことを同調査は明らかにしている。ロシアの中央アジア出身者たちはロシア社会の官僚的体質、日々の偏見、経済的困難、また孤独や疎外の中での生活を余儀なくされている。

英米仏のシリア攻撃を批判するカザフスタン

　カザフスタンは2017年12月までに8回にわたってシリア和平会議を首都アスタナで開催してきたが、2018年4月14日に英米仏の3カ国の軍隊が、シリア政府軍が化学兵器を使用したとしてシリアにミサイルなどで攻撃したことについて、いかなる口実であれ、シリアの主権を無視した軍事介入は正当化されないと批判

－223－

した。カザフスタンは国連安保理の非常任理事国にもなっているが、同国のウマロフ国連大使は攻撃が行われた14日にさらなる軍事行動の停止、またシリアに関係する国々の間の信頼回復と、シリアにおける平和の確立および安全の確保を呼びかけた。4月19日、トルコのチャブシオール外相とアンカラで会談したカザフスタンのアブドラフマノフ外相は、「アスタナ・プロセス」がシリア内戦に伴う国際間の緊張を緩和する最も重要なものであるという考えを示した。

中央アジアの安全保障に貢献する日本

2018年2月21日に、UNODC（本部ウィーン）とロシア、日本の協力で中央アジアとアフガニスタンの麻薬捜査官を訓練する通称「ドモジェドボ・プロジェクト」の第9回研修の修了式がモスクワ郊外ドモジェドボの全ロシア内務省職員技能向上センターで行われた。この研修では厚生労働省の講師らによって日本の科学捜査の取り組みや鑑定方法の講義も行われた。

この研修には中央アジア5カ国とアフガニスタンから警察職員19人が参加した。中央アジア諸国の参加は2016年からだが、中央アジア諸国の参加は2015年9月の日露外相会談において決定され、アフガニスタン周辺諸国に麻薬対策のノウハウを伝えることが地域の安定に繋がると考えられた。

日本政府は2018年2月末にUNODCに対する日本の拠出金が2017年度は2,839万ドルと過去最高になったことを明らかにした（前年比で25％の増加）。これは、UNODC本部でフェドートフ事務局長と会談した北野ウィーン国際機関日本政府代表部大使によって明らかにされたものだが、2020年の東京オリンピックの開催をより安全にするという考えにも基づいている。この拠出金は「ドモジェドボ・プロジェクト」に参加する中央アジアの捜査官訓練に用いられている。

黒沢清監督の映画『世界の果てまで（仮）』は、2019年に公開予定だが、日本とウズベキスタンの国交樹立25周年、日本人抑留者たちが建設したタシケントのナヴォイ劇場完成70周年を記念して日本とウズベキスタンの共同制作でロケが行われている。日本のテレビバラエティ番組の取材でウズベキスタンを訪れた女性タレントが、現地の異文化の人々との交流によって、新しい世界を知り、成長する姿が描かれるという。女性タレントは日本に押し寄せる異文化を警戒していた

－224－

第8章　中央アジア

が、彼女に新しい世界を理解できるだろうかというストーリー展開だ。いずれにせよ、中央アジア諸国との友好関係の発展は、日本人には危害を加えないなどの感情を育むことになり、日本人の安全にも寄与することだろう。　　　　（宮田律）

コラム　もっぱら外国メディアに配慮する中央アジア諸国政府

　民主主義のシステムが定着、発達していない中央アジアでは、メディアは政府に都合のよい記事を書かなければ活動を継続できない。そのために政府が自国のメディアに特別な配慮を行うことはほとんどなく、メディアが政府に気づかうことのほうがはるかに多いような状態である。中央アジア諸国政府のメディアに関する注意や関心の重点は、外国メディアの報道内容に置かれることになる。

　シリアの和平会議を自国で開催するようになったカザフスタンは、エネルギー資源が豊富で、2010年以降は7％程度の経済成長を遂げているが、資源依存の経済から脱却するには外国の技術の導入によって加工産業の充実を図りたい意向で、特に外国メディアを使った国のイメージアップに力を注いでいる。

　2017年6月27日にカザフスタンのカイラト・ウマロフ国連大使は、カザフスタン外交開始25周年を記念してニューヨークでパーティを開き、国連関係者、各国の政府、メディア、ビジネス関係者たちを前に、カザフスタンが国際的対話、国連など国際機関や他の地域機構と協力しながら、予防外交、紛争の調停を行い、対等で、友好な関係をすべての国々と築いてきたことを強調した。ウマロフ大使は、カザフスタンが世界の平和や安全保障に貢献し、テロや国境を越えた犯罪と闘ってきたとも述べた。カザフスタンでは2017年11月にも日本などの外国人ジャーナリストを招待して、カザフスタンの伝統や近代化に関する1週間のツアーを行ったが、他方でナザルバエフ大統領は12月28日にメディア法に対する修正を承認し、メディア規制を強化する方針を明らかにした。カザフスタンは国際NGO「国境なき記者団」による世界報道自由度では180カ国中、157位だ。

　ウズベキスタンもまた報道ビザの発行条件を緩和した。日本を含む13カ国にはビザの発行手続きが簡素化されている。国のイメージ戦略に、各国に駐在する中央アジア諸国の大使館も取り組んでいる。例えば、2017年12月31日、駐ジョージアのムラトフ・トルクメニスタン大使は、ジョージアの著名な記者などを招き、トルクメニスタンが鉄道や道路、港湾、橋梁を整備することで「大シルクロード」を復活させることができると述べた。ソ連から独立してから四半世紀の中央アジア諸国は自国の発展のために外国メディアを積極的に活用している。

宮田律
（一般社団法人　現代イスラム研究センター理事長）

第9章　南西太平洋

概　観

　オーストラリアは14年ぶりとなる『外交政策白書』を発表した。白書は、インド太平洋地域におけるパワーシフトを認めつつも、米国が依然としてこの地域の安全と繁栄にとって不可欠な存在であるとし、オーストラリアが他の同盟国とともに米国の関与を促していくとの姿勢を示した。またオーストラリアの安全と繁栄が国際ルールに基づく秩序によってのみ実現可能であることを強調し、保護主義と戦い、リベラルな国際秩序の維持に積極的に貢献していく姿勢を示した。

　オーストラリアでは東南アジアにおけるテロの脅威の拡大を受け、域内諸国との連携強化を進めている。2018年3月にシドニーで開催された「オーストラリア・ASEAN特別首脳会議」では、テロ対策の連携・協力に関する覚書が署名された。

　豪中関係は大きく揺れている。ターンブル首相は2017年6月、アジア安全保障会議「シャングリラ・ダイアローグ」での基調講演で、海洋進出を積極的に進める中国に強く自制を求めた。さらにオーストラリアは、国内政治や社会にまで中国の影響がおよびつつあることに強い危機感を抱き、政治献金の規制などを通じ対策を強化しようとしている。こうしたオーストラリアの動きに対して中国政府は強く反発している。

　またオーストラリアは、南太平洋諸国での中国の影響力拡大に神経を尖らせている。中国がバヌアツに軍事拠点建設を計画しているという報道は、これまでオーストラリアの「裏庭」として位置づけられてきた南太平洋に力の空白が生じていることを示しており、南太平洋戦略の練り直しを迫られることになろう。

　日豪両国は2018年1月、日豪首脳会談を東京で行った。両国は「特別な戦略的パートナーシップ」を強化していく決意を表明した。日豪両政府間で協議が進められている「訪問部隊協定（VFA）」については、両首脳は可能な限り早期の妥結を目指すことで一致した。

　ニュージーランドでは2017年9月23日、総選挙が行われ、9年ぶりの政権交代が実現した。アーデーン労働党党首が、同国で3人目の女性首相に就任した。アーデーン政権の誕生により、ニュージーランドが環太平洋パートナーシップ（TPP）協定から離脱する可能性があると伝えられていたが、態度を軟化させTPPの新協定「包括的および先進的環太平洋連携協定（TPP11）」に署名した。

オーストラリア

オーストラリアの軍事力、海外展開、軍事演習、防衛協力

　2017-18年度の国防予算は対前年度比6.5%増の約347億豪ドル（約2兆8,454億円）で、総予算に占める割合は7.3%であった。同予算の対GDP比は1.9%となっているが、政府は2020年度までに2%以上に引き上げるとしている。また政府は今後10年間にわたり、防衛装備に関する主要な投資計画案の概要をまとめた「総合投資計画」に基づき、防衛装備や資源、インフラ、情報通信技術、科学技術、労働力をカバーする六つの分野へ約2,000億豪ドル（約16兆4,000億円）の投資を予定している。そのうち約890億豪ドル（約7兆2,980億円）は海軍建造プログラムのためのもので、オーストラリア海軍にホバート級駆逐艦3隻、新型フリゲート艦9隻、新型海洋巡視船12隻、さらに巡視艇21隻を導入する計画である。

　なおフランス海軍グループ社（旧DCNS）とのあいだで共同開発を進めるバラクーダ型潜水艦12隻の建造については、総費用は約500億豪ドル（約4兆1,000億円）と見積もられている。ただし、オーストラリア国立大学のH・ホワイト教授ら元政府関係者や軍事アナリストが2017年9月に発表した報告書によれば、同潜水艦の完成が大幅に遅れる可能性が高く、最悪のシナリオではオーストラリア海軍が20年間ほど、潜水艦隊をもたない状況に陥ると指摘されている。

　兵役は志願制となっており、現役総兵力は「国防年次報告2016-17」によれば58,680名で、うち陸軍30,314名、海軍14,077名、空軍14,289名である。そのうち、およそ2,300名の兵員が海外オペレーションに派遣されている（表参照）。派遣最大規模となるのが「オクラ（Okra）」作戦への貢献である。過激派組織「イスラム国（IS）」との戦いのために、兵員合計約600人が中東地域に派遣され、イラクとシリアでの空爆作戦などを行うミッション（エア・タスク・グループ）、対テロ作戦を行うイラク治安部隊を支援するミッション（特殊作戦タスク・グループ）、ニュージーランド軍とともにイラク軍兵士を訓練するミッション（タスク・グループ・タジ）に参加している。なお対IS軍事作戦へのさらなるオーストラリア部隊の増派については、ターンブル政権は否定的である。また政府は、海外に派遣

される兵士を守るため、総額20億豪ドル（約1,640億円）を投じて、新型のミサイル防衛システムを導入する計画であると伝えられている。

オーストラリア軍は他国との軍事演習・訓練に積極的に参加している。オーストラリア軍は2017年7月、オーストラリアのクィーンズランド州ショールウォーターベイ演習場において米軍との共同訓練「タリスマン・セーバー2017」を実施した。自衛隊も参加し、これは前回の2015年に続き二度目となる。今回は陸上自衛隊第1空挺団の人員約60名が米陸軍ならびにオーストラリア空軍部隊とともに訓練を行った。

日本の自衛隊との間では、「拡散に対する安全保障構想（PSI）」海上阻止訓練「パシフィック・プロテクター2017」（2017年9月、シンガポール、オーストラリア、米国、韓国、ニュージーランド、日本が参加して、オーストラリアのケアンズおよび周辺空域にて実施）、海上自衛隊とオーストラリア海空軍との共同訓練「日豪トライデント」（2017年10月、関東南方海空域にて実施）、日米豪共同訓練および日米豪人道支援・災害救援共同訓練「コープ・ノース」（2018年1月‐3月、グアム島、サイパン島、テニアン島など周辺空域にて実施）などの共同訓練を行い、連携強化を図っている。

さらにオーストラリア軍は2018年5月、フィリピン軍と米軍の定期合同演習「バリカタン2017」に、自衛隊とともに参加した。テロ攻撃、災害時の緊急対応、人道支援活動など様々な脅威に対応できる能力構築を目指すものである。

なおオーストラリアは、2018年6月に実施が予定されている日米印三カ国による海上共同訓練「マラバール」に参加の意向を示していたが、今回も実現の見込みが立っていない。オーストラリアの全国紙『ジ・オーストラリアン』によれば、対中関係の改善を目指すインドのモディ政権が、オーストラリアの参加に難色を示しているという。豪印両国は2015年から海軍軍事演習「AUSINDEX」を行っており、二度目の演習を2017年6月に西オーストラリア沿岸で成功させたばかりで、オーストラリア国内では「マラバール」参加への期待が高まっていた。

オーストラリア国防省は2018年1月から、南太平洋諸国の海上保安能力構築への新たな支援策として、「太平洋海洋安全保障プログラム」をスタートさせた。これは1980年代後半に開始した「太平洋警備艇プログラム」を引き継ぐものである。旧プログラムでは、各国の排他的経済水域（EEZ）の監視のため、域内12カ

－228－

国に22隻の巡視艇を供与し、さらに海洋安全に関わるオーストラリア海軍アドバイザーの派遣、タスマニアのオーストラリア海洋大学での訓練、警備艇のメンテナンス、港湾インフラ整備などの支援を行った。新たなプログラムでは今後30年間で総額20億豪ドル（約1,640億円）の予算を投入し、新型警備艇19隻を供与するだけでなく、連合航空監視の実施、さらには地域協力体制の確立を目指す。航空監視活動は2018年1月に始まっている。同プログラムの参加国は、パプアニューギニア、ソロモン諸島、パラオ、ミクロネシア連邦、キリバス、サモア、バヌアツ、フィジー、ツバル、トンガ、マーシャル諸島である。

　オーストラリアとインドネシアの両軍は2018年4月、合同の海上警戒監視活動（AUSINDO CORPAT）をティモール海域で行った。同活動は2010年以来、毎年行われており、今回で8回目となる。2016年春にはオーストラリア国境警備隊（ADB）とインドネシアコーストガードも合同で海上警戒監視活動を行った。

表　オーストラリア軍のグローバル展開

作戦名	展開地域	概要	派遣数
Accordion	中東地域	中東地域での支援活動	500
Aslan	南スーダン	国連南スーダン派遣団（UNMISS）	25
Gateway	東南アジア	南シナ海／インド洋での海上監視活動	活動ごとに変動
Manitou	中東地域	海洋安全保障への参加（米主導の合同海上部隊（CMF）への参加を含む）	240
Mazurka	エジプト	シナイ半島駐留多国籍軍監視団（MFO）	27
Okra	中東地域、ならびにイラク	イラクでの「イスラム国」への空爆作戦への参加、ならびにイラク軍訓練	600
Paladin	イスラエル／レバノン	国連休戦監視機構（UNTSO）	12
Palate II	アフガニスタン	国連アフガニスタン支援ミッション（UNAMA）	2
Resolute	オーストラリア沿岸	オーストラリアの国境ならびに沖合での海上警備	600
Solania	南西太平洋	太平洋島嶼国による海洋監視に対する支援活動	
Highroad	アフガニスタン	NATO主導の訓練支援ミッション	300

出所：オーストラリア国防省ウェブサイトなどを基に作成

テロ対策で東南アジア諸国との連携強化を目指す

　オーストラリアは、フィリピン南部ミンダナオ島マラウィで発生したイスラム過激派グループと政府軍の武力衝突など、東南アジアに迫るISの脅威を受け、域内諸国とテロ対策での連携を強化している。2017年7月下旬には、オーストラリアとインドネシア政府の共催で、オーストラリア、インドネシア、マレーシア、フィリピン、ニュージーランド、ブルネイの6カ国の法執行機関トップらによるテロ対策会議をインドネシアの北スラウェシ州都マナドで開催した。オーストラリアからはブランディス法相が出席している。会議では、テロ関連情報の共有をいっそう進めるためのフォーラムの設立、過激思想の拡散やテロリストの勧誘に利用されるソーシャルメディア対策のための官民協力の促進などについて合意した。また2018年2月には、オーストラリアとASEAN6カ国（ブルネイ、インドネシア、マレーシア、フィリピン、シンガポール、タイ）の国防相会議が西オーストラリア州都パースで開催され、特にテロ対策に関する各国間の連携強化について話し合いが行われた。オーストラリアからはペイン国防相が出席した。

　またシドニーで2018年3月に開催された「ASEAN・オーストラリア特別首脳会議」では、「国際テロと暴力的過激主義による脅威の増大に対処する」ためとして、ソーシャルメディアなどのテクノロジー対策や資金洗浄対策などに関する覚書が署名された。覚書では、世界標準に則った対テロ関連法の整備、法執行機関の対話促進、国境警備要員のためのテロ対策ワークショップの開催、テロ容疑者取り調べ、起訴のための電子的証拠の活用、金融情報調査官の訓練コース設立など多くのプログラム実施も謳われている。

　特に過激派勢力の脅威に晒されているフィリピンとは、豪比両国が訪問部隊協定（VFA）を締結していることもあり、テロ対策で連携強化を図っている。オーストラリア政府は2017年6月、マラウィでのイスラム過激派の掃討作戦を展開するフィリピン国軍の支援を目的に、同地域にAP3Cオライオン哨戒機2機を派遣した。さらにペイン豪国防相は2017年9月、マニラでの豪比国防相会談終了後、フィリピン国軍への軍事的助言と訓練を行うための小規模のオーストラリア軍特殊部隊を派遣する計画を発表している。また両国軍は合同演習・訓練も頻繁に行っており、ケソンシティのキャンプ・アギナルドでの両国陸軍による合同演

習（2017年11月）、ミンダナオ島南部での市街戦を想定した両国陸軍演習（2018年2月-3月）、さらにスールー海での両国海軍によるテロ対策のための海上演習（2018年3月-4月）などを実施している。

14年ぶりの外交政策白書を発表

　オーストラリア政府は2017年11月、14年ぶりとなる『外交政策白書』を発表した。中国の海洋進出、北朝鮮の核・ミサイル開発、東南アジアにおけるイスラム過激派勢力の伸長など地政学上のリスクが高まり、また米国外交の不確実性が高まるなかで、オーストラリアが今後10年間にわたりどのような外交方針で世界に向き合っていくのかについて、内外の注目が集まっていた。

　白書は、インド太平洋地域におけるパワーシフトを認めつつも、米国が依然としてこの地域の安全と繁栄にとって不可欠な存在であるとし、オーストラリアが他の同盟国とともに米国の関与を促していくとの姿勢を示した。またオーストラリアの安全と繁栄が国際ルールに基づく秩序によってのみ実現可能であることを強調し、保護主義と戦い、リベラルな国際秩序の維持に積極的に貢献していく姿勢を示した。また「インド太平洋」という地域概念を強調し、日米印韓との連携・協力の重要性を訴えている。

　これらの方針は、すでに表明されてきたものであり、目新しいものではない。内外の識者が指摘するように、同白書は戦略環境の変化に伴う新たな国際関与のあり方を示すのではなく、むしろそのような変化の中でも不変の目的や価値の存在に焦点をあて、外交の継続性を強調した内容となっている。例えば白書では地域概念として「アジア太平洋」ではなく「インド太平洋」が多用されており、オーストラリアの地政学上の関心が拡大していることを示しているが、これは『2013年国防白書』で導入されて以来、オーストラリアの基本的な戦略認識である。混迷の度合いを深める国際情勢のもとでも、オーストラリア外交を支える考え方や価値観に大きな変化がないことを明確に示した点が、同外交白書の最大の特徴といえるであろう。

日米豪印4カ国戦略対話の行方

　日本の安倍政権は、インド洋から太平洋にまたがる地域における法の支配に基づく自由で開かれた秩序を構築するとの「自由で開かれたインド太平洋戦略」のもと、米国、インド、オーストラリアとの連携強化を目指している。

　この日米豪印4カ国の枠組みは、そもそもは安倍第一次政権において提唱されていたものである。日本の呼びかけで2007年春に局長クラスの初の4カ国戦略対話が行われ、次官級への格上げも検討されていた。同年9月には、ベンガル湾での海上共同訓練も実施されている。ところが2008年、オーストラリアでラッド労働党政権が誕生すると、対中関係への配慮から、同政権はこの枠組みからの離脱を表明した。安倍氏の退陣を受けて首相に就いた福田氏も同枠組みには消極的であったと伝えられ、「自然消滅」していた。

　中国が広域経済圏構想「一帯一路」を掲げ、海洋進出を進めようとしているなかで、日本は再び4カ国戦略対話の実現に向け動き出した。2017年11月にはマニラで、4カ国の外交当局による局長級対話が行われ、航行の自由および海洋安全保障の確保、テロ対策等に関する協力の方向性について議論を行った。オーストラリア政府関係者はマニラでの対話が、将来的に首脳級対話に繋がる下地作りになったと評価している。

　4カ国の戦略対話につき、オーストラリア国内では意見が分かれる。キーティング元豪首相らは同対話が「中国封じ込め」を目的としたものであり、「不毛」であると厳しく批判している。ターンブル首相はこれに対し、キーティングの捉え方は「完全に間違って」おり、時代遅れだと反論した。メドカーフ・オーストラリア国立大学教授は、ラッド政権（当時）は10年前、中国に配慮して4カ国枠組みから離脱したが、それは中国をなだめるどころか、中国の大胆な行動を誘発し、むしろ地域に不安定さをもたらしただけだったと振り返る。

　ただしオーストラリア与野党は4カ国戦略対話が重要であるとの認識で一致している。労働党のウォン議員（影の外相）とマールズ議員（影の国防相）は2018年3月、経済紙『オーストラリアン・ファイナンシャル・レビュー』紙に寄稿し、4カ国戦略枠組みを「価値観を同じにする4カ国がアジアの安全保障についての考えを共有する機会を与える」ものとして評価し、同枠組みが地域の安全保障にとっ

第9章 南西太平洋

て重要な役割を果たしうるとの考えを示している。

4カ国戦略枠組みの今後の発展可能性は、第一に同枠組みをいかに実体のあるものにするかにかかっている。4カ国による共同インフラ計画はそうした試みの一つと言えるだろう。ビショップ豪外相はオーストラリア報道番組のインタビューで、インド太平洋地域にはインフラ投資への巨大な需要があるとし、日米豪印4カ国が共同インフラ計画の策定について議論を進めていることを明らかにした。この共同インフラ構想は2018年2月のターンブル氏の訪米の際、米側と協議する予定と伝えられていた。

そして成功のカギの第二は豪印関係であろう。4カ国の中で豪印関係の停滞は際立っている。ターンブル氏は2017年4月、インドを初めて訪問し、モディ印首相との首脳会談を行った。両国関係の拡大を謳ったものの、その基礎となり得る自由貿易協定（FTA）や包括的経済連携協定（EPA）は、インド人労働者のオーストラリア国内市場への参入問題が最大の障害となって実現の見通しが立っていない。また前述の通り、2018年開催予定のマラバールへのオーストラリア軍の参加の見込みは消えつつある。

「複雑で困難な時期」に入った豪中関係

ターンブル政権は対中批判の姿勢を強めている。それに中国が反発し、豪中関係が大きく動揺している。オーストラリア外務貿易省のアダムソン次官は2018年3月、上院行政評価委員会公聴会で議員からの質問に答え、現在の豪中関係は完全に凍り付いた状態ではないが、「複雑で困難な時期」を経験しているとの認識を示した。

ターンブル政権は南シナ海における中国の行動を批判するトーンを強めている。ターンブル氏は2017年6月、アジア安全保障会議（シャングリラ・ダイアローグ）での基調講演で、海洋進出を積極的に進める中国に強く自制を求めた。ターンブル氏は、アジア太平洋地域の継続的発展のためには、「法の支配と、大小にかかわらず国家の主権を尊重すること」が重要であると訴えると同時に、中国が同地域の安定を脅かす存在になりえることを訴えた。ターンブル政権はすでに、2016年2月に発表した『2016年国防白書』で、中国の南シナ海での行動に懸念を

−233−

表明し、豪中の戦略的利益が衝突する可能性に言及していたが、シャングリラ・ダイアローグでの発言はさらにその対中警戒姿勢を強めたものとなった。

また先に挙げた『外交政策白書』でも、中国が「地域秩序の主要な断層線」である南シナ海において前例のない早さとスケールで環礁埋め立てや人口島の建設を進めていることに強い懸念を表明し、中国の台頭に備えるべく、日本、インド、韓国など地域の民主主義国との連携を強める必要性を強調している。

さらにペイン豪国防相は2018年1月、中露両国との競争を戦略の中枢に据えた米国の「国家防衛戦略（NDS）」について、オーストラリアも米国の懸念を共有すると述べた。マティス米国防長官が発表したNDSでは、米国は中国とロシアの脅威の増大に直面しており、「中露との長期的な競争が国防総省の最優先事項である」とし、対テロ戦争からの転換を明らかにした。しかもペイン国防相は中露両国を念頭に、「秘密工作や準軍事作戦、経済的圧力やサイバー攻撃、さらにはデマやメディア操作などあらゆる手段を通じて、戦後のグローバル秩序を崩そうとする国家が存在する」と述べ、中露を国際秩序全体を揺るがしうる存在として捉えている。

オーストラリアが南シナ海問題に関して対中批判を繰り返すことに、中国は強く反発している。中国の国営メディア「グローバル・タイムズ」は、オーストラリアは近年、近隣諸国の対中警戒心を扇動するための前哨基地になっていると、オーストラリアの姿勢に強い不快感を示した。中国国防省の報道官は2017年11月末、オーストラリアの『外交政策白書』についてコメントを求められ、南シナ海に関する記述を「無責任な発言」であると激しく批判した。南シナ海問題に当事国以外の国家が介入すれば、問題を複雑にするだけで、地域の平和と安定に悪影響を及ぼしうると、オーストラリアの介入を強く牽制した。

またオーストラリア国営ABC放送によれば、2018年4月初旬、オーストラリア軍艦艇が南シナ海海域を航行中に中国海軍に挑発される案件が起きている。オーストラリア国防当局筋によれば、フリゲート艦、補給艦などオーストラリア海軍艦艇3隻がフィリピンのスービック湾からベトナムのホーチミンシティに向かって航行中に、軍事演習中の中国軍艦に遭遇し、「丁寧だが強硬な」対応を受けたという。訪英中のターンブル氏は4月19日、事件の詳細についてはコメントを控

—234—

えつつ、「わが国は南シナ海を含めて、公海での航行の自由の権利を主張、行使する」ことを強調した。

オーストラリアはさらに、経済における中国の存在感が高まるなかで、国内政治や社会にまで同国の影響力がおよびつつあることに強い危機感を抱き、政治献金の規制などを通じ対策を強化しようとしている。

ABC放送の調査報道番組「フォー・コーナーズ」は2017年6月、中国によるオーストラリア国内政治・社会への浸透がいかに進んでいるかを赤裸々に伝えた。中国系実業家による政治家、政党、大学への巨額の献金や、オーストラリア国内の大学に約12万人にいると言われる中国人留学生を対象とした駐豪中国大使館・領事館の監視など、中国が「組織的に」オーストラリアに浸透工作を展開していることが明らかになったのである。

この番組をきっかけに、中国を念頭に外国による政治への介入が国民的関心事となり、ターンブル氏も「中国は他国の主権を常に尊重すべきだ。他国にはもちろんオーストラリアも含まれる」と中国を名指して批判した。ターンブル氏は2017年12月、外国人や外国企業や団体からの政治献金を禁止する法案を議会に提出する方針を正式に発表した。同首相は外国勢力が「政策決定プロセスに影響を与えるべく、これまで前例のない、巧妙な工作を行っている」との認識を示した。報道によれば、選挙法や国家安全保障法を改正するほか、外国政府のために働くロビイストに対しては事前登録を義務付ける。2017年11月には、野党労働党の若手、ダスティアリ上院議員が中国系ビジネスマンとの不透明な関係が指摘され、労働党の方針に反して南シナ海の問題で中国寄りの発言をしたり、オーストラリア情報機関の捜査情報を漏らしたりしていたことが明らかとなり、議員辞職に追い込まれた。

オーストラリアの動きに対して中国政府は強く反発した。駐豪中国大使館は声明を発表し、中国政府は政治献金を通じて他国の政策決定プロセスに影響力を行使したり、内政干渉したりする意図はなく、オーストラリア側の批判は的外れであると反論した。さらに、一部の政治家や官僚が「無責任な発言を行って、豪中両国の相互信頼に傷をつけている」と述べ、関係悪化への懸念を表明した。中国国内の対豪イメージも悪化しており、中国メディアが発表した「2017年の最も

中国に非友好的な国」調査によると、オーストラリアがトップとなった。

　両国の人的交流にも影響が出ている。オーストラリアの政府関係者へのビザが発給されず、訪中できない状態が続いている。「ボーアオ（博鰲）・アジア・フォーラム」には例年、オーストラリアの現職閣僚や中央・州政府高官が必ず出席していたが、2018年4月のフォーラムでは現地オーストラリア大使を除けば皆無であった。さらにオーストラリアで中国人留学生がキャンパスで誹謗中傷されるトラブルが多発していること受け、中国政府は学生たちに注意を喚起したが、これは中国が留学先としてオーストラリアをいつでも排除できるとのメッセージになっていると伝えられている。中国メディアも、オーストラリアが政治的理由で学生ビザ発給を遅らせているとして、「当面は」オーストラリアを留学先として選択しないようアドバイスしている。オーストラリアにとって留学生受け入れは主要産業の一つであり、外国人留学生（大学生、大学院生）の約3割を占める中国人学生の存在は大きい。

南太平洋地域への中国の存在に神経をとがらせるオーストラリア

　南太平洋地域をめぐっても豪中両国は非難合戦を繰り広げた。その発端は、フィエラバンティウェルズ豪国際開発・太平洋担当相の発言である。フィエラバンティウェルズ氏は2018年1月10日、中国は南太平洋島嶼国に高利で資金を貸し付け、あげくには「役立たずで、基本的に無用の建造物」ばかりを建設していると、中国の開発援助政策を痛烈に批判した。これに対して中国政府は事実無根で、偏見であると強く反発した。さらにサモアのツイラエバ首相は中国の立場を擁護し、フィエラバンティウェルズ氏の発言は南太平洋諸国を侮辱するものだと批判している。

　オーストラリアは近年、南太平洋諸国での中国の影響力拡大に神経を尖らせている。オーストラリアのシンクタンクであるローウィ研究所の調査によれば、2006-16年の中国の援助総額は約18億米ドル（約1,980億円）とされている。他方でオーストラリアは同地域への最大の援助国であるが、援助額は減少傾向にあり、しかも最近は南太平洋諸国の望む財政支援には応じていないため、中国のプレゼンス増大に為す術もない。労働党のウォン議員（影の外相）も、中国は

−236−

オーストラリアが生み出した「力の空白」をただ埋めているだけで、オーストラリア政府がこの地域を見捨てたのだとターンブル政権の無策を批判している。

こうしたなかでオーストラリアの南太平洋政策に警鐘を鳴らしたのが、中国がバヌアツ（人口27万、首都ポートビラ）に軍事拠点建設を計画しているという報道であった。『シドニー・モーニング・ヘラルド』紙が2018年4月9日に伝えた。当事者であるバヌアツ、中国両政府は報道を全面的に否定しているが、計画が事実だとすれば、南西太平洋の戦略バランスに与える影響は計り知れない。

同紙によれば、中国は漸進的に計画を進める考えで、中国海軍艦船が修理、点検、整備、補給のためにバヌアツへ定期的に寄港することを可能とする、円滑化協定の締結をまずは目指すのではないかという。ローウィ研究所のコルトン氏は恒久的な軍事基地の可能性は低いとしながらも、軍民両用の施設を建設して、そこに中国海軍艦船を定期的に寄港させることは十分にありえるとの見解を示した。中国の援助によってエスプリトゥサント島に長さ360メートル、水深25メートルのルーガンビル埠頭が2017年8月に完成したが、海軍艦船がドックするのに十分な規模を備えており、軍事利用は容易であると言われている。

バヌアツと中国は他の南太平洋諸国と同じように、援助供与をきっかけに急接近している。2017年5月の「一帯一路」サミットにて、南シナ海の領有権問題で「中国の立場を支持する」と表明したのもバヌアツである。ローウィ研究所の調査によると、中国による対バヌアツ援助は2016年までの10年間で、総額2億4,300万米ドル（約267億円）で、日本（9,500万ドル）、米国（8,400万ドル）を上回る金額である。

バヌアツの軍事基地問題は、これまで西側の「海」として位置づけられてきた南太平洋に力の空白が生じ始めていることを示している。その背景には、オーストラリア、米国、ニュージーランドによるネグレクトがあるというのが一般的な見方であり、三国は戦略の練り直しを迫られることになろう。ターンブル氏は2018年4月12日、南太平洋で外国軍基地が建設されるような事態になれば、政府としては大きな懸念を抱くだろうとの考えを示している。

日豪関係-ターンブル首相来日

ターンブル氏は2018年1月18日に実務訪問賓客として来日し、安倍首相との日

豪首脳会談を行った。会談後に発表された日豪共同プレス声明によれば、両国は「特別な戦略的パートナーシップ」を強化していく決意を表明し、「ルールに基づく国際秩序を基礎とする自由で、開かれ、安定し、繁栄したインド太平洋地域を確保するため」に協力することを確認した。北朝鮮問題については、日豪両首脳は核・ミサイル開発を進める北朝鮮を非難し、核武装した北朝鮮は「決して受け入れられない」とし、非核化に向けた具体的な行動が必要であることを確認した。南シナ海情勢にも懸念を示し、「現状を変更し得るいかなる威圧的な一方的な行動にも強い反対」を表明した。

　日豪両政府間で協議が進められているVFAについては、両首脳は可能な限り早期の妥結を目指すことで一致した。日豪両国は水や食料などの物品や役務を融通し合う「日豪物品役務相互提供協定（ACSA）」を2017年9月に改定し、さらにVFAが締結されれば、両国の防衛協力が一段と拡充されることになる。VFAは共同運用・演習を円滑化するための、行政的、政策的および法的手続きを改善する自衛隊とオーストラリア部隊の相互訪問に関する取り決めで、訪問国での部隊の法的地位を定めたものである。日本は現行法のもとではオーストラリア軍部隊を国内に受け入れることができないため、同協定を締結して、日本国内での自衛隊との共同訓練・運用に際して、オーストラリア軍による武器携行や弾薬、戦車、戦闘機などの持ち込み、陸空の移動を認めることになる。さらに検疫手続きの簡略化なども行うと報じられている。

　日本側のターンブル氏の厚遇は目立った。北朝鮮の核・ミサイル開発問題や「自由で開かれたインド太平洋戦略」など、日豪の緊密な連携をアピールする狙いがある。NSCの特別会合に招いたほか、陸上自衛隊習志野駐屯地（千葉県）では、対テロや在外邦人の救出を担う「特殊作戦群」の訓練を視察した。秘匿性の高い同訓練を外国首脳に公開するのはきわめて異例で、視察は報道陣に非公開の形で実施された。また地対空誘導弾パトリオットミサイル（PAC-3）の視察のほか、地雷や銃撃にも一定程度耐えられるオーストラリア製の輸送防護車「ブッシュマスター」には日豪両首脳がそろって試乗し、性能について説明を受けるシーンも公開されている。なお2018年には、日本の航空自衛隊とオーストラリア空軍の戦闘機が参加する初の二国間演習が日本で行われることになっている。

第9章　南西太平洋

マクロン仏大統領が訪豪

　フランスのマクロン大統領は2018年4月初旬、オーストラリアを実務訪問し、ターンブル氏との豪仏首脳会談を行った。両国は防衛協力、サイバー戦争、国際テロ対策、南太平洋支援、地球温暖化対策など広範な分野にわたり協力関係を深めていることで合意した。マクロン氏は、インド太平洋における平和や安定、ルールに基づく秩序を促進するために、豪仏の戦略的パートナーシップの重要性を強調した。

　マクロン氏は、インド太平洋地域におけるフランス、インド、オーストラリアの3カ国戦略枠組み「インド太平洋枢軸」を提唱し、同地域における中国の影響力の拡大に対して均衡をとることの重要性を訴えた。豪印仏戦略枠組みに対しては「若干無理な主張」（『オーストラリアン・フィナンシャル・レビュー』紙）との厳しい評価もあるが、マクロン氏は、オーストラリア海軍の次期潜水艦の共同開発事業を受注したことで大きく進展した豪仏防衛協力を土台として、両国のより広範な協力関係構築を目指す。

　またターンブル政権にとっては、南太平洋における中国の外交攻勢を念頭に、同地域に権益を持つフランスとの協力関係の強化はきわめて重要である。また、ポストブレグジット時代に備え、ヨーロッパ連合（EU）の中軸であるフランスとの関係を強化し、交渉開始に向けて準備が進められているEUとの自由貿易協定の早期実現を狙う。

東ティモールとの間で領海境界線合意

　オーストラリアと東ティモールは2018年3月、両国間の海上国境線を画定する「ティモール海上国境条約」に署名した。海上国境線の画定によりティモール海の石油・ガス田開発推進に期待が集まるが、巨大海底ガス田「グレーター・サンライズ」の共同開発に関して未確定の部分が残っており、その結果次第では東ティモールの条約批准手続きが滞る可能性が指摘されている。

　ティモール海の領海境界線の画定は、国連海洋法条約に基づく調停手続きが成功した初めてのケースとなった。東ティモールの独立後、オーストラリア・東ティモール間でティモール海条約が締結されたものの境界線の線引きは行われず、

−239−

さらに2006年のティモール海境界線条約でも境界線は確定しなかった。しかし東ティモール政府が2016年4月、国連海洋法条約附属書Vに基づいて強制調停を申請したことで、常設仲裁裁判所において調停委員会による交渉が始まった。条約署名式に立ち会ったグテーレス国連事務総長は「協定の円滑な履行により、他の国々も今後、両国に追随することを期待する」と述べているように、オーストラリアは「ルールに基づく秩序」の原則を実践することで、南シナ海で積極的な行動を続ける中国を牽制する狙いもあると言われている。

　両国は海底ガスや油田の資源配分など、共同開発に向けた枠組みにも合意した。しかし「グレーター・サンライズ」で採掘した天然ガスの精製国が決まっておらず、今後も両国間で厳しい交渉が続く見込みである。オーストラリア政府はダーウィンでの処理を望んでおり、その見返りとして東ティモール側に80％の権益を譲るとしている。一方で東ティモール政府は天然ガスの処理施設を国内に作ることで、大規模な雇用拡大に繋げたいと考えており、首都ディリでの処理を強く求めている。交渉の結果によっては、条約批准が頓挫する危険性もある。

ニュージーランド

労働党政権が誕生

　ニュージーランドでは2017年9月23日、総選挙が行われ、9年ぶりの政権交代が実現した。アーデーン労働党党首が、同国で史上3人目の女性首相に就任した。副首相にはニュージーランド・ファースト党のピーターズ党首が就任し外相を兼務する。

　総選挙の結果、国民党労働党を含めいずれの政党も単独過半数議席を獲得できなかったため、労働党がニュージーランド・ファースト党との連立を取り付け、さらに緑の党からの政権協力も得て、国民党からの政権奪回に成功した。労働党とニュージーランド・ファースト党はともに、ニュージーランドへの移民について規制強化を主張しており、これによって同国経済が減速するのではないかとの懸念も聞こえる。

第9章　南西太平洋

TPPからの離脱を回避

　アーデーン政権の誕生により、ニュージーランドがTPPから離脱する可能性があると伝えられていた。与党となった労働党がTPPに慎重なだけでなく、連立のパートナーであるニュージーランド・ファースト党が強く反対していたからである。アーデーン首相は、外国人投資家による不動産購入の規制と、投資家と政府との紛争処理手続き制度を定めた「ISDS条項」の修正が必要であると主張していた。特に前者は深刻化する住宅価格高騰への国民の不満が高まっているため、アーデーン政権は高水準の投資自由化を掲げるTPPの再交渉を求める考えを示していた。

　しかし2017年11月にダナンで開催されたTPP閣僚会合では、ニュージーランドを含めた参加11カ国が大筋合意に達した。ニュージーランド議会は2018年5月から、TPP11批准に向けた審議に入っており、同国政府としては遅くとも2019年初めまでの批准を目指している。アーデーン氏は政権発足後、再交渉提案をちらつかせていたが、2017年10月末に開催されたTPP参加国11カ国による首席交渉官会合では、一転して態度を軟化させ、TPP11の枠組みで早期合意を目指す姿勢を明言していた。海外投資家による不動産購入規制については、協定で例外扱いが認められる「安全保障上の懸念」の対象として、国内法で処理する方針で、再交渉は求めないこととした。TPPの推進役である日本が、ニュージーランドの再交渉の要求には応じず、同国を除いたTPP合意も辞さない強気の姿勢をとっていたことも背景にある。またTPPが実現すれば、同国の主要な輸出品目である乳製品の市場拡大にも大いに貢献することが期待されており、離脱は国内企業からの強い反発が予想された。

アーデーン首相、外交政策に関する初の基調演説

　アーデーン氏は2018年2月末、政権誕生後初となる、ニュージーランド外交に関する演説を行い、同政権が取り組むべき重要課題として、軍縮、気候変動、南太平洋を挙げた。また、シリア内戦、国際テロ、サイバー攻撃、保護主義の台頭、そして海洋秩序・規範への挑戦など、ルールに基づいた秩序が挑戦を受けているとの認識を示した。

−241−

アーデーン氏は軍縮問題について、ニュージーランドが世界の国々と協力して核不拡散と核軍縮の推進に積極的に取り組んで行く決意を示した。同首相は2017年9月に署名した核兵器禁止条約の早期批准に意欲を示すと同時に、国民党政権下で廃止されていた軍縮・軍備管理担当の閣僚ポストを7年ぶりに復活させ、ピーターズ副首相兼外相が兼務すると発表した。ピーターズ氏は核や化学兵器拡散などの問題も担当する。

南太平洋諸国への援助強化

ピーターズ氏は2018年3月、訪問先のシドニーで演説し、南太平洋地域諸国への援助を拡大する方針を示した。同地域の戦略環境の大きな変化を受けて、域内諸国との関係強化には新しいアプローチが必要であるとし、援助の強化を軸にした新たな南太平洋戦略「太平洋リセット」を提唱した。

ピーターズ氏によれば「太平洋リセット」とは、人権、法の支配、グッドガバナンスなどの価値を尊重しながら、オーストラリアなどのパートナー国との連携のもと、域内諸国に対する支援を強化していく戦略である。ピーターズ氏は、南太平洋地域で指導者の世代交代が進み、自立的で積極的な地域・外交政策を追求するようになったために、同地域は中国などの域外大国が勢力を伸ばす「大国間競争の戦略的空間」となったという認識を示した。オーストラリアとニュージーランドが圧倒的な地位を誇る時代は終わりを告げたのであり、両国は連携して南太平洋諸国との関係再構築を目指す必要がある。

こうしたなかピーターズ氏は2018年5月、声明を発表し、南太平洋諸国への援助強化を念頭に、今後4年間で援助予算に約7億1,400万NZドル（約550億円）を追加投入する考えを示した。これはピーターズ氏が掲げる「太平洋リセット」戦略の一環であり、ニュージーランドの年間援助予算の30％増に匹敵する。

南太平洋

中国、バヌアツに軍事拠点構築の可能性

オーストラリアのメディアが2018年4月、中国がバヌアツ、エスプリトゥサント島で

第9章　南西太平洋

の港湾設備拡張工事に関連して、同設備の軍事基地化をバヌアツ政府と協議していると伝えたことに対して、レゲンバヌ・トンガ外相は報道を全面的に否定した。

レゲンバヌ氏はABC放送に対して、中国の軍事基地を自国内に建設することについて中国側と協議したことは一切ないと述べ、「わが国は非同盟国だ。我々は軍事化には関心がないし、国内にいかなる軍事拠点を置くことにも関心がない」と報道を否定した。中国政府も同報道を否定している。

バヌアツ、中国両政府の否定にもかかわらず、域内大国オーストラリアの懸念は払拭されていない。南太平洋の多くの国は、中国による「デット・トラップ外交」と呼ばれる、対中債務の罠に陥る危険性が高いからだ。バヌアツは現在、約2億豪ドル（約164億円）の対中国債務があると伝えられ、この金額はバヌアツの対外債務の約半分を占め、GDP比22%、政府財政比74%にものぼる。元本返済が始まれば、返済に困ったバヌアツ政府が中国の軍事基地化を含め様々な要求をのまざるを得ない状況に追い込まれる可能性がある。

南太平洋への回帰を模索する英国

英国のジョンソン外相は2018年5月、ロンドンでのコモンウェルス首脳会議で、南太平洋地域への関与を強化する姿勢を示した。EUからの離脱を控えた英国は、南太平洋地域の3カ国に新たに高等弁務官事務所を設置し、太平洋地域への回帰を狙う。

ジョンソン氏は、南太平洋諸国の「経済的繁栄、安全、地球環境保護はコモンウェルスのメンバーである我々共通の関心」であると述べ、英国が防衛協力、貿易、投資を通じて地域の問題に積極的に関わっていく姿勢を示した。

英国はすでにフィジー、ソロモン諸島、パプアニューギニアに高等弁務官事務所を保有しているが、新たにバヌアツ、サモア、トンガに設置することになり、オーストラリアやニュージーランド、さらには中国に匹敵する設置数となる。ジョンソン氏は「南太平洋地域はポストブレグジット時代の英国のビジネスにとって素晴らしい可能性とチャンスを与える場であり、大使館の設置は関係強化に大いに貢献するであろう」と抱負を語った。南太平洋地域に関する英国の情報量と情報分析力は依然として高い評価を受けており、オーストラリアも英国の復帰を歓

-243-

迎している。

パプアニューギニアで総選挙実施

パプアニューギニアでは2017年6月下旬から7月上旬にかけて、5年に一度の総選挙が実施された。同選挙の結果、与党の人民国民会議党が議会(総議席111議席、一院制)で60議席を獲得して勝利し、8月には首相指名選挙で同党首のオニール氏が首相に再選を果たした。

議席が確定したのは、2017年10月のことである。現地メディアによれば、候補者の支援者同士の暴力事件や候補者の誘拐未遂事件などが発生し、当選者の確定に時間がかかったという。同選挙に際しては、国内外の諸機関からそれぞれ選挙監視団が派遣されており、在パプアニューギニア日本国大使館もパプアニューギニア政府の要請に応じて首都ポートモレスビーおよび近郊に国際選挙監視員を派遣した。

ニューカレドニアで独立を問う国民投票の実施が決定

ニューカレドニアの議会は2018年3月、フランスからの独立の是非を問う住民投票案を賛成多数で可決した。投票は11月4日に行われる。地元調査機関による5月初旬の世論調査によれば、独立賛成が22.5％、反対が59.7％、不明が17.8％となっている。

フランス特別自治体ニューカレドニアでは、1980年代から独立運動が活発化しており、独立推進派とフランス残留派が激しく対立している。1988年のフランスでの国民投票で、独立を問う住民投票を10年以内に実施することを決定していた。しかし1998年には住民投票の実施を2018年末まで延期することで双方が合意していた。

フランスのマクロン氏は2018年5月初旬、ヌメアで演説し、住民に対して「平静と統一、そして建設的な対話に基づいて選択を行う」ことを呼びかけた。さらに「未来は住民の意思に委ねられる」と述べ、民主的な投票が実施されることを条件に、投票結果を尊重することを明言した。

(竹田いさみ／獨協大学教授、永野隆行／獨協大学教授)

第9章　南西太平洋

コラム　太平洋諸島外交における多様なマスメディアの役割

　太平洋諸島の話題が国際社会で扱われることはきわめて少ない。それでも近年は、インターネットの普及により、世界中から各島国の新聞やラジオに直接アクセスでき、現地情報をすぐに入手できるようになった。

　太平洋諸島で発刊されている新聞は、購読者数は限られているが、ユニークなものが多い。世界で唯一といえるインターネットでの販売のみという、トンガの新聞『マタンギ・トンガ』はその代表である。発行部数が少ないからといって、記事が政治や経済に与える影響を軽視することはできない。「世界で一番小さな新聞」を自称する『マーシャル・アイランズ・ジャーナル』は、米国出身の編集長のもとで、政府の方針を辛辣に批判する社説を掲載して世論を喚起し、時の政権に大きな打撃を与えたことは少なくなかった。

　島嶼国の一般市民にとっての主要メディアはラジオである。各国首脳は、外遊の際に報道関係者を同行させ、海外から戻ると、空港ラウンジからすぐに外交の成果をラジオを通じて国民に報告する。一方、テレビの普及率は都市部を除いては決して高くはないものの、首都の知識層にとっては海外からの情報を得るための必需品である。CNNやBBCに加え、最近では中国中央電視台（CCTV）が島国の間で急激に存在感を高めている。太平洋諸島をめぐるテレビメディアを通じた米中間の熾烈な争いは早くも始まっているのだ。

　メディア戦略の点では、日本はかなり後れを取っている。日本国内の報道においてもこの地域が話題に上がることはほとんどなく、オーストラリアを除けば、地震や台風による自然災害か、何年に一度皇室や総理などの閣僚が訪問した時くらいである。かつては、ミクロネシアの日系人たちは日本からの海外放送「NHKワールド」を通じて、日本の文化や政治情勢をいち早く入手していた。日系人大統領が、月曜の朝に日本大使と会談する際、前日に放映されたNHKの「日曜討論」での話題を取り上げ、日本の政局について意見交換したというのは有名な話である。ただし、メディアを通した日本への関心は、残念ながら次世代に引き継がれているとは言い難い。

　本年5月、第8回太平洋・島サミットが開催された。3年に一度、まさに太平洋諸島地域の話題が日本国内外で大きく扱われる絶好の機会であった。日本政府が同地域との外交の重要性を、メディアを通じて国内外に広くアピールできたか、その評価は読者に委ねたい。

黒崎岳大
（東海大学講師）

国際公共価値の実現と
国際社会における公共政策の探求

OSIPP offers unique programs designed to train students to become global leaders dedicated to working for the public good.

地球上のいろいろな場所で、率先して問題に取り組むことのできるプロフェッショナルを輩出するため、OSIPPでは特徴ある教育体制が組まれています。

https://facebook.com/osipp.nl

柔軟な カリキュラム	多彩で ユニークな授業	充実した 教員スタッフ	ダイナミックな学生
手厚い論文指導	完備した 教育・研究環境	国際政治・安全保障に関する さまざまな研究・教育プログラムを実施	

2つの専攻　☐ 国際公共政策専攻　☐ 比較公共政策専攻

秋期入試[9月]と冬期入試[2月](博士前期課程、博士後期課程ともに)があります。
また、博士後期課程は秋期入試を受験して10月入学が可能です。詳しくは、下記までお問合せください。

大阪大学大学院 国際公共政策研究科

〒560-0043 大阪府豊中市待兼山町1-31
TEL.06-6850-5612 (教務係直通)　E-mail. kyomu@osipp.osaka-u.ac.jp
http://www.osipp.osaka-u.ac.jp/

略語表
年　　表

（2017年4月〜2018年3月）

ACSA	Acquisition and Cross-Servicing Agreement	物品役務相互提供協定
ADMM	ASEAN Defense Ministers' Meeting	ASEAN 国防相会議
AEC	ASEAN Economic Community	ASEAN 経済共同体
AFSPA	Armed Forces Special Powers Act	軍特別権限法
AI	Artificial Intelligence	人工知能
AIIB	Asian Infrastructure Investment Bank	アジアインフラ投資銀行
APEC	Asia-Pacific Economic Cooperation	アジア太平洋経済協力
ARF	ASEAN Regional Forum	ASEAN 連合地域フォーラム
ASEAN	Association of Southeast Asian Nations	東南アジア諸国連合
AU	African Union	アフリカ連合
AUSMIN	Australia-United States Ministerial Consultations	米豪外務・防衛閣僚協議
BBC	British Broadcasting Corporation	英国放送協会
C4ISR	Command, Control, Communications, Computers, Intelligence, Surveillance and Reconnaissance	指揮・統制・通信・コンピュータ・情報・監視・偵察
CCTV	China Central Television	中国中央電視台
CCW	Convention on Conventional Weapons	特定通常兵器使用禁止制限条約
COC	Code of Conduct	行動規範
CPEC	China-Pakistan Economic Corridor	中国・パキスタン経済回廊
CRPF	Central Reserve Police Force	中央警察予備隊
CSTO	Collective Security Treaty Organization	集団安全保障条約機構
CTBTO	Preparatory Commission for the Comprehensive Nuclear-Test-Ban Treaty Organization	包括的核実験禁止条約機関準備委員会
CVID	Complete, Verifiable, Irreversible, Denuclearization	完全かつ検証可能で不可逆的な非核化
DSB	Defense Science Board	国防科学評議委員会
DSR	Debt Service Ratio	債務返済比率
DTTI	Defense Technology and Trade Initiative	防衛技術・貿易イニシアティブ
EAS	East Asia Summit	東アジア首脳会議
EDCA	Enhanced Defense Cooperation Agreement	防衛協力強化協定
EEZ	Exclusive Economic Zone	排他的経済水域
EU	European Union	ヨーロッパ連合
FAO	The Food and Agriculture Organization of the United Nations	国連食糧農業機関
FATA	Federally Administered Tribal Areas	連邦直轄部族地域
FBI	Federal Bureau of Investigation	連邦捜査局

FDI	Foreign Direct Investment	海外直接投資
FOCAC	Forum on China-Africa Cooperation	中国・アフリカ協力フォーラム
FTA	Free Trade Agreement	自由貿易協定
GDP	Gross Domestic Product	国内総生産
GGE	Group of Governmental Experts	政府専門家グループ
GMS	Greater Mekong Subregion	大メコン圏
GNI	Gross National Income	国民総所得
GST	Goods and Services Tax	物品・サービス税
GTI	Global Terrorism Index	グローバルテロリズム指標
HA/DR	Humanitarian Assistance / Disaster Relief	人道支援・災害救援
ICAN	International Campaign to Abolish Nuclear Weapons	核兵器廃絶国際キャンペーン
ICBM	Inter-Continental Ballistic Missile	大陸間弾道ミサイル
ICIJ	International Consortium of Investigative Journalists	国際調査報道ジャーナリスト連合
IMU	Islamic Movement of Uzbekistan	ウズベキスタン・イスラム運動
INSTC	International North-South Transport Corridor	南北輸送回廊
IOC	Organization of Islamic Cooperation	イスラム協力機構
IRNSS	Indian Regional Navigation Satellite System	インド航法測位衛星
IS	Islamic State	イスラム国
ISAF	International Security Assistance Force	国際治安支援部隊
ISDS	Investor‐State Dispute Settlement	国家と投資家の間の紛争解決
ISI	Inter-Services Intelligence	三軍統合情報局
ITC	International Trade Centre	国際貿易センター
JeM	Jaish-e-Mohammed	ジャイシュ・エ・ムハンマド
JI	Jemaah Islamiyah	ジェマ・イスラミア
JICA	Japan International Cooperation Agency	国際協力機構
JCPOA	Joint Comprehensive Plan of Action	包括的共同作業計画
KAIST	Korea Advanced Institute of Science and Technology	韓国科学技術院
KAMD	Korea Air Missile Defense	韓国型ミサイル防衛システム
KLL	North Limit Line	北方限界線
KMPR	Korea Massive Punishment and Retaliation	大量反撃報復
LAWS	Lethal Autonomous Weapons Systems	自律型致死兵器システム
LMC	Lancang-Mekong Cooperation	瀾滄江－メコン川協力
LeT	Lashkar-e-Tayyiba	ラシュカレ・イ・タイバ

MILF	Moro Islamic Liberation Front	モロ・イスラム解放戦線
MIRV	Multiple Independently Targetable Reentry Vehicle	複数個別誘導再突入機
MNFL	Moro National Liberation Front	モロ民族解放戦線
NATO	North Atlantic Treaty Organization	北大西洋条約機構
NBC	Nuclear, Biological, Chemical Weapons	核・生物・化学兵器
NDS	National Defense Strategy	国家防衛戦略
NLD	National League for Democracy	国民民主連盟 (ミャンマー)
NPR	Nuclear Posture Review	核態勢の見直し
NPT	Treaty on the Non-Proliferation of Nuclear Weapons	核兵器不拡散条約
NSC	National Security Council	国家安全保障会議
NSG	Nuclear Suppliers Group	原子力供給国グループ
NSS	National Security Strategy	国家安全保障戦略
NSTC	National Science and Technology Council	国家科学技術会議
NUG	National Unity Government	国民統一政府 (アフガニスタン)
OCO	Overseas Contingency Operations	海外緊急対応作戦
ODA	Official Development Assistance	政府開発援助
OSCE	Organization for Security and Co-operation in Europe	欧州安全保障協力機構
PKO	Peacekeeping Operations	平和維持活動
PML-N	Pakistan Muslim League-Nawaz	パキスタン・ムスリム連盟
PSI	Proliferation Security Initiative	拡散に対する安全保障構想
QDR	Quadrennial Defense Review	四年ごとの国防計画見直し
RCEP	Regional Comprehensive Economic Partnership	東アジア地域包括的な経済連携
RUSI	Royal United Services Institute for Defence and Security Studies	英国王立防衛安全保障研究所
SCO	Shanghai Cooperation Organization	上海協力機構
SDGs	Sustainable Development Goals	持続可能な開発目標
SLBM	Submarine-Launched Ballistic Missile	潜水艦発射弾道ミサイル
SLCM	Submarine-Launched Cruise Missile	潜水艦発射巡航ミサイル
SNS	Social Networking Service	ソーシャル・ネットワーキング・サービス
SSBM	Strategic Nuclear Ballistic Missile Submarines	弾道ミサイル発射潜水艦
TPP	Trans-Pacific Partnership	環太平洋パートナーシップ
TTP	Tehrik-i-Taliban Pakistan	パキスタン・タリバン運動

略 語 表

UAS	Unmanned Aerial System	無人航空機システム
UGS	Unattended Ground Sensor	無人地上センサ
UNODC	United Nations Office on Drugs and Crime	国連薬物犯罪事務所
USTR	United States Trade Representative	アメリカ合衆国通商代表部
VFA	Visiting Forces Agreement	訪問部隊協定
WMD	Weapons of Mass Destruction	大量破壊兵器
WTO	World Trade Organization	世界貿易機関

年表（2017年4月〜2018年3月）

日本	各国・国際情勢

2017年4月

4日	政府、シリアや周辺国に約 2.6 億ドル（288 億 6,000 万円）の追加支援を表明。	

2017年4月

4日 政府、シリアや周辺国に約 2.6 億ドル（288 億 6,000 万円）の追加支援を表明。

18日 麻生副首相兼財務相、ペンス米副大統領と第 1 回日米経済対話を都内で開催。貿易、投資ルール、インフラ整備の 3 分野における協力で一致。

19日 陸上自衛隊、PKO の派遣先である南スーダンからの帰国を開始。第一陣として約 70 人が日本に到着。

23日 海上自衛隊、朝鮮半島近海において米原子力空母「カール・ビンソン」と共同訓練を開始。

25日 防衛省、米軍普天間飛行場の名護市辺野古移設計画で、埋め立て地域を囲む護岸建設に着手。

27日 安倍首相、プーチン露大統領とモスクワで会談。北方領土における共同経済活動の具体化推進で一致。

5月

1日 海上自衛隊、安全保障関連法に基づく平時からの米艦防護のため、護衛艦「いずも」を千葉県房総半島沖に派遣。

2017年4月

3日 ロシアのサンクトペテルブルク地下鉄において、爆弾テロ事件発生。15 人が死亡、64 人が負傷。

5日 北朝鮮、東部（咸鏡南道・新浦付近）から弾道ミサイル 1 発を発射。

6日 トランプ米大統領、同月 4 日にシリアで発生した大規模空爆に関し、アサド政権の化学兵器の使用を断定。対抗措置として巡航ミサイル「トマホーク」をシリア中部にある空軍基地などに向け発射。

16日 北朝鮮、東部（咸鏡南道・新浦付近）から弾道ミサイル 1 発を発射。

25日 北朝鮮、朝鮮人民軍創建 85 周年を迎え、大規模な砲撃訓練を実施。

26日 中国初の国産空母、大連で進水。全長 315 メートル、全幅 72 メートル、満載排水量 6 万トン。5 月 13 日、試験航海。2019 年にも就役か。

29日 北朝鮮、西部（平安南道・北倉付近）から弾道ミサイル1発を発射。

29日 東南アジア諸国連合（ASEAN）首脳会議、フィリピンのマニラで開催。

5月

10日 韓国大統領選、左派・最大野党「共に民主党」の文在寅前代表が当選。9 年ぶりとなる革新政権が誕生。

14日 北朝鮮、西部（平安北道・亀城付近）から中距離弾道ミサイル「火星 12」1 発を発射。

—252—

日本	各国・国際情勢
11日 安倍首相、韓国大統領選の結果を受け、文在寅大統領と初めての電話会談。北朝鮮問題に対し、緊密な連携強化で一致。	14-15日 「一帯一路」サミット、北京で開催。
15日 石原経済再生相（TPP担当）、ニュージーランドのマクレー貿易相と都内で会談。米国抜きの11カ国によるTPP11の発効に向けた連携強化で一致。	18日 中国貴州省貴陽市で開かれた中国ASEAN首脳会議、南シナ海の紛争防止に向けた行動規範（COC）の枠組み案で合意。
27日 安倍首相、イタリアのG7タオルミナ・サミットに出席し、マクロン仏大統領と会談。「物品役務相互提供協定（ACSA）」交渉、「日EU経済連携協定（EPA）」の早期大枠合意協力等を確認	19日 イラン大統領選、保守穏健派で現職のローハニ大統領が当選。経済制裁解除のため、核合意の着実な履行を表明。
27日 陸上自衛隊、PKO派遣先の南スーダンから全部隊の帰国を完了。	21日 北朝鮮、西部（平安南道・北倉付近）から中距離弾道ミサイル「北極星2」、1発を発射。
28日 安倍首相、在職日数が第1次政権を含め1981日となり歴代5位を記録。	24日 南シナ海でトランプ政権初の「航行の自由」作戦。
	29日 北朝鮮、東部（江原道・元山付近）から「スカッド」系列とみられる短距離弾道ミサイル1発を発射。
	31日 アフガニスタン、首都カブールで自爆テロが発生。90人以上が死亡。負傷者は400人を超える。
6月	**6月**
1日 三菱重工業と宇宙航空研究開発機構（JAXA）、日本版GPS構築を目指す準天頂衛星「みちびき2号機」を載せたH2Aロケットの打ち上げに成功。	1日 トランプ米大統領、地球温暖化対策の国際枠組み「パリ協定」からの米国の離脱を表明。
1日 小池都知事、自民党に離党届を提出。地域政党「都民ファーストの会」代表に就任。	2-4日 第16回アジア安全保障会議（シャングリラ・ダイアローグ）、シンガポールで開催。
15日 犯罪を計画段階で処罰する「共謀罪」の構成要件を改め「テロ等準備罪」を新設する改正組織犯罪処罰法、参院本会議で成立。	8日 北朝鮮、東部（江原道・元山付近）から短距離の地対艦巡航ミサイル数発を発射。
	8-9日 上海協力機構（SCO）首脳会議、カザフスタンの首都アスタナで開催。インド、パキスタンが正式加盟。

日本	各国・国際情勢
	16日　ドクラム高地で、中国軍とインド軍が対峙。中印間の緊張高まる。
	22日　インドネシア、マレーシア、フィリピンがスールー海でイスラム過激派（IS など）の活動を阻止するため合同海上警備作戦を開始。
7月	**7月**
5-12日　安倍首相、主要20カ国・地域首脳会議（G20 サミット）に出席。各国首脳と会談。北朝鮮問題、中国の海洋進出問題、日 EU 関係等を協議。	4日　北朝鮮、西部(平安北道・亀城付近)から大陸間弾道ミサイル（ICBM）「火星 14」1発を発射。
5日　気象庁、九州北部で数十年に1度の記録的豪雨を観測。特別警報を発令。	7-8日　主要20カ国・地域首脳会議（G20 サミット）、ドイツのハンブルクで開催。
13日　経済産業省、国のエネルギー基本計画の約3年ぶりの見直しを開始。	7日　国連総会、核兵器の使用や保有を法的に禁ずる核兵器禁止条約案を122カ国の賛成で採択。日本は不参加。
20日　インドへの原発輸出を可能にする「日印原子力協定」が発効。	10日　日米印3カ国による海上共同訓練「マラバール」の実施。
28日　稲田防衛相、南スーダンにおける国連平和維持活動（PKO）の日報問題を巡り辞任を表明。	20日　インド大統領選、与党インド人民党候補で被差別民カーストのラム・ナト・コビンド・前ビハール州知事が当選。
31日　安倍首相、北朝鮮の大陸間弾道ミサイル（ICBM）の発射に際し、トランプ米大統領と電話会談。日米の強固な結束の下、防衛体制向上にむけた具体的な行動の推進で一致。	28日　北朝鮮、北部(慈江道・舞坪里付近)から大陸間弾道ミサイル「火星 14」を発射。過去にない発射場からの発射で奇襲能力を誇示。
	28日　パキスタンのシャリフ首相、資産隠し疑惑をめぐり辞任。
8月	**8月**
3日　安倍首相、第3次内閣として3度目の内閣改造を実施。全閣僚19人のうち13人を交代。	6日　日 ASEAN 外相会議、フィリピンのマニラで開催。技術協力の連携強化、自由貿易体制の維持などを協議。
7日　安倍首相、カンボジアのフン・セン首相と都内で会談。カンボジアのインフラ整備のため、約40億円の無償資金協力を表明。	8日　中国四川省、九寨溝県でマグニチュード（M）7.0の大規模地震発生。19人が死亡、247人が負傷。

日本	各国・国際情勢
12日 防衛省、北朝鮮による米領グアム周辺地域へのミサイル発射計画公表を受け、中四国4県の陸上自衛隊駐屯地に地対空誘導パトリオットミサイル（PAC3）を展開。	11日 米海兵隊、オーストラリアでの新型輸送機オスプレイの墜落を受け、保有するすべての航空機の24時間飛行停止を発表。
17日 日米安全保障協議委員会（2プラス2）がワシントンで開催。日米の安全保障体制の連携強化を確認。	13日 イラン、米国の経済制裁への報復措置として、弾道ミサイル開発予算の約5億ドル（545億円）の増額を決定。
24日 防衛省、中国軍爆撃機6機による宮古海峡の公海上空の飛行を受け、航空自衛隊の戦闘機を緊急発進（スクランブル）。	21日 ミャンマーのロヒンギャ反政府軍が治安部隊を襲撃。4日後政府報復に。
31日 安倍首相、メイ英首相と都内で会談。ミサイル発射を繰り返す北朝鮮に対し、圧力強化の連携を確認。	26日 北朝鮮、東部（江原道・旗対嶺付近）から短距離ミサイル3発を発射。
	29日 北朝鮮、平壌近郊順安から弾道ミサイル「火星12」1発を発射。北海道上空を通過し、襟裳岬東方の太平洋上に落下。
9月	**9月**
3日 政府、北朝鮮による6回目の核実験を受け、国家安全保障会議（NSC）を開催。「最も強い言葉で断固として非難する」との声明を発表。	3日 北朝鮮、北部（咸鏡北道・豊渓里）で大陸間弾道ミサイル装着用水素爆弾の実験に成功。6回目の核実験。
7日 安倍首相、プーチン露大統領とウラジオストクで会談。北方領土における共同経済活動に関して、観光や養殖など5項目の事業推進で合意。	7日 米軍、予定していたTHAAD全6基の韓国暫定配備を完了。
13日 安倍首相、モディ印首相と会談。海洋進出を強める中国を念頭に、航行の自由や平和的な紛争解決の連携で一致。	8日 国連難民高等弁務官事務所（UNHCR）、ミャンマー西部ラカイン州で続く治安部隊と武装集団の戦闘で、イスラム系少数民族ロヒンギャの難民数が推計27万人と発表。18日には国連がミャンマー軍のロヒンギャへの攻撃を「民族浄化に相当する」と警告。
18日 安倍首相、国連総会に出席。アフリカの各国首脳や、イスラエルのネタニヤフ首相と会談。北朝鮮に対する安保理制裁決議履行の重要性を共有。	11日 国連安保理、北朝鮮による6回目の核実験実施を受け、北朝鮮への石油輸出に上限を設ける制裁決議案を全会一致で採択。

日本	各国・国際情勢
25日 小池都知事、国政新党「希望の党」の代表就任を表明。	15日 北朝鮮、平昌近郊の順安から弾道ミサイル「火星12」1発を発射。北海道上空を通過、襟裳岬東方の太平洋上に落下。
28日 安倍首相、臨時国会にて衆院を解散。10月22日、総選挙で政権与党大勝。	21日 韓国政府、国際機関を通じて北朝鮮への約800万ドル（9億円）の人道支援を決定。
	23日 ニュージーランドで総選挙が実施。9年ぶりの政権交代。
10月	**10月**
10日 三菱重工業とJAXA、準天頂衛星「みちびき4号機」を載せたH2Aロケットの打ち上げに成功。	12日 米国務省、国連教育科学文化機関（UNESCO）からの米国の脱退を表明。イスラエル政府も翌日、同機関からの脱退を表明。
16日 日米両政府、第2回日米経済対話を開催。麻生副首相兼財務相とペンス副大統領、ワシントンで会談。日米間の自由貿易協定に強い意欲を表明。	18-24日 中国、共産党第19回大会を開催。習近平国家主席、側近の登用や党規約改正等で2期目の権力基盤を強化。
22日 自民党、第48回衆議院議員総選挙で284議席獲得して勝利。連立与党の公明党の獲得数である29議席と合わせ、憲法改正の国会発議に必要な最低議席数310議席を上回る躍進。	28-11月4日 蔡英文台湾総統、オセアニア地域3カ国を外遊（マーシャル諸島共和国、ツバル、ソロモン諸島）。
30日 安倍首相、ドゥテルテ比大統領と都内で会談。北朝鮮の核・ミサイル開発問題、中国の海洋進出問題解決への協力を確認。	
11月	**11月**
1日 安倍自民党総裁、第195回国会で第98代内閣総理大臣に選出。全閣僚を再任、第4次安倍内閣が発足。	6日 国際調査報道ジャーナリスト連合（ICIJ）、企業や政治家のタックスヘイブン（租税回避地）を通じた脱税関与を記録した「パラダイス文書」を公開。

日本	各国・国際情勢
7日　政府、核・ミサイル開発を続ける北朝鮮に対し、35団体・個人を新たに資産凍結の対象とする独自制裁追加措置を決定。	13日　ASEAN関連首脳会議、フィリピンのマニラで開催。議長声明で中国との関係改善に言及、南シナ海における中国の行動への「懸念」表明消える。フィリピンの対中融和色鮮明。
7日　日経平均株価上昇。終値2万2937円60銭でバブル崩壊後最高値を更新。	14日　東アジア首脳会議（EAS）、フィリピンのマニラで開催。
9-15日　安倍首相、アジア太平洋経済協力会議（APEC）首脳会議、ASEAN関連首脳会議等出席のため、ベトナム、フィリピンを訪問。	20日　トランプ米大統領、9年ぶりに北朝鮮のテロ支援国家再指定を発表。
11日　安倍首相、ベトナムのダナンで習近平国家主席と会談。両国の関係改善と連携強化を表明。中国の対北制裁決議の履行姿勢を評価。	23日　オーストラリア政府、14年ぶりに改訂した外交政策白書で、南シナ海における中国の影響力拡大への懸念を明記。
13日　安倍首相、日ASEAN首脳会議に出席。北朝鮮から非核化前提の対話を引き出すための圧力強化に関して、ASEAN諸国との連携強化への期待を表明。	29日　北朝鮮、西部（平安南道・平城付近）から大陸間弾道ミサイル「火星15」1発を発射。「国家核戦力の完成」を宣言。
24日　河野外相、モスクワでラブロフ露外相と会談。北方領土における経済活動事業計画の具体化で一致。	
12月	**12月**
8日　政府、天皇陛下の退位を定めた「天皇の退位等に関する皇室典範特例法」の施行日を「2019年4月30日」とすることを閣議決定。	4-8日　米・韓空軍、北朝鮮による軍事挑発抑止のため過去最大規模の合同軍事演習を実施。
8日　安倍首相、ユンケル欧州委員会会長と電話会談。「日EU経済連携協定」に合意。	6日　トランプ米大統領、エルサレムをイスラエルの首都に認定し、テルアビブにある米大使館のエルサレムへの移転意欲を表明。
11日　小野寺防衛相、ロシア軍のゲラシモフ参謀総長と防衛省で会談。	7日　中国国防省、領空侵犯をしたインドの小型無人機の撃墜を発表。
	19日　中国の王毅外相、ミャンマーを訪問。ミャンマー政府を支持して、取り込みに動く。

日本	各国・国際情勢
15日　安倍首相、11月末の北朝鮮による ミサイル発射の追加制裁措置とし て新たな19団体の資産凍結を閣 議了解。	22日　国連安保理、北朝鮮に対する新た な制裁強化決議案を全会一致で採 択。北朝鮮向け石油精製品の9割 の禁輸、北朝鮮の海外出稼ぎ労働 者の本国送還等を決定。
19日　河野外相、康京和韓国外相と都内 で会談。日韓合意や北朝鮮の核・ ミサイル問題などを協議。	28日　文在寅韓国大統領、日韓合意を 手続き、内容ともに不十分と主張 する日韓合意検証結果報告書を公 表。
28日　二階自民党幹事長、習近平国家主 席と北京で会談。両国首脳の相互 往来の実現を要請。	
2018年1月	**2018年1月**
4日　河野外相、パキスタンで政府や軍 の首脳と会談。テロ対策の強化を 要請。	1日　金正恩朝鮮労働党委員長、新年の 辞で核・ミサイルの量産を指示。平 昌オリンピックに参加表明。
5日　河野外相、スリランカのシリセナ大統 領と会談。海洋安全保障の協力強 化で一致。中国の港湾進出を牽制。	9日　韓国と北朝鮮、板門店で南北閣僚 級会談を開催。北朝鮮の選手団派 遣、軍事当局者間の会談開催など 3項目の合意を含む共同報道文を 発表。
17日　河野外相、バンクーバーで北朝鮮 の核・ミサイル開発問題に関する 外相会合に出席。20カ国参加。	10日　第2回瀾滄江-メコン川協力首脳会 議、カンボジアのプノンペンで開催。医 療衛生、農業、水資源利用等の分野 における協力案を協議。
18日　安倍首相、ターンブル豪首相と首脳 会談。陸上自衛隊習志野演習場を 視察。防衛協力の強化で一致。	16日　米加共催の外相会合、カナダのバン クーバーで開催。20か国参加。 中露は招かれず。北朝鮮に対する 制裁強化で一致。
22日　第196回通常国会召集。安倍首相、 憲法改正の年内の国会発議、「働き 方改革」、防衛大綱の見直しへの意 欲を表明。	23-　第48回世界経済フォーラム（ダボ 26日　ス会議）、スイスのダボスで開催。 トランプ米大統領、TPPへの復帰 検討を示唆。
26日　政府、仏政府とともに外務・防衛閣 僚協議（2プラス2）を開催。法の支 配に基づく自由で開かれたインド太 平洋戦略を明記した共同声明を発 表。	25日　印ASEAN首脳会議、インドの ニューデリーで開催。中国を念 頭に、海洋安全保障分野で印 ASEANの協力強化で一致。

年　表

日本	各国・国際情勢
	27日　反政府武装勢力タリバン、アフガニスタンの首都カブールで救急車を使用した自爆テロを実行。死亡者は少なくとも95人を超える。
2月	**2月**
7日　安倍首相、ペンス米副大統領と都内で会談。文在寅韓国大統領に北朝鮮への最大限の圧力強化を訴えかける方針で一致。	2日　トランプ米大統領、新たな小型核兵器の開発や非核攻撃への核使用反撃を明記した「核戦略見直し（NPR）」を発表。
9日　安倍首相、平昌オリンピックに合わせ訪問した韓国で文在寅大統領と会談。北朝鮮に対する圧力強化の継続と日韓合意の履行を要請。	5日　モルディブのヤーミン大統領、非常事態宣言を発令。
9日　安倍首相、韓国の平昌オリンピック歓迎レセプションで北朝鮮の金永南最高人民会議常任委員長と対面。拉致問題、核・ミサイル開発問題等に関する日本の考えを提示。	8日　北朝鮮、平壌で朝鮮人民軍創建70周年パレードを実施。核・ミサイル開発の完成を誇示。
19日　小野寺防衛相、ミリー米陸軍参謀総長と防衛省で会談。「微笑み外交」を展開する北朝鮮に対し、不測の事態への準備の必要性を共有。	9-25日　平昌オリンピック開催。大会開会式に日米朝の要人出席（安倍首相、ペンス米副大統領、金永南最高人民会議常任委員長）。北朝鮮選手団、応援団参加。
28日　安倍首相、裁量労働制の対象拡大を働き方改革関連法案から全面削除する方針を決定。	11日　中国潜水艦、沖縄県および尖閣諸島周辺の接続水域を潜没航行。
	25日　文在寅韓国大統領、北朝鮮の金英哲朝鮮労働党副委員長と平昌で会談。南北関係の改善、米朝対話の可能性について協議。
3月	**3月**
9日　野党4党（立憲民主党、共産党、自由党、社民党）、「原発ゼロ・自然エネルギー基本法案」を衆院に共同提出。法施行後5年以内の全原発の廃炉を要求。	5日　中国全国人民代表大会が開催。前年実績比8.1％増の国防予算案を発表。11日、14年ぶりとなる憲法改正を
10日　財務省、学校法人「森友学園」への国有地売却に関する決裁文書の書き換えを認める調査結果を国会に報告。	6日　文在寅韓国大統領の特使、訪朝。金正恩朝鮮労働党委員長、初めて非核化に言及。

日本

13日 政府、米国を除く11カ国によるTPP11署名を受け、承認案と関連法案10本を了承。国会承認へ。

14日 安倍首相、スリランカのシリセナ大統領と都内で会談。港湾や道路などのインフラ整備の支援を表明。

22日 自民党、9条改憲案に関し、戦力不保持を定める2項を維持して自衛隊の明記を決定。

27日 防衛省、陸上自衛隊の部隊運用を統括する陸上総隊を発足。全国に五つある方面隊を一元的に指揮する司令部として朝霞駐屯地（東京都練馬区など）に置かれる。

28日 2018年度予算、参院本会議で成立。一般会計総額は97兆7128億円で、6年連続過去最大を記録。

各国・国際情勢

6日 シリセナ大統領、スリランカ中部キャンディで発生した多数派の仏教徒による少数派イスラム教徒への襲撃を受け、非常事態宣言を発令。

8日 米国を除く「環太平洋パートナーシップ（TPP）」参加11カ国、新協定「TPP11」に署名。

17-18日 豪ASEAN首脳会議、オーストラリアのシドニーで開催。域内のインフラ事業開発、官民投資の協力で一致。

18日 ロシア大統領選、通算4期を目指した現職のプーチン氏が当選。ロシア大統領選史上最高となる得票率76.6%を記録。

25-28日 金正恩朝鮮労働党委員長、李雪主夫人と訪中。中朝首脳会談、北京で開催。中朝関係を回復。

29日 南北閣僚級会談、板門店で開催。史上3度目となる南北首脳会談の開催を翌月27日に決定。

30日 ポンペオ米CIA長官、平壌極秘訪朝。金正恩朝鮮労働党委員長と会談。

VISION 2025
DOSHISHA UNIVERSITY

未来へ向けて「躍動する同志社大学」

【執筆者一覧】

展望
　　西原正（平和・安全保障研究所理事長）
焦点1
　　江﨑智絵（防衛大学校准教授）
焦点2
　　落合雄彦（龍谷大学教授）
焦点3
　　湊邦生（高知大学准教授）
焦点4
　　佐藤丙午（拓殖大学教授）

第1章　日本
　　小谷哲男（明海大学准教授／平和・安全保障研究所研究委員）、［コラム］村田
　　晃嗣（同志社大学教授／平和・安全保障研究所研究委員）
第2章　アメリカ
　　福田毅（国立国会図書館調査員）、［コラム］加藤洋一（アジア・パシフィック・
　　イニシアティブ研究主幹）
第3章　中国
　　浅野亮（同志社大学教授／平和・安全保障研究所研究委員）、佐々木智弘（防衛
　　大学校准教授）、土屋貴裕（慶應義塾大学SFC研究所上席所員）、小原凡司（笹
　　川平和財団上席研究員）、三船恵美（駒澤大学教授）、福田円（法政大学教授）、［コ
　　ラム］渡辺紫乃（上智大学教授）
第4章　ロシア
　　袴田茂樹（新潟県立大学教授／平和・安全保障研究所研究委員）、名越健郎（拓
　　殖大学海外事情研究所教授）、河東哲夫（Japan and World Trends代表）、斎藤
　　元秀（元杏林大学教授）、小泉悠（未来工学研究所政策調査分析センター研究員）、
　　［コラム］河東哲夫
第5章　朝鮮半島
　　伊豆見元（東京国際大学教授／平和・安全保障研究所研究委員）、平田悟（防衛省）、
　　瀬下政行（公安調査庁）、［コラム］磐村和哉（共同通信社編集委員）
第6章　東南アジア
　　木場紗綾（公立小松大学准教授）、［コラム］柴田直治（近畿大学教授）
第7章　南アジア
　　広瀬崇子（専修大学教授／平和・安全保障研究所理事）、伊藤融（防衛大学校准
　　教授）、長尾賢（ハドソン研究所研究員）、宮田律（現代イスラム研究センター
　　理事長／平和・安全保障研究所研究委員）、［コラム］広瀬崇子

— 262 —

第8章　中央アジア
　宮田律（現代イスラム研究センター理事長／平和・安全保障研究所研究委員）［コラム］宮田律
第9章　南西太平洋
　竹田いさみ（獨協大学教授）、永野隆行（獨協大学教授）、［コラム］黒崎岳大（東海大学講師）

（掲載順、敬称略）

あとがき

　当研究所は本年10月に創立40周年を迎えます。創立とともに刊行を始めたこの年報『アジアの安全保障』も、第40号を迎えました。微力ながら、過去40年のアジア太平洋地域の動向を記録することができましたことを誇りに思っております。

　本号も、過去1年間（2017年4月から2018年3月）に、アジア太平洋（最近ではインド太平洋）地域の安全保障環境がどのように変化したかに関し、それぞれの分野の専門家に依頼し、分析、展望をしたものです。実際にはその前後の期間も必要に応じて扱いました。各章、「焦点」、コラムにご協力いただいた執筆者の顔ぶれは上に示した通りです。各執筆者のご努力に対して、厚くお礼を申し上げます。

　この年報とは別に、当研究所のホームページ(http://www.rips.or.jp)のRIPS' Eyeというコラムで、現在の政治、安全保障に関する短い論考を掲載しておりますので、ぜひ併せてご覧いただければ幸いです。

2018年6月
一般社団法人　平和・安全保障研究所
理事長　西原　正

西原正監修
激変する朝鮮半島情勢
厳しさ増す米中競合

年報［アジアの安全保障 2018−2019］

発　行　平成30年7月30日
編　集　一般財団法人　平和・安全保障研究所

　　　　〒107−0052　東京都港区赤坂1−1−12
　　　　明産溜池ビルディング8階
　　　　TEL 03−3560−3288（代表）
　　　　http://www.rips.or.jp/

担　当　秋元　悠
装　丁　キタスタジオ
発行所　朝雲新聞社

　　　　〒160−0002　東京都新宿区四谷坂町12−20
　　　　KKビル3F
　　　　TEL 03−3225−3841　FAX 03−3225−3831
　　　　振替 00190−4−17600
　　　　http://www.asagumo−news.com

印　刷　シナノ

乱丁、落丁本はお取り替え致します。
定価はカバーに表示してあります。
ISBN978−4−7509−4040−3 C3031
Ⓒ 無断転載を禁ず